실전
샘플링검사

Sampling Inspection

유영학 · 류길홍

박영사

INTRODUCE a BOOK | **책소개**

이 책에서는 샘플링검사에 대한 기초지식 및 이론과 전 세계적으로 널리 활용되는 계수 조정형 샘플링검사(KS Q ISO 2959), 계량 조정형 샘플링검사(KS Q ISO 3951), 계수 및 계량 규준형 1회 샘플링검사(KS Q 0001), 검사표준 작성방법, 측정시스템 분석 등에 대하여 소개한다.

CONTENTS | **차 례**

CHAPTER

샘플링검사표준 이해를
위한 기초지식

01 | CHAPTER

샘플링검사표준 이해를
위한 기초지식

1 검사와 품질보증(QA)

　검사는 품질보증을 위하여 인간이 자연스럽게 생각해낸 사고방식이다. 수천 년 전, 석기시대 원시인이 사용한 돌로 만든 도끼를 보면 알 수 있다. 그 당시는 자기가 사용할 도구는 자기가 만들어 사용하는 자급자족 시대였을 것이다. 도끼를 만들면서 도끼의 날 부분과 손잡이가 이 정도면 되겠지 하고 검사를 실시했을 것이다. 여기저기에서 발견된 도끼들이 매우 유사한 것에 놀랍기도 하지만, 판정기준이 도끼를 만들어 사용하는 모든 사람들의 생각들이 비슷했다는 추리가 가능하다. 자기가 만들면서 자기가 검사를 실시하여 스스로 만족기준을 찾아 낸 것이다. 태고 때부터 생산과 검사는 서로 보완적, 유기적으로 연계되어야 품질보증이 가능하다는 것을 알고 있었던 모양이다.

그림 1.1 구석기시대 여러 모양의 도끼(국립박물관 소장)

우리 공장의 제조현장으로 돌아가 보자. 물건을 생산한다는 것은 「목표품질」이 정해지고, 목표와 일치하거나 유사한 품질을 만드는 것이 제조현장의 일이다. 그 제품의 제조품질은 규격에 적합한지 아닌지를 검사에 의해 확인하고, 고객이나 시장으로 출하한다. 여기서 검사라고 하는 것은 업종이나 제품의 특징에 따라 일률적으로 적용시키는 것은 많은 문제점을 가지고 있다. 그 이유는 제품의 형태, 제품의 용도, 제조 프로세스, 공정관리 방법, 기술, 설비 등이 다르므로 검사방법도 달라질 수밖에 없다. 특히 최근에는 품질이 기업에 미치는 영향은 기업을 들었다, 놓았다 할 정도로 매우 크다. 따라서 품질보증 시스템 내에서 검사 방법에도 큰 변화를 볼 수 있다.

검사는 품질관리 활동, 품질보증활동의 일부분이라는 것이다. 검사만 틀림없이 잘하고 있다고 완전한 품질보증을 하고 있다고 할 수 없는 것이다. 그러나 품질보증의 첫 관문이 검사라는 것은 피해갈 수 없는 사실이다.

그래서 여기에서는 검사 그 자체의 문제점이나 검사와 관련된 기타 문제에 대하여 검토한 것을 설명하고, 특히 현장(구매현장, 생산현장, 매장, 영업현장 등)은 물론이고, 검사 한 가지만으로 품질을 보증해야 하는 갑과 을이 보다 훌륭한 검사를 실행할 수 있도록 가이드가 되게 하는 것을 제1의 목표로 하고 있다. 한편 제조기업에 종사하는 사람에게는 검사를 이해하고 제조에 있어서 검사를 어떻게 생각하고 또 어떻게 추진하는 것이 좋을지에 대하여 어려운 이론을 쉽게 풀이하여 적절한 조언의 자료가 되도록 배려하였다. 특히 「샘플링 검사를 위한 통계적 사고방식」에 대하여 통계적 사고 방법, 데이터의 성질, 품질수준과 산포의 원인, 부적합품과 부적합로트의 발생에 대하여 검사를 위한 데이터의 기본소양을 기술하였다.

(1) 통계적 사고방식

통계의 사전적 의미는 "한데 몰아서(統合해서)어림잡아 계산(計算)함"이다. 여기서 사용되는 통(統)과 계(計)를 묶어서 통계로 한 것이다. 좀 더 부가하여 설명하면, "어떤 현상을 종합적으로 한눈에 알아보기 쉽게 일정한 체계에 따라 숫자로 나타내거나 그린 것"이라고 할 수 있다. 여기서 "숫자를 한데 몰다, 어림잡아 계산한다, 현장을 한눈에 알아본다, 일정한 체계에 따라 숫자로 나타내거나 그린다"라고 의미를 정리할 수 있다. 통계는 숫자로 계산하거나 그림으로 표시하여 전체 현상을 추측하거나 미래를 예측할 수 있다. 그러나 어느 정도 오랜 경험을 가진 현장작업자는 오랫동안의 경험적 감각을 가지고 판단하는 경우가 많다. 물론 이러한 감각이 잘못된 것은 아니다. 사실 경험적 감각과 느낌이라는 것은 오랜 기간 동안의 실제체험이 쌓여서 나온 것이기 때문에 어떤 기법의 통계적 처리를 안 했을 뿐이지 실제로는 경험적, 감각적이면서 통계적 사고 방식이 가미된 경우도 있을 것이다. 그러므로 이러한 경험적 판단에 확신을 심어줄 필요가 있다. 이때 확신을 가질 수 있도록 하는 것이 통계적 처리이다. 실제로 통계적 사고에 빠져들면, 모든 문제를 통계적 방법으로 해결할 수 있을 것이라는 생각에 매료된다. 그러나 현실은 문제해결의 방법을 알았다고 해도, 설비투자, 원·부자재의 변경 등 현실적으로 부딪치는 일이 비일비재하여 통계적 방법으로 모든 것을 해결할 수 없다. 경영자를 비롯한 모든 조직원이 통계적 방법을 능숙하게 다루는 것도 좋겠지만, 그렇다고 새로 배워서 실제로 사용한다는 것은 어려운 일이다. 그러나 통계적 감각을 가지고 의사결정을 한다면, 사실(fact)에 의한 판단으로 잘못 결정될 가능성이 훨씬 줄어든다고 할 수 있다. 오랜 경험을 가진 경영자들이나 의사 결정권자들은 사업에 대한 감각을 가지고 있기 때문에 어떤 예지로 판단하는 경우가 많다. 물론, 이러한 감각적 판단이 모두 잘못된 것은 아니다. 경험만한 선생도 드물다. 오랜 기간 동안 실제체험이 쌓여서 나름대로 논리가 되기 마련이므로 어떤 기법의 통계적 처리를 안 했을 뿐이지 실제로는 경험, 감각, 성찰의 논리로 경험적 데이터를 사용하여 통계적 사고로 의사결정을 하고 있다. 경험적 데이터를 이용하여 재미를 보는 족집게 관상가도 있다. 사람의 모습을 보고 또는 코·귀·입·눈, 두상, 안색 등에 대하여 나름대로 많은 경험적 데이터를 소유하고 있다. 유명한 관상가일수록 많은 데이터를 이용하여 자기 나름대로 통계적 처리를 하고 있기 때문에 맞출 확률이 높아지는 것이다. 통계적 처리로 예측을 하는 조사기관들이 선거철만 되면, 빛을 본다. 여기서 4,000만의 유권자 중 천여 명을 샘플링하여 누구를 찍었는지 물어서 출구조사결과를 앞다투어 발표한다.

　　샘플링검사도 같은 맥락이다. 전수조사하면 품질수준을 알 수 있지만, 조사기간, 검사비용 등 경제성의 문제가 있으므로 샘플링(몇 개를 선택)하여 그 결과를 가지고 검사대상의 전체(로트)를 판단한다. 이러한 통계적 처리가 통계적 사고방식에 의한 의사결정수단이 되는 것이다. 앞서 통계란 「어떤 현상을 종합적으로 한눈에 알아보기 쉽게 일정한 체계에 따라 현상을 한눈에 알아본다」라고 했다. 선거 개표를 하기 전 출구조사를 통하여 조사방법에 따라 선거결과(현상)를 한눈에 알아보도록(누가 당선될 것인가) 하는 것이 통계이다. 그 결과는 숫자로 표시하기도 하지만, 그림으로 표시할 수도 있다.

검사는 제품 개개에 대하여는 적합품(양호품)인가, 부적합품(불량품)인가를 가르는 일이며, 로트에 대하여는 합격, 불합격을 가르는 일이다. 따라서 샘플링검사는 통계적 사고방식에 따라 통계적 방법으로 측정데이터를 이용하여 좋은 로트와 나쁜 로트를 구별하는 일이다.

(2) 데이터의 성질

데이터란 무엇인가 두 가지로 분류할 수 있다. 데이터는 정성적인 것과 정량적인 것으로 구분할 수 있다. 장식용 초(촛불)에 대하여 고객요구 중에는 오래 타야 한다, 그을림이 없어야 한다, 향이 좋아야 한다, 뚝뚝 떨어지지 않아야 한다. 등의 요구가 있다. 이러한 것들을 언어데이터라고 하고 이것들은 정성적 데이터에 속한다. 또 한편 불연속적으로 변하는 값, 이를테면 일주일에 방문건수가 2번, 남자인원이 25명, 시간당 전화 걸려오는 횟수가 7번, 부적합품수가 12개 등과 같은 숫자를 불연속형(또는 이산형) 데이터라고 한다. 왜 불연속인가? 이를테면, 남자인원이 25명이면 25로 표시하고 26명이면, 26이라고 표기한다. 반면 사람 수를 25.7명이라고 표기할 수 없다. 따라서 불연속형 데이터란 25명과 26명 사이에 25.4명이나 25.7과 같은 수가 있을 수 없기에 25 다음엔 26이지 그 사이에 다른 수가 들어갈 수 없으므로 연속이 아니고 불연속형 데이터라고 한다. 그래서 방문건수, 부적합품수를 불연속 데이터 또는 이산형 데이터라고도 한다. 그 반면에 연속형 데이터가 있다. 연속적으로 변하는 값 또는 임의의 두 값을 선택하여 그 사이에 다른 값을 항상 만들 수 있을 때 그 값을 연속형 데이터라고 한다. 이를테면 대기시간 2시간, 택시요금 5,4000원, 판매금액 1억 원, 치수 25mm, 인장강도 5kg/㎡, 연비 10km/l 온도 25℃ 등이다. 여기서 온도의 경우 25도와 26도 사이에 계측기에 따라서 25.0, 25.1, 25.2……25.9, 26.0으로 표시되고 1/100도까지 읽을 수 있는 계측기로 측정 하면 25.00, 25.01, 25.02……25.99, 26.00으로 온도를 표시할 수 있다. 그래서 25에서 26은 연속형 데이터라고 하고, 25도와 26도 사이엔 측정기의 해상도에 따라 많은 값이 만들어질 수 있다고 할 수 있다. 그래서 연속형 데이터는 눈금이 있는 게이지로 측정한 값은 모두 연속형 데이터 또는 계량치라고 한다. 자, 온도계, 압력계 등은 측정기에 눈금이 있어서 계량치인데 판매 금액은 계량치인지, 계수치인지 생각해보자. 지금까지의 설명을 정리하면

그림 1.2 데이터의 유형

〈그림 1.2〉와 같다.

　연속형 데이터는 계량기로 측정하므로 그 결과의 값을 계량치라 하고, 이산형 데이터는 개수를 헤아려서 그 결과를 숫자로 표시하므로 계수치라고도 한다. 어째든 현상이나 일의 결과를 숫자로 표시한 것을 일반적으로 사실(Fact)에 의한 데이터라고 한다. 이러한 과정을 거쳐 나온 데이터를 이용하여 검사를 하게 된다. 검사란, 물품을 어떠한 방법으로 측정한 결과(계수치 또는 계량치)를 판정기준과 비교하여 개개의 물품의 적합품(양호품), 부적합품(불량품) 또는 로트의 합격, 불합격의 판정을 내리는 것이다.

　데이터를 이용하여 검사를 실시하므로 데이터의 성질을 잘 이해하는 것이 올바른 검사를 위하여 중요한 일이다. 데이터를 취한다는 것은 어떤 목적이 있을 것이고, 그 목적에 따라 이루어지는 것이다. 여기서는 통계적 판단을 위하여 판단의 기본이 되는 데이터의 성질에 대하여 생각하여 보자. 앞서 설명한 바와 같이 우리가 얻는 데이터는 계량치와 계수치 두 개로 나누어진다. 계량치는 연속량으로서 측정할 수 있는 품질특성의 값이고, 계수치는 부적합품의 수나 결점수와 같이 개수로서 셀 수 있는 것으로 품질을 나타내는 값이다.

　계량치 및 계수치의 사례를 살펴보자.

- 계량치의 사례: 쌀의 무게(kg) 밀도(g/㎤), 종이의 평량(g/㎡), 과자의 열량(kcal/100g), 형광등 수명(시간), 판의 두께(cm), 압축강도(kg/㎠)
- 계수치의 사례: 직물 1㎡당 결점수, 톨게이트의 1시간당 자동차 통과 수, 1개월간의 사고 수, PCB판의 결점수

PCB판의 결점수는 외관상의 눈으로 결점을 찾아내는 일은 거의 불가능하다. 그러면 전기 또는 기계적 방법으로 결점을 찾아내고, 그 결과를 판정기준과 비교하여 자동적으로 검사결과가 나오는 방식이 채택되어야 한다. 계수 검사는 대부분이 외관을 검사하는 경우가 많다. 외관의 종류가 많고 생산이 스피드하게 진행되면 기계적 방법에 의존할 수밖에 없다. 사람에 의한 오관 검사는 감각 기관을 통하여 측정하고, 적합(양) 또는 부적합(불량)결정을 내린다. 검사용 측정데이터는 두 가지 목적이 있다. 하나는 개개 제품에 대하여는 적합, 부적합을 가리고, 로트에 대하여는 합격, 불합격 판정을 내리기 위한 것이다. 또 하나 목적은 그 데이터를 모아서 분석하여 새로운 지식을 습득하거나 부적합 원인을 규명하는 데 활용하는 것이다. 계수치도 대부분 계량화한 후 개수로 표현하기 때문에 불량개수 또는 부적합품수로만 표시하지 말고 가능하면 하나하나 계량치를 기록해두면, 데이터 활용도가 매우 높아진다. 개수로만 표현하면 부적합의 내용을 알 수가 없다. 전기·전자 부품이나 기계부품을 생산하는 공장에서는 유념해야 한다. 범인을 잡아 놓고, 무심코 놓치는 실수를 해서는 안 된다. 기계적 검사기도 부적합으로 판정을 내릴 경우, 측정값을 기준과 비교한 후 통과 여부를 결정하므로 부적합품 개수만 기록할 것이 아니라 측정치를 기록으로 남겨야 한다. 데이터 하나하나는 좋거나, 나쁜 것을 결정하지만, 더욱 중요한 것은 그 데이터를 프로세스에 피드백할 수 있어야 죽은 데이터가 아니고 살아있는 데이터가 된다.

(3) 외관 측정기 겸 검사기기의 데이터

사람의 감각으로 제품을 측정·검사하거나 복잡한 기계부품을 이용해서 측정·검사할 경우, 기계식 또는 전기·전자식 측정·검사기를 사용하는 경우가 점차 증가하고 있다. 아날로그에서 디지털화하고 있으며 Smart 검사 시대로 변하고 있다. off line에서 on line화가 되어 프로세스에서 조치가 즉시 이루어지고 있다. 외관검사 기계는 많은 회사들이 개발하여 공급하고 있다. 상품의 외관은 고객이 상품을 선택할 때 겉모습을 중요시하므로 더욱 널리 보급되고 있다. 형상의 인식장치를 간단하게 표시하면 〈그림 1.3〉과 같다. 해상도가 높은 특수한 주사기를 가지고 있다. 주사기로 외관을 관찰할 때, 실제 형상의 전기적 영상은 기억장치에 들어간 설계상의 데이터와 비교하여 적합(양) 또는 부적합(불량)을 결정한다.

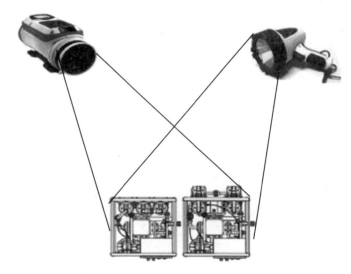

그림 1.3 물체 형상 인식장치

여기서 이러한 기계를 선정할 때 규격 범위 내에서 있는지 여부만 단순히 가리는 go−no 게이지 역할만 할 것인지, 그 내용을 디지털화해서 계량치로 저장할 것인지를 결정하는 것이 중요한 일이다. 결과를 계수화한 데이터만 가지고는 활용도가 떨어지므로 계량 데이터를 저장할 수 있는 검사기계를 선정하는 일이 품질관리 측면에서 중요한 일이다. 제조공정이 빠르게 진행될 경우, 전기·기계 검사장치는 전수검사도 가능하다. 경제성 등을 고려하여 샘플링검사를 해야 할 경우, 연속 생산형 샘플링 검사도 고려할 수 있다. 샘플링 방법 및 설계 등에서 다시 설명한다.

외관검사 시 결함의 종류를 살펴보자. 결함(Defect)의 종류는 〈표 1.1〉과 같다.

표 1.1 결함(Defect)의 종류

피 검사품목	결함의 표현
종이, 부직물	이물, 먼지, 구멍, 파손, 아이(eye) 엉킴, 주름, 접힘, 투명얼룩, 두꺼운 얼룩, 근(筋), 오염, 상(傷), 요철 코트 얼룩
플라스틱	이물, 먼지, 벌레, 구멍, 파손, 얼룩, 오염, 변색, 기포, 피시아이(Fish eye)
금속박, 판	핀홀, 찢김, 상, 요철, 녹, 요염
유리판, 관	이물, 파편, 휨, 요철, 상, 기포, 흐름분량

〈표 1.1〉과 같은 외관 품질이 표현은 해당 제품표준(단체, 국가, 국제) 등에 잘 규정되어 있다. 유사한 품질표시 방법으로 고장의 형태도 있다(〈표 1.2〉 참조).

표 1.2 전형적인 고장의 표현

고장계	고장의 표현
기계적	파손, 균열, 변형, 탈락, 열화, 변색, 어긋남, 부식, 마모, 고착, 간섭, 리킹, 진동, 소음, 잡음
전기적	쇼트, 소손, 개방, 융착, 단선, 과열
기타	발열, 변질, 용융, 동결, 오염, 악취, 인체 손상

제조공정에서 육감에 의해 반제품이나 제품의 결함을 표현할 수 있고, 이러한 데이터도 샘플링검사 시에 외관검사 항목으로 선택할 수 있다. 결함수가 많이 있으면, 나쁜 로트이고 결함수가 적을수록 좋은 로트이므로 결함을 잘 정의하여 데이터를 수집하는 것은 검사의 기본이라고 할 수 있다.

(4) 품질, 검사 및 산포원인

1) 품질

품질을 설명하기 전에 품질의 대상이 무엇인가를 먼저 이해하여야 한다. 이를 테면 가장 쉽게 인지할 수 있는 것으로 휴대폰, 에어컨, 직물 제품, 공작기계, 엔진 등처럼 물질이 그 대상인 경우를 쉽게 상정할 수 있다. 엔진의 품질이라고 하면, 실체가 엔진이고, 그 엔진의 좋거나 나쁜 정도를 품질이라고 이해할 수 있다. 품질의 대상은 제품, 서비스, 프로세스, 사람, 조직, 시스템, 자원과 같이 광범위하다. 제품, 자원처럼 물질에 속하는 것도 있고, 프로젝트 계획이나 조직의 미래상과 같이 상상적인 것일 수도 있다. 비물질적인 것이 품질의 대상이 되기도 한다.

비물질적인 것도 품질이 있다. 프로젝트 계획의 품질, 조직의 미래상에 대한 품질을 상상할 수 있을 것이다. 병원의 품질, 학교의 품질, 신문의 품질처럼 아이템의 수만큼 품질의 종류도 많다. 그래서 품질이란 "물질이나 비물질로서 인지할 수 있거나 생각할 수 있는 실체나 아이템(항목, 품목)이 가지고 있는 고유 특성들의 집합이 요구사항을 충족시키는 정도"라고 정의한다. 고유특성들의 집합은 간장(조미 식품)의 경우, 간장만이 갖는 고유의 맛, 콩으로 발효시켰으므로 약간의 아미노산, 간장의 염분, 냄새, 색상 등 간장만이 갖는 고유특성의 집합으로 구성되어 있다. 이러한 특성들이 고객의 요구사항을 어느 정도 충족시키는가를 품질이라고 말할 수 있다. 제품의 특성 수가 1개에서 수백 개일 수도 있다. 여기서 특성이란 간장처럼 자연 발효시켜 간장이 갖는 고유의 냄새라는 특성을 가지고 있지만, 특정 맛을 강화하기 위하여 다른 조미료를 첨가하여 맛을 부여하는 특성도 있다. 특성은 고유하거나 부여될 수도 있으며, 정성적(냄새 등)이거나 정량적(아미노산 0.1%)일 수도 있다. 특성은 〈표 1.3〉과 같이 여러 가지 분류가 있다는 것은 여러 가지 품질특성을 이해하는 데 도움이 될 것이다.

표 1.3 특성의 분류

특성의 분류	특성의 예시
물리	기계, 전기, 화학, 생물학적 특성, 토크, 암페아, 유황 분, 대장균 군수
관능	후각, 촉각, 미각, 시각, 청각에 관련된 특성(고소하다, 부드럽다, 짜다, 진하다, 투명하다, 조용하다.)
행동	예의, 정직, 성실
시간	정시정, 신뢰성, 가용성, 연속성
인간공학	생리, 인명 안전에 관련 특성
기능	기능, 성능적 특성(항공기 최고 속도 등)

품질특성이란 "요구사항과 관련된 대상의 고유특성"이라고 정의하고 고유라는 의미는 사물에 존재하는 것, 특히 영구적인 특성을 의미한다. 그러나 대상에 부여되는 특성, 예를 들면, 대상의 가격, 즉 간장의 가격은 간장의 품질특성이 아니다. 어떤 상품에 특성을 부여할 수는 있으나 고유적이 아니고 영구적 특성이 아닌 것은 그 상품의 품질특성이라고 할 수 없다. 가격을 내리거나 올리기 위한 수단은 되어도, 상품의 고유 품질특성은 아니다. 검사를 하든지, 공정관리를 하든 간에 품질의 의미와 품질특성을 이해하여야 품질경영을 올바르게 할 수 있다. 우리말 중에 4자 성어는 첫머리문자가 주어의 의미를 가진 경우도 있고, 목적의 의미를 갖는 경우도 많다. 품질경영은 품질(목적어)을 경영한다는 의미가 강하며, 품질특성은 품질(주어)이 곧 특성이다는 의미로 이해해도 무방하다.

"품질을 특성한다"는 매우 어색한 해석이 될 것이다. "품질목표를 수립한다"는 품질특성에 대하여 구체적으로 목표를 설정하는 것이다. ISO9001의 요구사항 중 중요한 것은 품질목표를 구체적으로 세우고 품질목표를 달성하여야 한다고 요구되어 있다. 앞의 품질정의에서 물질에 대한 품질특성은 고객과 이해관계자들의 많이 이해하고 있으나 비물질의 품질특성에 대하여는 매우 익숙하지 않다. 조직의 품질목표는 비물질 분야의 품질특성이 계량적으로 표현하는 것이 쉽지 않기 때문일 것이다. 더욱이 샘플링검사는 품질보증이 한 수단으로 이용되기 때문에 물질의 품질특성에 대하여 적용하는 규격이 대부분이므로, 비물질의 품질특성에 대하여는 제외하였다.

2) 검사

검사(Inspection, 檢査)란 물품을 어떤 방법으로 측정한 결과를 판정기준과 비교하여 개개의 물품에 대하여는 적합품(양호)·부적합품(불량)이라 하고, 로트에 대하여는 합격·불합격의 판정을 내리는 것을 말한다. MIL-STD에서 검사란 측정, 점검, 시험 또는 기타 방법으로 제품의 단위를 요구조건과 비교하는 것이라고 했다. J.M.Juran의 정의를 보면, 검사란 제품의 계속되는 각 공정에 적합한지 또는 최종제품인 경우 구매자에 대하여 발송해도 좋은지 아닌지를 결정하는 활동을 말한다. 구입검사의 경우, 재료, 원료, 부품 또는 반제품(어셈블리 유닛)이 해당공정에서 적합한지를 보증하기 위하여 실시하는 것이다. 최종검사는 제품으로 완전한가의 여부에 대하여 보증하는 것이며 출하검사는 재고 중에 변화가 생기지 않았는지 또는 포장에 잘못이 없는지 등에 대하여 보증을 하기 위한 것이다. 즉 검사는 어느 위치에서 해당 물품에 대하여 어떤 조치를 취할 때 사용되는 것이다.

비고 1   시험·측정이란 말은 오직 측정하는 것만을 의미하며, 물품에 대한 조치까지 포함하지 않는다. 조치까지 포함한 경우는 검사라고 하여 구별한다.

비고 2   개개의 물품에 대하여는 적합품·부적합품이라는 말을 사용하고 로트에 대하여는 합격·불합격이라는 말을 사용한다.

검사는 품질관리, 품질보증 중 일부분이다. 따라서 검사를 철저하게 실시한다고 해서 품질관리나 품질보증이 완벽하게 이루어지는 것은 아니다. 상품기획, 품질설계, 원부자재 구매관리, 공정관리, 판매, 고객서비스, 클레임 처리 및 정보 피드백의 PDCA사이

클을 돌려가는 가운데 검사를 어느 위치에서 어떻게 할 것인가를 생각해야 한다. 분명하게 말한다면 검사≠품질보증, 검사≠품질관리와 같이 등식이 성립하지 않는다는 것이며, 그런 활동이 일부라는 것, 하나의 수단이라는 것을 확실히 해야 한다. 전수검사가 아닌 샘플링검사를 다시 음미하여 보자. "측정결과를 판정기준과 비교하여……"라고 했다. 여기서 판정기준은 제품규격상의 품질특성의 기준값이 아니라는 것이다. 어떤 제품의 인장강도가 "25kg/㎟ 이상"이라고 되어 있을 경우, 25kg/㎟ 이상은 그 제품의 품질특성 중 인장강도에 대한 규격이지, 샘플링검사 시 "판정기준"이 아니라는 사실이다. 만일 그렇다면, "측정결과를 그 규격의 기준치와 비교하여……"라고 정의했을 것이다. 측정값을 규격의 기준 값과 비교한다는 것과 판정기준과 비교한다는 것은 태평양 하나만큼의 차이가 있는 것이다. 각종 규격의 품질특성치와 비교한다면, 샘플링검사규격이 필요 없을 것이다. 샘플링검사에 대하여 이해가 부족한 회사는 규격의 기준치를 판정기준으로 사용하는 경우가 비일비재하다. $n=3$ 정도의 샘플링 측정하여 평균을 구한 다음 기준과 비교해서 합·부를 결정해 버리는 우를 범해서는 안 된다. 제품인증제도에서 규격의 품질특성에 대한 기준과 검사에서 판정기준의 의미를 모르고 측정치의 평균값과 규격의 기준치를 직접비교해서 그 결과를 가지고 제품 인증제도를 운영한다면, 부적합품률이 50%가 되는 로트도 합격시켜버리는 바보와 같은 판단을 내리고도 멍청하게 지나치는 경우도 있을 것이다. 왜 이러한 과실치사가 일어나고 있는 것일까. 그 해답은 간단하다. 모든 데이터는 산포한다는 사실을 간과하고 있는 것이다. 활을 쏘는 선수가 과녁을 향하여 화살을 날리면 과녁을 중심으로 화살이 흩어져 꽂힌다. 이것을 데이터가 산포(散布: dispersion)한다고 말한다.

3) 산포의 원인

산포의 원인은 무엇인가. 왜 산포가 생기는 것일까. 실제로 화살이 꽂혀진 상태는 〈그림 1.4〉 과녁 A와 〈그림 1.5〉 과녁 B의 모습으로 정리가 된다.

그리고 산포도(살이 흩어진 정도)는 과녁 A와 과녁 B의 모습으로 두 가지 형태인데 그 원인이 무엇일까. A에서는 화살이 전국적으로 흩어져 있고 B는 과녁의 중심에서 벗어났지만 어느 한쪽(적색 원)에 집중으로 꽂히는 경우를 상정할 수 있다. A의 산포와 B의 산포를 야기시킨 각각의 궁수에게 어떤 대책을 세워야 할 것인가. 어떤 조치를 해야 과녁의 중심방향으로 유도할 수 있는가. 이런 활동을 현장의 개선활동이라고 한다. 여기서 검사

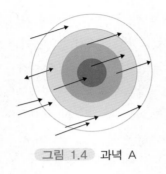

그림 1.4 과녁 A

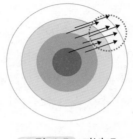

그림 1.5 과녁 B

의 기능은 쏜 화살이 10점인지, 8점인지를 가리는 일이다. 검사를 열심히 엄격하게 잘 한다고 해서 이미 쏘아버린 화살의 점수가 개선되는 것은 아니다. 궁수가 쏠 때 잘 쏘아야 한다. 결국 품질은 제조공정에서 잘 만들어 넣어야 좋은 품질이 된다는 논리이다. 산포 A나 산포 B의 원인을 살펴보자. 상식적으로 생각해봐도 화살의 잡아당기는 힘, 손 떨림, 과녁을 향한 살의 좌우, 높낮이, 궁수의 스텐스, 줄의 장력의 조정 등이 과녁을 적중할 것인가에 영향을 줄 것이다. 이러한 요인들은 궁수가 조정 가능한 원인이 될 것이고, 전문적으로는 이외의 요인도 있겠지만, 궁수가 제어할 수 없는 요인도 있다. 바람, 습도, 관중의 함성 등은 궁수가 제어할 수 없는 요인이다. 중심을 향하여 적중시키려면, 제어 가능한 요인은 물론이지만, 제어가 안 되는 요인까지도 고려하는 것이 전문가들의 태도이다. 이러한 요인들의 최적화 방안을 찾아야 한다.

　　과녁의 센터를 맞추지 못하고 그 결과가 사방으로 흩어지는 것을 산포라고 한다. 일의 결과는 요인들이 존재하는 한 반드시 산포가 생긴다는 것을 이해하여야 한다. 그러면 여기서 과녁 A의 산포와 과녁 B의 산포를 비교해 보자.

　　두 선수 중 어느 궁수를 쉽게 개선할 수 있을 것인가. 물론 B산포의 궁수는 쉽게 점수를 향상시킬 수 있을 것이라는 것을 바로 알 수 있다. 우선 B는 A에 비하여 산포가 작다. 중심에서 오른쪽 윗 방향으로 몰려있으므로 제어할 수 있는 무엇인가를 요인 변경시켜, 아랫방향, 안쪽으로 조정하면 10개 모두 중심에 집중시킬 수 있을 것이다. 이것을 평균값을 이동시켜 품질을 향상시킨다고 말한다. 이것은 부적합품이 발생하였는데 평균값을 어느 쪽으로 이동시키면 개선되는 경우에 해당한다. 그러나 문제는 산포가 큰 A의 경우가 문제다. 왼쪽의 것들을 개선시키기 위해 오른쪽으로 스텐스를 조금 옮기면, 왼쪽에 있는 것들은 개선되지만, 오른쪽에 있는 것들은 중심에서 더 멀어져 버린다. 목표를 중심으로 사방으로 데이터가 흩어진 경우에 해당된다. 이러한 경우 평균만 이동시켜서 개선되지 않으며 산포를 줄여야 한다. 그러기 위하여 산포의 원인을 찾아내야 한다. 검사데이터를 활용하기 위해서는 데이터를 계량치로 파악하여 그 데이터를 모아서 해석해 보아야 원인을 찾아낼 수 있다. 시간과 돈을 들여서 검사데이터를 계수치로만 저장하는 것은 검사만하고 품질관리를 포기해 버리는 결과가 된다. 검사하기 위하여 측정한 계량치를 보관하여 품질관리에 활용할 수 있어야 품질보증에 대한 검사원의 올바른 태도이다. 이상의 설명을 종합하면, "품질은 반드시 산포(흩어짐)한다"이고 개선대책은 산포의 모습을 보고 평균치를 어느 방향으로 이동시켜 비교적 쉽게 품질개선을 할 수 있는지를 찾아보고, 산포의 문제라고 판단되면, 그 원인을 규명하여 산포를 줄여서 품질을 개선시킬 수 있어야 한다. 샘플링검사의 합부판정은 산포에 따라 산포가 크면, 로트가 합격할 확률이 작아지고, 산포가 작으면 작을수록 로트가 합격할 확률이 커진다. 품질보증의 수단인 샘플링검사에서 취한 데이터를 수집하여 로트의 품질을 한눈으로 볼 수 있는 방법이 히스토그램을 그려보는 것이다. 이 그림을 통하여 산포의 모습이나 크기를 가장 쉽고, 간편하게 파악할 수 있는 툴(Tool)이 히스토그램이다.

4) 여러 가지 모양의 히스토그램

검사데이터를 모아서 히스토그램을 그리면, 데이터 활용도를 높일 수 있다.

(가)는 좌우대칭형이다. 이러한 모습을 정규분포(Normal)의 모습이라고 부른다. 정상적인 프로세스를 상징한다.

(나)는 왼쪽으로 길게 늘어지는 모습이다. 이런 경우 오른 쪽으로는 데이터가 나오지

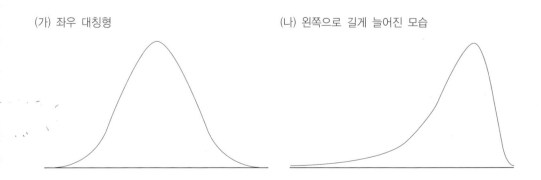

(가) 좌우 대칭형   (나) 왼쪽으로 길게 늘어진 모습

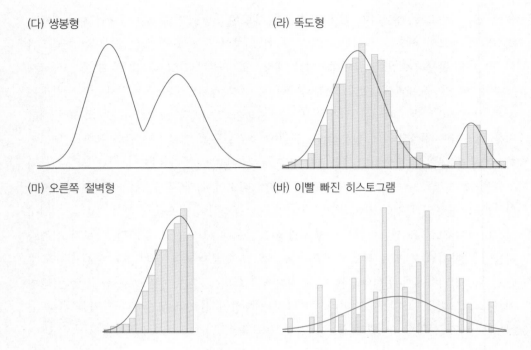

(다) 쌍봉형

(라) 뚝도형

(마) 오른쪽 절벽형

(바) 이빨 빠진 히스토그램

않도록 의도적으로 제어하거나, 왼쪽으로 데이터가 나올수록 좋은 경우에 이와 같은 모습이 될 수 있다.

(다)는 지붕이 두 개의 형태이다. 정상적으로는 (가)와 같은 분포이어야 한다. 지붕이 두 개이면, 그 원인을 찾아야 한다. 층별하여 각각의 히스토그램을 그려보면, 원인을 찾을 수 있다. 층별은 기계별, 작업자별, 소재별 등으로 데이터를 분류하여 원인을 찾아내는 기법을 층별이라 한다.

(라)는 뚝도형이다. 왜 오른쪽에 섬이 생겼을까? 값이 클수록 좋은 경우라면, 좋은 원인을 찾아낼 수도 있다.

(마) 오른쪽 절벽형이다. 이론적으로 오른쪽의 어떤 값 이상은 이론적으로 나올 수 없는 경우는 아닌지 살펴봐야 한다.

(바) 이빨 빠진 모습이다. 측정자의 미숙이나. 측정기의 해상도에 문제는 없는지 살펴봐야 한다.

검사 데이터가 30개 이상이 모이면, 원인분석, 공정의 개선 단서 등을 찾을 수 있다.

한번 측정한 데이터를 사용용도가 많으면 활성화 데이터라고 한다.

검사 용도로만 데이터를 사용하고 버린다면 얼마나 낭비인가.

분포의 모습이 좌우 대칭형인데 〈그림 1.6〉 또는 〈그림 1.7〉 같은 분포라면 어떻게 해석할 것인가.

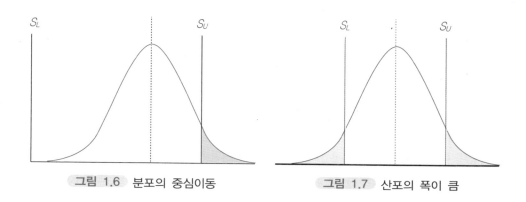

그림 1.6 분포의 중심이동   그림 1.7 산포의 폭이 큼

〈그림 1.6〉의 경우는 오른쪽 별색 부분만큼 부적합이 발생하였고, 〈그림 1.7〉의 경우는 양쪽으로 부적합이 발생하였다. 공정에 대하여 어떤 조치를 취할 것인가.

비고 1 S_L은 Specification Lower로 하한규격이고 S_U은 Specification Upper로 상한규격이다. S_L값보다 작으면 부적합이고 S_U값보다 크면 부적합이다. S_L을 LSL(Lower Spec Limit), S_U을 USL(Upper Spec. Limit)로도 사용한다. 최근에는 L 및 U로 단순화되었다.

비고 2 m은 mean으로 평균을 의미한다.

앞서 과녁(〈그림 1.4, 1.5〉 참조)과 같은 논리이다. 과녁에서는 꽂인 화살의 위치를 표시하였고 여기서는 그 꽂힌 점들을 측정하여 그 데이터를 분포로 표시한 것이다. 〈그림 1.6〉의 분포는 〈그림 1.5〉 과녁 B이고, 〈그림 1.7〉의 분포는 〈그림 1.4〉 과녁 A에 상당한다. 〈그림 1.6〉 분포의 오른쪽에 발생한 부적합품은 평균값 m을 왼쪽으로 옮겨야 부적합 발생을 제거할 수 있고, 〈그림 1.7〉 분포에서 양쪽으로 발생한 부적합품은 평균 m을 좌우로 이동시켜서 해결할 수 없고, 분포의 산포를 줄여서 양쪽 부적합 별색을 제거할 수 있음을 알 수 있다. 만일 분포의 산포를 그대로 두고, 평균 m을 오른쪽으로 이동시키면 왼쪽은 불량이 줄지만 오른쪽으로 부적합이 더 발생하게 되어 이런 조치는 대책이 될 수 없다.

결국, 산포를 줄이게 되면 분포 전체가 S_L과 S_U사이에 존재하게 된다. 거듭 설명하지만, 산포를 줄여서 부적합을 줄이는 것이 품질관리의 정수이다. 따라서 검사에서 왜 평균값과 산포를 계산할 수 있어야 하는가를 이해하였으면, 샘플링 검사는 70% 이상을 이해한 것이다.

5) 평균과 산포계산의 전체조건

① 로트의 구성

샘플링검사에서는 로트(lot)에 대하여 합격, 불합격을 구분하는 것이다. 따라서 로트를 어떻게 구성할 것인가가 매우 중요하다 영어에 "많이 감사하다"는 표현 중에 "Thank a lot"이 있다. 로트의 의미는 수나 양이 많다, 다량, 다수를 의미한다. 그러나 제조현장에서는 로트에 대한 개념을 확실하게 해둬야 한다. 모든 통계적 처리에 기본적인 사고방식이기 때문이다. 이 개념이 흔들리면, 샘플링검사도 의미가 없어진다. 창고나 공장에 제품을 무더기로 많이 다량, 다수 쌓아 놓는다. 〈그림 1.8〉과 〈그림 1.9〉와 같은 무더기를 로트(lot)라고 한다.

그림 1.8 밤 무더기(로트1)

그림 1.9 밤 무더기(로트2)

그러나 샘플링검사에서는 lot 내의 품질의 산포가 어떻게 형성시키느냐에 따라 검사방식이 달라지므로 로트의 구성에 대한 원칙이 있어야 한다. 이를테면, 환경 조건이 유사한 산지에서 산출된 밤의 품질은 유사할 것이다. 그러나 산지가 다르고 환경이 다르면 〈그림 1.8〉과 〈그림 1.9〉처럼 색상이 서로 다를 것이다. 즉, 로트의 품질이 다를 것이다. 배치타입의 제조공정에서 작업이 완료되면 밤처럼 제조 환경이 유사하므로 그 내부의 품질은 균일할 것이라고 판단한다. 그러나 레시피나 작업조건을 변경시키면, 변경 전과 후의 품질이 달라질 것이다. 이때 로트를 형성시키는데 두 배치의 제품을 섞어서 한 배치로 하면, 샘플링검사는 한번으로 끝날 수도 있지만, 샘플링검사 시 두 배치를 합한 새로운 로트는 불합격될 수도 있다. 그래서 로트구성의 일반원칙에 따라 로트의 크기를 결정해야 한다.

② 합리적 로트의 구성

(i) 로트가 불합격 시 품질에 대한 추적이 가능해야 한다. 해당 로트에 대한 관련 자료가 있어야 한다. 그 자료에는 생산일자, 재료, 제조기계, 작업자 등의 관련 데이터가 연계되어야 한다.

(ii) 가능한 한 로트 내의 품질이 균일하도록 로트가 형성되어야 한다. 좋은 로트와 나쁜 로트를 섞어서는 안 된다.

(iii) 기술적 변화가 있을 때는 로트 형성을 달리해야 한다.

(iv) 로트 내의 품질이 균일하다고 판단하여 로트의 크기를 키우면 샘플링 검사 시 그 로트가 합격할 확률이 높겠지만, 확률이기 때문에 불합격되면 경제적 위험 부담이 매우 크다.

로트의 크기(N)를 얼마로 할 것인가는 잘 판단해야 한다. 로트의 크기를 N, 샘플 수를 n으로 표시한다. 지금까지의 설명한 로트에 대하여, 제품을 무더기로 쌓아 놓은 형태로는 로트의 품질을 알 수 없다. 제품의 품질특성에 대하여 측정해야 한다. 만일, 밤 한 톨 한 톨의 무게가 중요한 품질이라면, 샘플 30개 이상을 채취하여, 무게를 측정해서 측정한 값을 가지고 히스토그램을 작성하면, 밤 무게의 품질에 대하여 계량적으로 로트의 품질을 파악할 수 있다. 전체의 품질을 파악하는 데 히스토그램만큼 좋은 수단은 없다. 그래서 엑셀을 이용해서 반드시 히스토그램을 작성할 줄 알아야 한다.

로트를 파악하기 위해 밤의 로트를 히스토그램으로 변환하여 보자. 그리고 히스토그램의 평균값과 산포의 크기(표준편차)를 계산하여 보자.

바로 품질을 숫자로 표시할 수 있어야 하고 로트의 전체 모습을 히스토그램을 통하

여 한 눈으로 볼 수 있다. 평균과 표준편차(산포의 크기)로 변환시킴으로써 모든 통계처리
가 가능해진다.

③ SigmaXL에 의한 밤 무게의 히스토그램의 작성

밤 100개를 샘플링해서 한 개 한 개 무게를 측정한 결과를 시트에 입력한다.

표 1.4 밤 무게(100)

(단위: 그램)

19.7	15.2	12.9	17.2	16.5	17.3	16.0	14.0	15.2	15.8
10.6	15.7	14.8	18.4	14.5	17.3	19.4	12.0	12.3	15.7
14.9	17.4	16.4	14.8	18.8	15.2	16.1	15.8	17.0	16.6
15.5	19.0	16.2	16.0	13.3	17.6	19.0	17.7	15.6	15.3
16.2	17.5	16.1	11.1	17.4	15.9	18.2	16.4	16.3	19.6
16.8	16.8	15.5	16.5	16.5	17.4	18.1	13.1	20.1	15.0
18.4	15.0	14.7	17.3	15.8	15.6	13.8	20.0	17.3	15.0
13.8	16.8	15.0	13.3	17.5	16.7	15.0	15.9	18.6	13.9
15.9	16.7	14.0	16.3	16.8	16.2	14.1	17.4	14.1	17.0
18.3	18.3	18.0	16.5	19.3	18.8	15.4	16.6	14.4	18.3

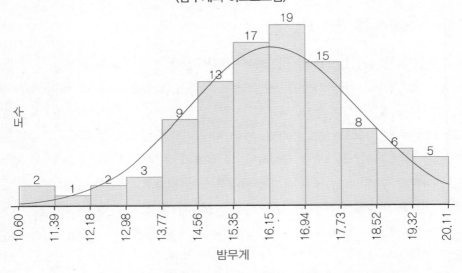

그림 1.10 시그마엑셀에 의한 히스토그램

SigmaXL을 이용하여 100개의 밤 무게에 히스토그램을 그려보면 〈그림 1.10〉과 같다. 밤 100개의 무게를 한눈으로 볼 수 있다. 산포의 모습을 직감적으로 알 수 있다. 곡선은 데이터 수를 무한대로 늘였을 경우 이론적 곡선이다. 다시 말하면, 평균과 표준편차를 그대로 두고 데이터 수만 측정치를 만개, 100만개, 무한대로 늘이면, 기둥이 곡선으로 변하게 된다. 이것을 분포라고 말한다. 이 분포가 정확한 규칙을 갖게 되면, 정규분포 (正規分布, Normal Distribution Curve)라고 한다. 정성적으로는 평균을 중심으로 좌우 대칭이고, 종 모양 형태라고 한다.

좀 더 정량적으로 알기 위하여 평균과 표준편차를 구해보자.

④ 평균의 계산

히스토그램을 그리면 기본적으로 통계량을 계산하여 분포의 그림 대신 숫자로 나타내는 것을 기본 통계량이라고 한다. 통계량은 품질을 측정하여 계산한 값들 즉, 평균, 범위, 표준편차 등을 통계량이라고 한다. 밤의 무게를 측정한 후, 밤 무게의 평균치를 계산해 보자. 〈표 1.4〉에서 밤 무게(g) 100개 데이터를 나열하였다. 19.7, 10.6, 14.9 …… 18.3 은 밤 무게의 측정치다. 이 측정치 100개를 아무리 들여다보아도 10.6g에서 20.1g 범위의 숫자뿐이지 아무런 정보를 알 수 없다. 〈그림 1.10〉의 히스토그램을 보면 16.2g을 중심으로 왼쪽으로 10.6g, 오른쪽으로 20.1g까지 데이터가 산포되어 있다는 것을 알 수 있다. 더욱 정확하게 알기 위해서는 평균값을 알아야 한다. 또한 그 의미도 확실하게 알아야 한다.

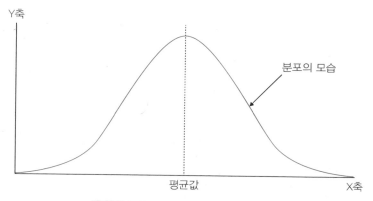

그림 1.11 밤 무게를 곡선으로 표시

〈그림 1.11〉에서 평균값은 X축의 위치를 결정하는 의미를 가지고 있다. 즉 이 분포의 중심이 (평균값) 어느 위치에 있는가를 결정하는 것이다. 그래서 이 값을 이 분포의 대표값 이라고 한다. 100개의 데이터(로트의 무게)를 대표하여 하나의 값이 되는 것이다. 밤알의 "무게가 얼마야"하고 물으면 100개 데이터의 평균값을 계산해두었다가 대답하면 되는 것이다. "밤들의 편차는?"하고 물으면 히스토그램을 보여주거나 표준편차를 계산해서 알려주면 된다.

- 평균값($\overline{x}$) 계산하기 ($n=100$)
  1) 밤 무게의 평균(엑셀 이용)

$$= \frac{19.7 + 10.6 + \cdots\cdots + 14.9 + 15.5}{100}$$

$$= 16.2$$

$$\overline{x} = \frac{x_1 + x_2 + \cdots\cdots + x_{n-1} + x_n}{n}$$

$$\overline{x} = \sum_{i=1}^{100} x_i / 100$$

샘플의 평균 $\overline{x}$(엑스 바), 데이터는 x_i(엑스 아이), 샘플링 수는 n(엔)으로 표시한다. $\sum$ 이 기호는 그리스 문자로서 시그마로 읽고, 의미는 데이터의 합이다. 데이터 수가 10개가 있을 경우 평균을 구하는 식은 아래와 같다.

$$\overline{x} = \sum_{i=1}^{10} x_i / 10$$

$$= \frac{x_1 + x_2 + x_3 + \cdots\cdots + x_{10}}{10}$$

평균은 X축 상에서 위치를 알기 위한 것이지만, 보다 중요한 것은 여러 개의 샘플들의 대표값이라는 것이다. 품질이 X축 상에 어느 위치에 있어야 좋은 것인지를 알아내는 것이다. 평균값이 클수록 좋을 경우는 X축 상에 오른쪽에 있을수록 좋고, 반대로 낮을수록 좋은 경우에는 왼쪽에 있으면 좋다. 분포의 중심에 위치하면 좋을 경우에는 분포의 가운데 있어야 좋다. 로트의 품질을 알기 위해서는 평균과 더불어 표준편차를 알아야 한다. 샘플들의 전체 모습을 계산하는 것이 바로 산포이고, 대표적인 것이 표준편차이다.

표준편차의 의미를 완전히 이해한다는 것은 샘플링검사 이론의 80%를 이해하는 지름길이다.

• **범위(R):** 최대치(Max) − 최소치(Min)
  R값이 크다는 것은 데이터의 산포가 크다는 것과 관계가 있다.

• **표준편차:** 편차들을 대표하는 것이 표준편차이다. 표준편차는 여러 가지 분포, 추정, 검정, 회귀분석, 분산분석, 다변량 분석, 실험계획법, 다꾸지 방법 등에서 이용되는 기본 척도이다. 계산은 계산기나 통계 프로그램으로 쉽게 구할 수 있지만, 개념을 모르면, 모든 통계적 처리가 무의미하다. 의미를 안 연후에 계산은 통계 프로그램에 맡기면 된다.

표준편차는 산포의 크기를 재는 잣대이며. 데이터가 얼마나 흩어져 있는가를 표준편차로 표시한다.

밤의 무게가 10.6g에서 21.1g까지 산포되어 있을 경우, 표준편차라는 자로 그 길이(산포)를 잰다면, 표준편차가 1.90g이므로 9.5g/1.90＝5이다. 산포의 크기는 표준편차의 5배라고 할 수 있다. 만일 표준편차가 1.58이라면 9.5/1.58＝6이므로 산포는 표준편차의 6배가 된다. 5배, 6배와 같이 이 값이 커진다는 것은 반대로 표준편차의 값이 작아진다는 것을 의미한다. 즉 밤의 무게가 균일하다는 것을 알 수 있다. 그래서 표준편차는 제품의 어떤 특성이 균일한지, 안 한지를 구별하는 요긴한 척도이다.

표준편차와 분산에 대한 개념을 이해하기 위해서는 히스토그램을 실제로 작성해 보면, 측정 데이터는 반드시 흩어진다(산포: Dispersion)는 사실을 이해하게 된다. 테이터가 흩어진 정도를 계산한 값을 표준편차라고 한다.

• **분산:** 표준편차의 제곱을 분산이라고 한다. (s^2, V, σ^2) 분산을 이용하면 통계 처리가 편리해진다. 분산분석과 같이 분산값을 이용하여 분석하는 기법도 있다. 표준편차를 제곱하면 여러 가지 방면으로 활용이 편리해진다.

⑤ 표준편차 계산하기

이 히스토그램을 이용하여 표준편차의 개념을 더 알아본다.

평균 16.2g은 100개 데이터를 대표한 하나의 값이다. 〈표 1.4〉에서 데이터가 11에서 21까지 흩어져 있는데 그 흩어진 정도를 평균처럼 하나의 숫자로 표현할 수 있도록 한 것이 바로 표준편차(s)라고 한다.

평균 16.2g을 기점으로 100개의 데이터가 〈그림 1.10〉과 같이 양쪽으로 흩어져 있다.

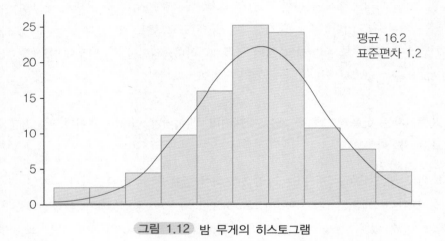

평균 16.2
표준편차 1.2

그림 1.12 밤 무게의 히스토그램

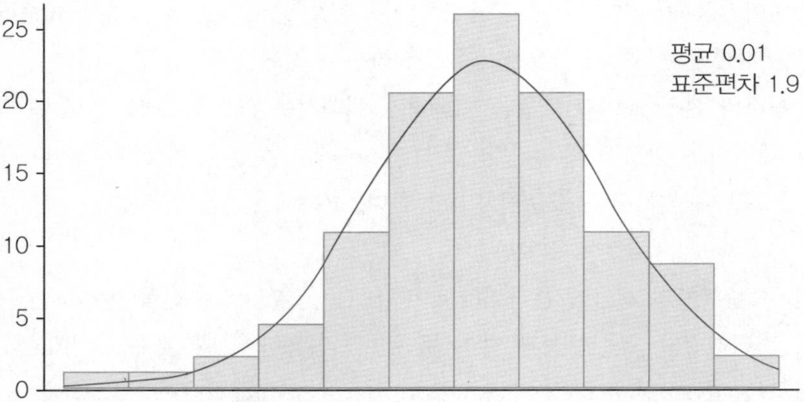

평균 0.01
표준편차 1.9

그림 1.13 밤 무게의 편차 히스토그램

극단적이지만 100개의 데이터가 평균 16.2g과 일치한다면, 밤 무게의 편차는 0이 될 것이다. 생산 현장에서 생산된 모든 제품이 동일하게 나온다는 것은 거의 불가능하다. 제조공정에서는 작업자 숙련도, 원부자재, 설비, 가공기술 및 기타 환경이 변화에 의거 품질의 편차가 생긴다. 같은 나무에서도 과일의 품질이 각각 다르다. 상품 개개의 어떤 특성이 평균으로부터 얼마나 차이가 있는가가 품질 편차이다. 편차의 정의는 측정치에서 평균값을 뺀 값을 편차라고 한다.

〈표 1.4〉 밤 무게 100개 데이터를 가지고 곡선 모양의 히스토그램을 그리면 〈그림 1.12〉와 같이 그려지고, 〈표 1.5〉 밤 무게의 편차 100개 데이터를 가지고 같은 방법으로 히스토그램을 그리면, 〈그림 1.13〉과 같이 나온다. 히스토그램의 모습이 거의 유사하다. 데이터 수를 증가 시키면 모습은 동일하게 된다.

표 1.5 밤 무게의 편차

밤 무게	편차
19.7	3.5
10.6	−5.6
14.9	−1.3
15.5	−0.7
16.2	0.0
16.8	0.6
18.4	2.2
13.8	−2.4
15.9	−0.3
18.3	2.1
15.2	−1.0
15.7	−0.5
17.4	1.2
19.0	2.8
17.5	1.3

밤 무게 측정치 100의 데이터에서 평균 16.2를 빼면, 〈표 1.5〉와 같이 100개의 차가 산출된다.

다만, 〈그림 1.12〉의 평균은 16.2g이고, 〈그림 1.13〉의 평균은 0.01g으로 거의 0에 가깝다. 표준편차의 값은 당연히 0에 가깝다.

표준편차 계산식은 **"편차제곱의 합의 평균의 제곱근"**이다.

〈그림 1.12〉는 표준편차를 계산하였고, 〈그림 1.13〉은 그 편차를 그대로 이용하여 계산하였으니 동일할 수밖에 없다. 편차가 0이 되려면 밤의 무게가 모두 같아야 한다. 동일한 밤나무라도 밤송이의 위치에 따라 뿌리에서 올라오는 영양분이 다르고, 햇빛의 조사량이 다르므로 밤알의 무게가 다를 것이다. 부모가 같아도 성격이나 키 등이 다르다.

제조현장에서도 품질목표를 주고, 이 기준에 맞는 제품을 생산하도록 생산지시가 있었을 경우, 실제 제품은 목표보다 크거나 작거나 산포되어 생산될 것이다. 이 차이를 통계에서는 편차라고 한다. 생산된 제품이 기준치에서 벗어났다고 해서 그 값을 오차라 하고, 이 곡선을 오차곡선이라고 했다. 독일의 가우스가 이론을 정립했던 그 당시는 가우스곡선, 오차곡선이라고 하였다.

지금은 이 곡선을 정규분포곡선이라고 부르고 기호로는 $N(\mu, \sigma^2)$이라 표시한다. N은 Normal Distribution Curve(정규분포곡선)을 표시하고, 괄호 안의 μ는 뮤라 읽고, 이 분포의 평균을 의미하며, σ는 시그마로 읽고, 표준편차를 의미한다. σ^2은 시그마 제곱이라 읽고 분산이라고 한다. 따라서 분산은 표준편차를 제곱하면 된다. 밤 무게의 측정치가 정규분포 한다면, $N(16.2, 1.9^2)$이라고 표시할 수 있다. 표준편차를 제곱한 값을 분산(分散)이라고 한다.

편차＝측정치－평균값

데이터가 100개 있으면 100개의 편차를 계산할 수 있다. 〈표 1.5〉의 데이터에서 편차를 계산하면, $19.7-16.2=3.5$, $10.6-16.2=-5.6$, $14.6-16.2=-1.3$, …… $18.3-16.2=2.1$과 같이 개개 측정치가 평균으로부터 얼마만큼 떨어져 있는가를 알 수 있다. 〈표 1.6〉은 100개 데이터의 편차이다. 어떤 데이터가 평균과 일치하면, 편차가 0이고, 평균치보다 왼쪽에 있는 데이터는 편차가 －로 표시되고, 오른쪽 데이터는 ＋가 될 것이다.

표 1.6 밤 무게의 편차

편차 100개				
−1.16	0.23	0.21	−0.02	1.65
0.51	0.55	0.63	0.49	−0.02
−0.40	−0.52	0.46	1.29	0.76
0.68	−0.53	−2.09	0.49	−0.24
−0.50	0.53	−0.18	1.85	−1.83
1.86	0.61	−0.59	−0.61	−0.40
0.86	−0.09	0.70	−0.53	0.57
0.33	−0.55	2.66	−0.25	−1.39
−0.72	0.55	1.22	0.40	2.17
1.86	−0.34	0.91	0.84	0.20
0.21	−1.27	−0.90	−0.47	1.19
0.35	−1.60	1.06	−0.88	0.20
−2.14	0.09	−0.25	0.04	1.11
−0.31	−0.30	0.12	−1.42	−0.85
0.11	1.14	0.29	1.38	−1.64
0.17	5.05	−0.43	−1.36	0.56
−1.06	1.07	0.69	−1.94	0.13
1.54	1.10	0.14	−0.38	−1.78
0.06	−0.30	−0.87	0.46	−0.46
0.89	−1.50	−0.14	0.38	0.03

〈표 1.6〉은 편차를 기록 한 것이다. 100개 편차들의 대표값을 알기 위해서는 이 편차의 평균을 계산하면 될 것이다.

편차의 평균$= \dfrac{편차의\ 총합}{100}$으로 계산하면 된다.

이 값을 산포의 척도(잣대)로 삼으면 될 것이다.

그러나 〈표 1.6〉에서 편차들의 합을 구하면 −와 +의 편차 값이 상쇄되어 0이 될 가능성이 높다. 그러면 편차의 평균은 0이거나 0에 근접한 작은 값이 될 것이다.

실제로 편차의 값들은 좌우로 −2.14에서 +2.66으로 산포되어 있는데 평균을 구하면 0이거나 0에 비슷한 값이 나온다. 〈표 1.6〉에서 편차의 평균을 구하면, 0.01이다. 0에 가깝다. 이 편차의 평균은 편차들의 대표값이 될 수 없다. 대표값을 알기 위하여 편차 평균을 구하는 것은 의미가 없다는 것을 알 수 있다. 실제로 +, −로 편차가 존재하는데 대표값이 0이 된다는 것은 의미가 없다. 그래서 편차의 합이 0이 되는 것을 방지하기 위해서 편차들을 제곱하여, 평균을 구하면, 편차를 제곱한 값의 평균을 구할 수 있고, 이것을 **편차제곱의 평균**이라고 부른다.

지금까지의 내용을 식으로 표시해 보자.

$$\text{편차의 합} = \sum (x_i - \overline{x}) \quad \text{……………………………………………} ①$$

①은 편차의 합이다. 실제로 구해 보면, 0이거나 0에 근접한다.

$$\text{편차의 평균} = \frac{\sum (x_i - \overline{x})}{n} \quad \text{……………………………………} ②$$

②식의 편차의 평균은 분자인 편차의 합이 0이므로 평균도 0이 된다.

편차의 합이 0이 되는 것을 방지하기 위해 편차 제곱의 합을 구한다.

$$\text{편차제곱의 합} = \sum (x_i - \overline{x})^2 \quad \text{……………………………………} ③$$

편차의 값이 ±와 관계없이 편차를 제곱하였으므로, 편차들보다 제곱한 것만큼 큰 값이 나올 것이다.

이것을 데이터 수로 나누면, 편차 제곱의 평균이 된다.

$$\text{편차제곱의 평균} = \frac{\sum (x_i - \overline{x})^2}{n} \quad \text{……………………………………} ④$$

④의 식으로 계산한 값은 편차를 제곱한 값의 평균이므로 편차제곱의 대표값이다.

실제 편차의 평균보다 제곱한 만큼의 큰 값이 계산되었다. 이 전체의 값에 제곱근을 씌우면, 편차제곱의 평균의 제곱근이 된다.

$$\text{편차제곱의 평균의 제곱근} = \sqrt{\frac{\sum(x_i - \bar{x})^2}{n}} \quad \text{...} ⑤$$

⑤식을 관찰하면, 편차를 제곱한 값들의 합을 계산한 후, 데이터 수 n으로 나누어서 편차제곱의 평균을 구한 것이다. 여기에 $\sqrt{}$를 씌워서 제곱근을 구하는 식이 되었다. 다시 말해 이 값이 편차와 유사하지만 시료 수까지 $\sqrt{n}$으로 제곱근을 씌웠으므로 편차의 평균과는 값이 다르다. n으로 나누지 않고, $\sqrt{n}$으로 나누었으므로 편차의 평균이라고 할 수 없다.

"**편차제곱의 평균의 제곱근**"을 너무 말이 길어서, 이것을 줄여서 "**표준편차**"라고 부르기로 약속한 것이다.

$$\text{표준편차} \quad s = \sqrt{\frac{\sum(x_i - \bar{x})^2}{n}} \quad \text{...} ⑥$$

⑥식에서 샘플로부터 계산한 표준편차를 소문자 s로 표시하고, 모표준편차는 μ로 표시한다.

여기서 s를 샘플의 표준편차를 의미하고, s는 *standard deviation*(표준편차)의 머리문자 s에서 온 것이다. 샘플수가 작으면 ⑤식이나 ⑥식에서 n대신, $n-1$로 나누고 이 값을 불편분산제곱근이라고 하는 책도 있다. $\sqrt{V}$를 사용하기도 한다. 어쨌든 s나 $\sqrt{V}$는 샘플의 표준 편차이다.

n가 30 이상이면 s와 $\sqrt{V}$의 값은 큰 차이 없다. $\sqrt{30} \doteqdot 5.48$, $\sqrt{29} = 5.39$이다. 표준편차는 편차들의 평균이 아니고 편차들의 표준이다.

그 개념을 다시 설명하면 데이터는 평균을 중심으로 좌우로 흩어지는데 그 흩어진 정도를 하나의 숫자로 계산한 것이다.

하나하나의 데이터에서 평균치를 뺀 것 $(x_i - \bar{x})$을 편차라 하고 이 편차들의 평균을 구하기 위하여 편차의 합 $\sum(x_i - \bar{x})$을 구하니, 0이 되어 평균을 구할 수 없다. 그래서 편차제곱의 합$(\sum x_i - \bar{x})^2$을 구한다.

이 합을 n으로 나누니 편차제곱의 평균 $\left(\dfrac{\sum(x_i-\bar{x})^2}{n}\right)$이 되었다. 그러나 편차 값이 실제편차보다 제곱한 것만큼 크므로, 제곱한 값에 제곱근 $(\sqrt{})$을 씌어서 $\left(\sqrt{\dfrac{\sum(x_i-\bar{x})^2}{n}}\right)$ 이 값을 편차들의 표준, 표준편차(s)라고 한다.

편차의 값들이 $(x_i-\bar{x})$크면 클수록 s값이 커지고, 편차 값들이 작으면 작을수록 s값이 작아진다. 즉, 표준편차가 작아진다.

따라서 생산한 제품의 품질이 균일하면 표준편차는 작아지고, 불균일하면 표준편차가 커진다.

> 품질은 좌표 상에 어느 위치에 있는가. 즉, 평균으로 표시하고, 그 위치에서 얼마나 품질이 균일한가가를 표시하는 것이 표준편차이다.

평균과 표준편차의 개념을 모르고 통계적 품질관리를 한다는 것은 내가 어디에 서 있는가, 얼마나 균일한 품질을 만들고 있는지 모르고 데이터만 쳐다보는 격이다. 비과학적으로 품질경영의 헛바퀴를 돌리는 것이다. 특히 샘플링검사는 좋은 로트와 나쁜 로트를 구별하는 것이 전부인데 평균도 표준편차의 개념도 없이 검사원이 무슨 검사를 할 수 있을 것인가.

6) 샘플링 검사에서 평균과 표준편차의 의미

샘플링검사 이론은 평균값이 크면 클수록 품질이 좋은 경우나, 작으면 작을수록 좋은 경우나 논리는 같다. 기준치에 가까울수록 품질이 좋은 경우도 동일한 논리이다. 크면 클수록 좋은 경우에 대하여 설명하고자 한다.

데이터의 값이 크면, 클수록 좋은 경우, A로트와 B로트의 평균의 차이를 보면, B로트의 평균 m_B가 A로트 평균 m_A보다 크다. 따라서 평균치만 비교해서 품질을 판단하면 $m_B > m_A$이므로, B로트의 품질이 좋다고 판단할 것이다.

그러나 〈그림 1.14〉에서 로트A는 표준편차가 작아서 부적합 발생이 없고, 로트 B는 회색 부분만큼 부적합이 발생한 것이다. 따라서 샘플링검사에서 표준편차를 고려하지 않는다면, B로트가 좋은 로트로 잘못 판단하게 될 것이다. 평균만 가지고 로트를 비교하여

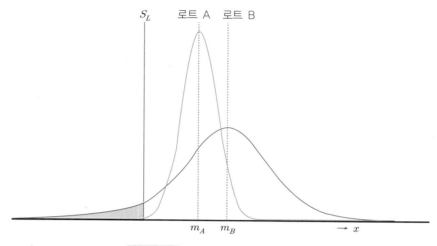

그림 1.14 산포의 크기에 의한 불량

샘플링검사를 실시하는 것이 매우 무모하다는 것을 알 수 있다.

모든 분포는 평균과 표준편차를 표시하는 방법에 대해 약속이 있다. 둘 중에 하나만 표시하는 것은 분포에 대하여 품질을 예측할 수 없다.

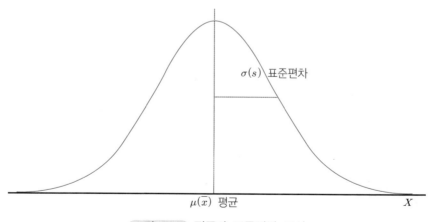

그림 1.15 평균과 표준편차 표시

〈그림 1.15〉와 같이 분포의 평균을 좌우대칭에 선을 긋고, 그 선과 축과 맞닿은 곳에 $\bar{x}$ 또는 μ라고 쓴다. μ(뮤)는 모집단의 평균을 의미하고, 표준편차는 평균에 세워 놓

은 선과 곡선을 이은 선의 길이를 표준편차(정확한 표현은 곡선의 변곡점)로 표시한다. σ(시그마) 역시 모집단의 표준편차의 기호이다. 모집단과 샘플관계는 뒤에서 다시 설명한다. 〈그림 1-15〉와 같이 평균과 표준편차를 그림 위에 표시하지만 글로 표시할 때는 $N(\mu, \sigma^2)$라고 표시 한다.

이것 역시 N은 정규분포(일반적으로 좌우 대칭형 분포), μ는 그 분포의 모평균, σ는 표준편차, σ^2은 분산이라고 한다. 이 기호에 익숙하여야 한다.

(5) 부적합품과 부적합로트의 발생

검사방법으로 품질보증을 하기 위해서는 전수검사를 실시해야 한다. 그러나 현실적으로 3가지 이유로 전수검사를 할 수 없다.

(i) 파괴검사의 경우: 품질을 확인하기 위해서 해당 제품을 파괴해야 그 결과가 산출되는 경우이다. 자동차의 충격시험, 화학약품의 성분검사, 시멘트 블록의 강도, 식품의 맛 테스트, TV의 수명 시험 등 다양하다. 그러나 제품의 겉모양은 전수검사할 수 있을 것이다.

(ii) 제품이 고가이거나 검사시간이 장시간 소요되고, 샘플 이동 등 취급이 용이하지 않은 경우가 있다. 이를테면, 약 700m 길이의 도색강판 1롤의 외관검사는 공정 중에서 전수검사가 가능하지만, 실제로 롤을 풀거나 이동시켜서 전수검사를 한다는 것은 거의 불가능하다. 검사원의 검사가 물리적으로 불가능하다. 샘플링도 쉽지 않다. 이런 경우 제조공정에서 기계적 또는 전기적 측정장치를 사용하여 중간 제품이 롤에 감기기 전 단계에서 검사를 실시해야 한다. 샘플링 운운하는 것은 실현불가능하고, 실시한다 해도 비경제적이다. 실제로 이런 경우, 롤의 부분에서 검사를 실시한다. 이것을 유의(有意) 샘플링검사라고 한다.

(iii) 전수검사가 검사원의 관능검사로 이루어질 경우, 검사원의 생리적 피곤을 고려하여 샘플링 검사로 샘플 개수를 줄여서 정확하게 실시하는 것이 전수검사보다 더 효율적일 수도 있다. 컨베이어 위에 흘러가는 병뚜껑의 외관을 검사원이 검사하고 있으면, 강물이 흐르는 것처럼 보인다. 컨베이어 위에서 연속적으로 흐르는데 그 곳에서 부적합품을 찾는다는 것은 강물 속에서 고기를 찾아내는 것

과 같다. 오랫동안 관찰하면 어지러움증도 생긴다. 이와 같이 품질보증을 하려면 전수검사를 해야 되는데 실제로 전수검사가 거의 불가능하다. 반도체 같이 하루에 수십만 개 생산되는 제조현장에서 외관검사는 전수검사가 100% 전기 또는 기계적 방법으로 이루어지고 있다. 자동 측정기에 의존하게 된다. 관리 데이터가 필요한 경우만 시간 간격을 두고 샘플링한다.

앞서 전수검사의 제한조건에 대한 설명이 있었지만, 전수검사의 정확도가 중요하다. 일반적으로 소비자가 물건을 구매할 경우 전문적 지식보다 외관을 보고 관능에 의거, 선택하는 경우가 많다. 그래서 관능검사의 원리를 일반기계, 차량, 전기, 전사 방직, 섬유, 제지, 인쇄, 화학, 유지, 도료, 식품, 의약품, 건축자재, 건물, 요업 등 광범위한 분야에서 전기식이나 기계식 측정기를 사용하고 있다. 사람이 직접 검사하는 것보다 정확도를 높이고 있다.

점차 소비자의 소비동향이 개인적인 취향에 따라 외관을 보고, 상품을 선택하는 경향이 증가하고 있다. 그래서 제품의 이화학적 품질특성보다 관능적 품질특성이 현실적으로 중요하다. 승용차의 구매 선택권이 여성에게 기울어져 가고 있는 것은 자동차 성능에서 자동차의 외장, 내장, 오디오 등 관능특성이 점차적으로 관심이 크기 때문이다. 선진국이나 국제표준화 기구(ISO)에서는 이 분야의 표준제정에 관심을 가지고 있다. 표준화 방향도 고객의 요구에 따라 그 중요도가 달라져야 한다. 한국에서는 관능검사는 식품분야에 대한 표준으로 협소하게 생각하여 이 부문의 표준 업무를 식약청에서 주관하는 것을 보면, 관능검사에 관한 한 아직 갈 길이 멀다.

> 모든 검사의 기본적 기능은 ① 측정 ② 판정 두 가지이다.

측정은 측정기기를 이용하여 물리·화학적 특성에 관해 수치를 구하는 일이다. 그러나 측정기기가 없이 인간의 오관을 통하여 측정하는 경우, 인간이 측정기기로서 기능을 발휘하는 경우 이것을 관능검사라고 한다.

판정이란 측정한 결과를 판정기준과 비교하여 검사를 실시한다. 개개의 물품은 그 물품의 기준 값이 판정기준이고, 그 결과를 적합품 또는 부적합품이라고 한다. 관능검사도 검사와 더불어 제품이 파괴되는 경우를 제외하고 전수검사를 실시하는 경우가 많다.

대량생산체계에서 전수검사는 기계식 또는 전기식의 방법을 이용하여 검사의 정확도를 높여야 한다. 특히 외관검사의 정확성을 유지하기 위하여 표준품의 사진 또는 그림을 그려서 실제제품과 비교판정한다. 제조현장의 경우 이것들의 관리를 잘 해야 한다. 오염, 변질, 색상의 변화, 게시장소와 검사, 장소와 거리, 결과의 기록지 양식, 변경관리, 검사원 변경에 따른 교육 등은 검사 정밀도를 높이는 중요 관건이다.

1) 불합격로트의 발생

샘플링검사는 물품의 특성을 측정하여 판정기준과 비교하여 로트를 합격시키거나 불합격시키는 방식이다. 판정기준은 물품의 기준을 이용하여 통계적으로 반드시 계산하는 것이지, 물품의 기준치가 판정기준이 되어서는 안 된다. 전수검사의 취약점은 대량생산의 경우 검사정확도가 빈약하다는 것이다. 제한된 시간, 제한된 검사원 수로 인해서 검사를 대충한다는 것이다.

그러나 샘플링검사는 생산된 제품에서 일부만 샘플링을 하여 정확하고 정밀하게 측정하면 오히려 전수검사보다 샘플링검사의 정밀도가 높다는 장점이 있다. 대량생산 공정에서는 샘플링을 해서 검사할 수밖에 없다. 로트의 구성이 합리적으로 되어 있어도 샘플을 1개 또는 2개를 채취하여 그것을 측정한 결과가 양호하다고 해서 로트를 합격시켰다면, 대부분 그 검사결과를 믿지 않을 것이다. 샘플 몇 개를 채취할 것인가에 따라 샘플링오차가 결정된다.

샘플링오차는 샘플 개수의 영향이 크지만, 로트의 부적합품률이 50%수준이라면 2개만 채취해도 2개 중 1개는 불량일 확률이 50%가 된다. 그러나 로트의 부적합품률이 1%만 되어도 불합격시키고 싶은 경우, 샘플 2개를 채취하면 그 2개 중에서는 부적합품이 거의 발견되지 않을 것이다. 부적합품률 1% 로트는 받아들이고 싶지 않은데 시료 수가 적어서 부적합품이 발견될 확률이 거의 없다. 그러면 이 로트는 합격이 될 것이다. 이와 같이 샘플 개수는 로트의 품질에 따라서도 그 값이 달라져야 한다.

보다 더 좋은 로트인지 여부를 알고 싶으면, 샘플 개수를 더 늘려야 한다. 다시 말하면 로트 부적합품률이 5%, 1%, 0.1%일 때 이 로트들을 구별하려면 그에 맞는 샘플 수를 증가시켜야 한다. 이와 같이 로트의 크기(N)에 따라 샘플 크기(n)가 달라져야 하고, 로트의 부적합 수준에 따라서도 샘플링 크기가 달라져야 한다.

만일 계수 샘플링검사에서 $N \rightarrow n \rightarrow c$, 로트크기 $\rightarrow$ 샘플크기 $\rightarrow$ 합격판정개수를 결정

하는 것을 샘플링검사방식을 정한다고 말한다. 아무 근거 없이 샘플수를 결정하여 $c=0$ (합격판정개수)이므로 전체로트를 합격시키는 잘못을 해서는 안 된다.

불합격 로트 처리방법은 전수선별이 가능하다면, 부적합품을 선별하면 될 것이다. 파괴검사 등으로 선별이 불가능하면, 역추적해서 원인규명을 하고, 수리 또는 폐기처리, 등급 조정 등의 사내규정에 따라 조치를 취하면 된다. 그래서 제품의 품질수준이 나쁘면 항상 재정손실이 크기도 하지만, 2년 또는 3년 후에 수십억 원의 클레임으로 되돌아오는 경우도 있다.

샘플링검사는 로트에 대하여 합·부 판정을 하므로 로트의 크기에 따라 위험부담이 다르다. 로트의 품질이 같다고 해서 $N=10,000$개를 1개 로트로 할 것인가, 또는 $N=1,000$개로 해서 10로트로 할 것인가는 샘플링검사 이론이 확률적인 판단을 하기 때문에 품질이 좋은 경우라도 $N=10,000$개의 1로트가 전부 불합격 처리될 확률도 있으므로 로트를 몇 개로 나누는 것이 위험을 분산시키는 방법이 될 것이다. 계수 샘플링검사 방법이 여러 종류가 국제표준 또는 국가표준으로 정해져 있지만 중요 포인트는 N, n, c를 결정하는 것이다. 샘플링방법에 따라 n의 크기가 달라지고, 로트의 검사 중에 부적합품이 발견될 때 그 불량품이 제거되면서 검사를 진행하면 다음 로트의 n값과 c의 값이 변경되어야 한다. 이와 같이 검사방법이 달라지므로 여러 종류의 샘플링검사 방법에 대한 국제표준 및 국가표준이 제정되어 있다. 조달 물품을 취급하는 정부기관이나 공공기관, 제품검사기관들은 이 표준을 금과옥조로 삼아야 한다.

2) 계량샘플링검사와 계수샘플링검사 차이점

① 계량과 계수샘플링검사의 판정 차이점

모든 샘플링검사 중 계량샘플링검사가 계수샘플링검사와 판정이 어떻게 다른지 살펴보자.

이를테면, 계수 샘플링검사를 하기 위하여 샘플 $n=30$을 채취하였다. 측정방법에 따라 30개를 측정한다. 측정한 값을 해당 기준과 비교하여 양·부를 결정한다. 검사원에 따라 측정치를 일일이 기재하지 않고, 샘플 30개 중 부적합품 수가 1개도 없으면, 0이라고 적어 둔다. 만일 검사방식이 $n=30$, $c=0$이라면 30개 중 부적합품 개수가 몇 개냐에 따라 로트의 합·부를 결정하기 때문이다. 그러나 계량의 경우는 $n=30$을 채취하여 규정된 측정방법에 따라 30개를 측정한다. 여기까지는 계수검사와 같다. 그러나 계량 샘플링검사에서는 30개의 측정치를 일일이 기재한다. 개개 측정치를 해당 기준과 비교하지 아니하고, 이 측정치를 이용하여 평균을 계산하고, 필요하면, 표준편차를 계산해서 합격 판정치 (X_L 또는 X_U)를 결정하고, 그 값을 샘플의 평균치와 비교하여 로트의 합·부를 판정한다.

② 계량샘플링검사에서 평균, 표준편차와 합격판정기준

계량 샘플링검사에 대하여 한걸음 더 들어가 보자. 〈그림 1.16〉과 같이 3종류의 히스토그램을 표시해보자.

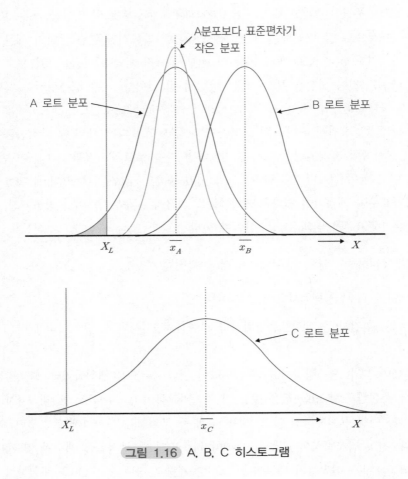

그림 1.16 A, B, C 히스토그램

각 로트에서 히스토그램이 그림 A, B, C 3개의 모습으로 나왔다고 가정하자.

측정값이 클수록 좋은 경우, 분포의 3가지 형태에서 A분포와 B분포는 평균이 B가 A보다 크고, 표준편차는 유사하다. 당연히 전체적으로 B분포가 A분포보다 우수하다. 합격판정치(X_L)가 A분포의 평균보다 왼쪽에 있다면, 회색 부분만큼의 부적합품이 생길 것이고, 그림 상으로 B 분포는 모두 합격이다.

A분포의 경우, 부적합품을 얼마만큼 인정할 것인가에 따라 합격판정치 값이 정해질 것이다. C분포는 B분포와 평균이 같음에도 산포(표준편차)가 크므로 회색 부분만큼의 불량이 발생한다.

B분포와 C분포는 평균이 동일함에도 부적합품이 생긴 이유는 C분포의 표준편차가 크기 때문이다.

종합해보면 로트가 합격이냐, 불합격이냐는 해당 분포의 평균과 표준편차 값에 따라 합격판정치(X_L)의 위치가 결정된다. 그래서 X_L의 계산은 표준편차가 작으면 작을수록 A분포 내의 날렵한 분포와 같이 분포의 모습이 매우 뾰족해지므로 A 로트가 합격할 확률이 커지는 것이다.

이와 같이 계량 샘플링검사는 샘플을 채취하여 규정된 측정방법으로 측정하여 측정치를 기록하고, 그 데이터로부터 평균과 표준편차를 계산하여 합격 판정치를 정한다. 따라서 계량 샘플링검사 방식은 샘플의 크기(n), 평균, 표준편차(오랫동안 표준편차를 알고 있을 경우는 그 표준편차를 사용)에 따라 합격 판정치를 결정하고 그 값이 로트에 대한 합격·불합격을 판정한다.

종합해보면 로트가 합격이냐, 불합격이냐는 해당 분포의 평균과 표준편차 값에 따라 합격판정치(X_L)의 위치가 결정된다.

③ 계수샘플링검사에서의 N, P, n, c 및 로트합격판정

계수 샘플링검사에서도 기준치와 비교하려면, 측정치가 있어야 한다. 계수검사라 할지라도 측정치를 반드시 기록해서 데이터를 분석하는 데 사용해야 한다. 부적합품 숫자만 기록하는 것은 검사원의 센스가 부족하다고 할 수 있다.

계수샘플링검사에 한걸음 더 들어가 보자. 샘플링검사는 계량이거나, 계수이거나 로트에서 샘플을 채취하여 조사 또는 측정하여 그 결과를 판정기준과 비교하여 그 로트의 합격을 판정하는 것이며, 이때 로트에 대한 판정기준이 계수치로 표시하는 것이 계수샘

플링검사이다. 지금까지 설명한 계수샘플링검사와 계량샘플링검사에 관하여 〈표 1.7〉에 종합하였다.

샘플링검사는 데이터의 속성에 따라 〈표 1.7〉에서 알 수 있듯이 계량치, 계수치로 나누이고, 데이터의 속성에 따라 계량 샘플링검사와 계수 샘플링검사가 있다.

표 1.7 계수 및 계량샘플링검사의 비교

계수샘플링검사	비교항목	계량샘플링검사
계수치(헤아릴 수 있는 것)	**데이터속성**	계량치(측정치)
이해관계자 협의	**로트의 구성(로트 크기 N)**	이해관계자 협의
많다.	**샘플링개수(n)**	적다.
합격판정개수(c)	**판정기준**	합격판정치(X_L 또는 X_U)
비슷하다(계량화 후 기준과 비교, 판정개수로 판정)	**검사시간**	비슷하다(계량화 후 합격판정치 계산)
낮다.	**데이터 활용도**	높다.
판정이 간편하다.	**판정편의성**	판정치를 계산한다.
계수분포(이항, 포아송)	**분포의 적용**	계량분포(정규, t, F분포)
• 이항분포 $f(x)={}_nc_xp^x(1-p)^{n-x}$ 평균$=np$ 표준편차$=\sqrt{np(1-p)}$ • 포아송분포 $f(x)=\dfrac{e^{-m}m^x}{x!}$ 평균$=m$ 표준편차$=m$	**분포의 함수**	• 정규분포 $f(x)=\dfrac{1}{\sigma\sqrt{2\pi}}e^{-\frac{(x-\mu)^2}{2\sigma^2}}$ 평균$=\mu$ 표준편차$=\sigma$ • 표준정규분포 $f(x)=\dfrac{1}{\sqrt{2\pi}}e^{-\frac{x^2}{2}}$ 평균$=0$ 표준편차$=1$ • t분포 샘플평균($\bar{x}$)를 표준화시키는 과정에서 표준편차(σ)를 모르는 경우 $\sqrt{V}$를 이용한다. 표준정규분포에서 $Z=\dfrac{\bar{x}-\mu}{\sigma/\sqrt{n}}$ 인데 t분포에서 $t_。=\dfrac{\bar{x}-\mu}{\sqrt{V}/\sqrt{n}}$ 이다.

계수샘플링검사	비교항목	계량샘플링검사
	여기에 나오는 각종 분포에 대하여는 뒤에서 설명한다.	t분포는 $t=0$에서 좌우대칭, t분포의 모습은 $\varnothing$(자유도)에 의해 결정, 자유도가 크면 표준정규분포와 유사하다.
부적합품률 P, 부적합품수 NP, 결점수 C	**모집단의 모수의 표시**	평균 μ, 표준편차 σ
p, np, c	**통계량**	$\bar{x}$, s, $\sqrt{V}$, R, Z, t

2 샘플링검사 표준에서 사용하는 기본적 용어

(1) 샘플링검사와 로트

샘플링검사는 로트에 대하여 검사를 실시한다. 샘플은 로트로부터 추출한다. 기본적으로 랜덤 샘플링을 원칙으로 한다. 로트를 어떻게 구성할 것인가. 샘플을 로트로부터 어떻게 샘플링할 것인가. 어떤 검사방법을 적용할 것인가는 이것들이 모두 합리적으로 이루어져 있다고 전제하는 조건에서 샘플링검사가 가능하다. 검사로트의 구성은 제품이 벌크인가, 그 벌크가 고체인가, 액체인가, 기체인가에 따라 다르며 샘플링기법도 달라진다. 500m의 에나멜 동선의 권치, 종이 롤(1000m) 강판의 롤(800m) 등의 구성과 샘플링은 어떻게 할 것인가. 롤마다 로트로 한다면 검사단위는 어떻게 정해야 하는가. 로트로부터 7개를 샘플링한다면, 7개의 하나하나를 검사단위라고 한다. 일반적으로 TV, 휴대폰, 자동차 등과 같이 제품이 하나하나가 검사단위가 되는 경우가 많다. 그러나 10ton의 탱크 내에 LNG가 들어 있다면 10ton탱크가 샘플하나가 된다면 검사단위는 10ton탱크의 LNG가 될 것이다. $n=5$라면 10ton탱크 5개를 샘플링 해야 한다. 검사단위의 정의도 정하지 않고 샘플링 검사한다면, 아무렇게나 검사해서 합·부 판정을 내린 것과 같다. 화력발전소에서 25,000톤의 석탄이 입하될 경우 $n=1$이라고 하면, 검사단위가 25,000톤이라는 의미이다.

(2) 검사단위

위에서 설명한 바와 같이 검사단위의 결정방법은 검사의 목적이나 실제상의 편의에 따라 정한다. 미국의 자동차 품질조사기관에서는 100대당 결점수로 표시하고 있다. 누가 그렇게 하도록 한 것이 아니고 1대에 나타나는 결점수의 발견이 어려우므로 100대를 조사해야 여러 가지 결점수를 찾아낼 수 있기 때문이다. 100대를 묶어서 검사단위로 한 것이다. 검사단위를 1대로 하면 결점수가 나타나지 않을 수도 있기 때문이다. 검사정밀도를 높이기 위한 수단이다. 검사단위를 결정한다는 것은 결점이나 부적합 검사항목이 발견되도록 정하는 것이다.

(ⅰ) 제품하나하나가 검사단위이다. 한 자루 연필, 손목시계 1개, 1대의 TV, 1대의 전화기, 1대의 LED전등이 검사단위가 될 수 있다. 그러나 전화기 10대당 결점수로 정의하면, 전화기 10대가 검사단위가 되는 것이다.

(ⅱ) 유연탄, 밀가루, 설탕, 술, 식용유, 길이가 긴 동선, 연속의 방직물, 염산, 산소, 질소 등은 (ⅰ)과 같이 한 개, 한 개로 표시할 수 없으므로 일정한 길이, 무게, 용적, 등을 검사단위로 한다. 폴리머 코팅 동선의 외관 결점을 조사할 경우 품질수준을 어느 정도 파악하고 있어야 검사 단위를 설정할 수 있다. 보통 1,000m에 결점이 1에서 2개 수준이라면 동선 1,000m가 검사단위이다. 동선 25,000m를 검사한다면 $n = 2.5$이고 총결점수가 5개라면, 단위당 결점수 $5/2.5 = 2$로서 검사단위당 결점수가 2개가 된다.

이것을 기호로 표시하면 DPU=2라고 한다. DPU는 Defect Per Unit, 즉 검사단위당 결점수이고, 품질수준을 나타내는 기본단위이다. 따라서 DPU는 검사단위당 결점수로서 실제 많이 사용되고 있으므로 활용할 줄 알아야 한다.

1) 검사단위의 품질판정기준

KS, 단체표준, 거래처의 요구상항에는 품질기준이 있다. 이것들은 품질기준 항목이라고 하며 검사해야 할 항목이면, 검사항목이라고도 부른다. 검사항목에 대하여 물리화학적으로 품질판정기준을 객관적으로 명확히 표시할 수도 있지만, 외관같이 관능 특성항목에 대해선 한도견본, 표준품, 사진, 그림 등을 사용한다. 기업 간에는 품질판정기준을 사양서라는 이름으로 표시하기도 한다.

〈품질기준사례〉
- 아연도금 철선의 지름: 지름 500mm ±0.10mm
- 니켈 재료의 두께: 5.0mm ±0.1mm
- 간장은 간장고유의 향과 맛이 있어야 한다(거래당사간의 관능 검사에 대하여 정의하여야 한다).
- 설탕에는 이물질이 없어야 한다(사내표준의 이물질에 대한 정의가 있어야 한다).
- 액체용여과지(지름20cm) $1\mu m$의 공경을 가지며 설탕 10g을 증류수에 녹여, 이 여과지를 통과하여 이 물질의 크기를 측정한 후 판정기준에 따라 이물질에 대한 품질을 결정한다.

2) 검사단위의 품질표시방법

① 특성치에 의한 표시
② 적합 또는 부적합의 구별에 의한 표시
③ 결점수에 의한 표시

① 특성치에 의한 표시

철선의 지름 30개를 측정하였다. 철선지름의 품질은 30개 데이터를 나열해 두는 것이다. $x_1, x_2, \cdots\cdots x_{30}$ 이 데이터를 이용하여 기본통계량을 계산하여 표시한다.

- 평균(좌표상의 위치): $\bar{x}$ (엑스바), μ (뮤)
- 표준편차(분포가 퍼져 있는 정도): s (시료표준편차), σ (모표준편차)
- 범위(Max-Min): R
- 히스토그램: 30개 데이터의 전체모습(막대 기둥으로 그리고, 장기데이터로는 곡선모양의 분포로 표시)

② 적합품(양호품) 또는 부적합품(불량품)의 구별에 의한 표시

매일 20개씩 샘플을 채취하여 판정기준과 비교해서 아래와 같이 표시한다.

번호	샘플수	불량품수
1	20	0
2	20	1
3	20	1
⋮	⋮	⋮
18	20	3
19	20	2
20	20	0
누계	400	16

또는 생산되는 양에 따라 샘플수가 달라진다.

번호	샘플수	불량품수
1	120	1
2	100	0
3	150	2
4	110	2
⋮	⋮	⋮
16	98	0
17	92	1
18	116	1
19	180	2
20	80	1
누계	1250	20

③ 결점수에 의한 표시

결점수에 대한 의미를 정확하게 정의해 두어야 결점수에 의한 품질표시를 할 수 있다. 계수치이거나 계량치라도 최종적으로는 결점수로 품질을 정리할 수 있다. 결점, 기회를 아래와 같이 정의하고, 이것을 근거로 DPMO(Defect Per Million Opportunity)를 계산할 수 있어야 한다.

① 결점수(Defect): 고객불만을 야기시키는 모든 사항으로 1개의 단위(Unit) 내에서도 여러 개가 나타날 수 있다. 여기서 단위는 검사단위로 제품 또는 서비스에서 결점을 측정할 수 있는 최소 양이다.

② (결점)기회(Opportunity): 고객의 요구사항을 충족시키지 못할 가능성이 있는 모든 것, 즉, 검사나 시험할 수 있는 특성으로서 결함이 발생할 수 있는 모든 기회의 수

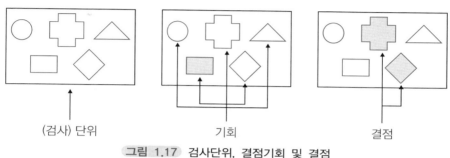

(검사) 단위   기회   결점

그림 1.17 검사단위, 결점기회 및 결점

〈그림 1.17〉에서 검사단위는 제품 하나하나를 의미하며, 검사항목이 5개인 검사단위 이다. 기회는 검사단위 내의 검사항목수와 같다. 결점기회는 정의에서 고객요구사항(검사 항목)을 충족시키지 못할 가능성이 있는 모든 것, 즉 결함이 발생할 수 있는 것을 말한다. 자동차의 검사항목이 220개란 의미는 220개의 요구사항을 충족시키지 못할 가능성이 있 으므로 기회의 수가 220이라는 의미이다. 〈그림 1.17〉에서 기회를 표시했고, 샘플 1은 결 점수 0, 샘플 2는 결점수 1, 샘플 3은 결점수가 2이다. 이것을 DPU=2이라고 표시한다.

⒜⒝Ⓒ ⒹⒺⒻⒼ ⒽⒾⒿ	●○○ ○○○○ ○●○	○●○ ●●○○ ○○●	○●○ ●●○○ ○○●
결점0 결점기회 항목10	결점2 부적합항목 2	결점4 부적합항목 4	결점5 부적합항목 5

그림 1.18 검사항목과 결점수

〈그림 1.18〉과 같이 1개 검사단위에서 검사항목수(A, B, C … I, J)가 10개 있을 경우, 기회의 수는 10이고, 10개 항목 모두가 품질기준에 적합하면 결점수는 0이고, ⒜와 ⒤가

부적합하면 결점수는 2가 된다. 그러나 부적합품률(부적합품률)은 검사항목 1개가 부적합 이든, 5개가 부적합이든 간에 둘 모두가 부적합품이다. 〈그림 1.18〉에서 4개의 제품 중 3개가 부적합품이므로 부적합품률은 3/4이므로 75%이다. 결점수로 품질을 표시하면 4개 의 제품에서 총 결점수가 11개이고 제품수가 4이므로 평균 DPU는 11/4＝2.75이다. 즉, 개당 평균 결점수가 2.75개이다.

부적합품률로 표시하면 75%이고, 평균 DPU는 2.75이다. 다시 말하면, 제품 4개의 각 각에 결점수가 1개씩 있다면 부적합품률이 100%이고, DPU로 표시하면 $\overline{DPU}＝1$이다. 품 질을 부적합품률(부적합품률)로 표시하는 것과 DPU로 표시하는 것은 그 의미가 매우 다르 다. 자동차 검사에서 1대에 결점수가 1개인 경우와 1대에 결점수가 220개 있을 때, 두 자 동차를 모두 다 부적합자동차로 취급한다는 것은 문제가 있는 것이다. 품질수준을 DPU로 표시하는 것이 합리적인 표시방법이다. DPU는 품질을 비교하는 데 중요한 척도가 된다.

DPO와 DPMO의 계산방법은 다음과 같다.

DPO는 총(결점) 기회당 결점수이고 Defect per Opportunity의 첫 자를 따온 것이다. 〈그림 1.18〉에서 4개 제품의 DPO를 계산하면, 4개의 총결점수는 11개이고, 총 결점기회 는 4×10＝40이다. 따라서 DPO는 총결점수 11을 40으로 나누면, DPO＝11/40＝0.275 이다. 이것을 100만 기회당 결점수로 표시한 것을 DPMO라 한다. 계산은 DPO에 100만 을 곱하면 된다. DPMO는 0.275×1,000,000＝275,000이다. 백만 기회당으로 환산하면, 결점수가 27만 5천개이다.

이를 정리하면 〈표 1.8〉과 같다.

표 1.8 DPO와 DPMO

- 검사단위수＝4
- 4개 각각의 DPU(그림순서): 0, 2, 4, 5
- 검사단위당 검사항목(결점기회)수: 10
- 4개의 총결점수의 합＝ 2+4+5=11
- 평균 DPU＝11/4=2.75
- 4개의 총기회의 수＝4×10=40
- 4개의 DPO: 11/40=0.275
- DPMO=0.275×1,000,000=275,000

(3) 검사항목의 중요도 표시

1) 개개 특성치의 중요도

물리·화학적 특성치에 대한 검사항목 중에는 고객요구에 따라 중요도가 다를 수 있다. 일반적으로 4단계로 분류한다.

- 치명부적합: 인명피해나 설비파괴 우려가 있는 것
- 중부적합: 의도한 목적대로 사용할 수 없는 것
- 경부적합: 기능저하나 수명을 짧게 하는 것
- 미부적합: 성능, 능률, 수명 등에는 영향이 없으나 제품의 흠이나 마크, 얼룩 등이 있는 것

중요도에 따라 검사항목에 대한 평가점수를 메기고 그것을 합산하여 검사항목별 품질평가를 실시하여 그에 대한 대책과 예방시스템을 수립해 둬야 한다. 보증기간 설정 등에 반영해야 한다. 품질 보장 시에 고객에게 시정조치 방법이 달라야 할 것이다. 현금＋보상금 지급, 교환, 수리 등 여러 가지 처리 방법이 있을 수 있으나 이러한 리스크를 제거 하기위한 품질관리 활동이 전개되어야 한다.

2) 결점수의 중요도

품질을 결점수로 표시하여 품질수준을 파악하고 그 결과를 이용하여 검사를 실시할 수 있으나 고객 요구수준에 따라 아래와 같이 일반적 분류가 가능하다.

- 치명결점
- 중결점
- 경결점

특성치에 중요도와 같은 개념으로 분류가 된다. 자동차의 엔진결점, 자동차에 물이 센다 등 치명결점이 있다. 결점을 점수로 평가하여 검사수준을 까다롭게 할 수도 있다.

(4) 로트(제품의 집단) 품질 표시 방법

로트의 품질 표시 방법은 다음과 같이 나타낸다.

(i) 로트의 부적합품률(%)

(ii) 로트 100아이템당 부적합수

(iii) 로트의 평균값

(iv) 로트의 표준편차

(i)과 (ii)는 계수 샘플링검사에 있어서의 로트 품질이며, (iii)과 (iv)는 계량 샘플링검사에 있어서의 로트 품질이다.

로트의 부적합품률(%)은 로트 중 부적합품의 개수를 로트 크기로 나누어 100을 곱한 값이다.

즉 $P(\%) = D/N \times 100$

여기에서, $P(\%)$: 부적합품 퍼센트, N: 로트 크기, D: 로트 중 부적합품 수

로트 100아이템당 부적합수는 로트 중 부적합의 수를 로트 크기로 나누어 100을 곱한 값이다.

$P(100\text{아이템}) = d/N \times 100$

여기에서 $P(100\text{아이템})$: 아이템당 부적합수, d: 로트 중 부적합수, N: 로트 크기

[예제] 500개의 제품중 480개는 합격품이다. 나머지중 15개는 각각 한 개의 부적합을 가지고, 4개는 각각 2개의 부적합을 가지고 또 1개는 3개의 부적합을 가지고 있다. 부적합품률과 100아이템당 부적합수를 구하시오.

[풀이] 여기서, $P(\%)$: 부적합품 퍼센트, N: 로트 크기, D: 로트 중 부적합품 수
$P(100\text{아이템})$: 아이템당 부적합수, d: 로트 중 부적합수라고 하면,

$$P(\%) = D/N \times 100 = (20/500) \times 100 = 4(\%)$$

$$P(100아이템) = d/N \times 100 = (26/500) \times 100 = 5.2$$

즉 로트의 부적합품률(%) 검사는 부적합품 수를 세어 판정하게 된다. 부적합품은 검사단위에 부적합수가 1개 이상 있을 때에 부적합품 1개로 하는 것이며, 부적합수를 5개 가지고 있는 제품이라고 하더라도 부적합품은 1개가 된다.

그러나 100아이템당 부적합수 검사인 경우에는 검사하는 모든 검사단위에 대해, 독립적인 원인에 의해 이러나는 모든 부적합수를 세어 판정하게 된다.

이러한 검사에 대해 유리한 점을 설명하면 다음과 같다.

1) 로트의 부적합품률(%) 검사가 유리한 경우

(i) 누구에게나 잘 알려져 있으며 이해하기 쉽다.
(ii) 1개 이상의 부적합수를 가진 제품은 부적합품으로 판정하므로, 합격, 불합격 판정을 로트 100아이템당 부적합수의 경우보다 확실하고 빠르게 할 수 있다.
(iii) 로트 100아이템당 부적합수 검사에서는 하나의 부적합수와 다를 부적합수가 서로 독립되어 있어야 하지만, 로트의 부적합품률(%) 검사인 경우에 부적합수의 상관 문제는 고려하지 않는다.

2) 로트 100아이템당 부적합수 검사가 유리한 경우

(i) 검사하는 검사단위의 모든 부적합수를 셀 수 있으므로 품질정보가 많다.
(ii) AQL(합격품질수준) 등이 동일한 경우에는 로트의 부적합품률(%) 검사보다 로트 100아이템당 부적합수 검사가 매우 엄격하다.

3 확률분포의 이해

확률분포 중 정규분포는 계량형 샘플링검사의 이론적 근거가 되며, 초기하분포, 이항분포, 포아송분포는 계수형 샘플링검사의 이론적 근거가 된다.

(1) 정규분포

품질의 산포가 왜 생기는가에 대하여 앞에서 설명하였다. 품질의 산포를 가져 오는 원인을 파악하여 이 원인을 관리하기 위하여서는 그 변동의 상태를 올바르게 파악할 필요가 있다. 품질의 변동을 한 눈으로 볼 수 있게 하려면, 도수분포(frequency distribution)를 작성하면 된다. 도수표나 도수도가 유용하다. 이것들은 매우 간단한 것이지만 통계적 방법을 이해하기 위한 기본 도구이다. 도수분포도를 히스토그램이라고 한다.

이 히스토그램의 작성이 정규분포를 이해하는 과정이다.

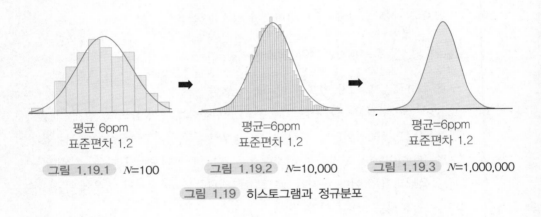

평균 6ppm
표준편차 1.2

평균=6ppm
표준편차 1.2

평균=6ppm
표준편차 1.2

그림 1.19.1 *N*=100   그림 1.19.2 *N*=10,000   그림 1.19.3 *N*=1,000,000

그림 1.19 히스토그램과 정규분포

〈그림 1.19.1〉은 100개의 데이터를 사용하여, 히스토그램을 작성한 것이다. 기둥이 11개 있다. 각 기둥의 꼭지점을 이으면, 기둥 대신 곡선으로 표시할 수 있다. 이 제품을 장기적으로 생산하면 〈그림 1.19.1〉의 히스토그램 기둥이 〈그림 1.19.3〉의 곡선처럼 된다. 왼쪽에 〈그림 1.19.2〉와 〈그림 1.19.3〉처럼 샘플이 만개, 백만 개일 때의 히스토그램의 변화를 실제로 보여 주고 있다. 〈그림 1.19.3〉의 모습을 정규분포라고 한다. 영어의 Normal Distribution을 일본에서 정규분포(正規分布)라고 번역하였다. normal은 정상적, 보통의 뜻이고, distribution은 "나누어 줌", "항상 그렇게 나누어진다."이다. 이 말은 어떤 기계에서 생산되어 나오는 제품을 측정해서, 측정치를 모아 보면, 데이터의 수에 따라 〈그림 1.19.1〉, 〈그림 1.19.2〉, 〈그림 1.19.3〉과 같은 전체 모습을 파악할 수 있도록 항상 그렇게 된다는 것이다. 데이터가 볼트 너트의 치수이든, 계란의 무게이든, 철판의 인장강도이

든 간에 데이터가 히스토그램 모습으로 산포(데이터의 흩어짐)된다는 것이다. 정성적으로 표현하면, 좌우 대칭형, 종(bell) 모양의 곡선으로 나온다. 이와 같이 계량치는 정확한 규칙을 가지고 좌우로 흩어진 모습으로 나오므로 정규분포라고 한다. 정확한 규칙의 정규와 좌우로 흩어진 모습의 분포를 합하여 정규분포라 한 것이다. 좌우로 〈그림 1.19〉에서 보는 바와 같이 평균과 표준편차가 동일할 때, 데이터 수를 100개, 10,000개, 1000,000개 이렇게 증가시키면, 〈그림 1.19.1〉의 도수분포도(히스토그램)가 기둥의 폭이 가늘어지면서 결국은 〈그림 1.19.3〉과 같이 분포곡선으로 바뀐다. 이런 분포를 수학적으로 확률밀도함수분포라고도 한다. 정규분포는 확류밀도함수분포의 한 종류이다. 다른 책을 읽다 보면, 이런 용어가 튀어 나온다. 정규분포 같은 것을 의미하는구나 하고 넘어가면 된다.

확률밀도함수분포를 〈그림 1.19.1〉에서 보는 바와 같이 x축에는 중금속 데이터 중에 최소값에서 최대값까지 산포되어 있다. 각 기둥의 높이는 기둥 폭에 해당하는 값이 반복해서 나타난 것이 도수이다.

이 공정을 장기적으로 운영하면, 〈그림 1.19.1〉의 곡선 같이 x값의 최저치에서 기둥의 높이가 가장 낮다. x값이 증가하면서 기둥의 높이가 커져가다가 x의 값이 평균을 지나면서 기둥 높이가 가장 높다. 정점에 이르면, x값이 증가해도 기둥의 높이는 다시 작아진다. 데이터가 이러한 규칙을 정확하게 갖게 되면, 데이터를 정확하게 수학적 식으로 만들 수 있기 때문에 함수라고 표현한 것이다.

수학에서 독립변수(x)와 종속변수(y)의 관계를 함수식이라 한다. 여기서 y를 $f(x)$라고도 표시한다. 함수는 수를 담는 함(box)이라는 뜻이다. 〈그림 1.19.3〉과 같이 좌우 대칭이고 종을 메달아 놓은 모습을 정규분포곡선이라고 한다.

곡선이 x에 따라 y가 점점 커지다가 정점에서 다시 작아지는 정확한 규칙을 갖는 곡선의 모습을 정규분포, 정확한 규칙을 가진 분포이므로 수학식으로 표시하면 아래와 같다. 정규분포곡선의 식은,

$$f(x) = \frac{1}{\sqrt{2\pi}\,\sigma} e^{-(\frac{x-\mu}{\sigma})^2} \quad\text{\dotfill} \quad ①$$

이다.

①식을 평균이 μ이고, 표준편차 σ인 정규분포 $N(\mu,\ \sigma^2)$이라고 간편하게 표시한다. ①에서 중금속의 평균이 6ppm, 표준편차는 1.2이고, π는 3.14, e는 2.7으로서 전부 아

는 수이고, x만 변수이다. 중금속 x에 대한 정규분포곡선을 상수를 모두 대입하면, 아래와 같다.

$$f(x) = \frac{1}{\sqrt{2\pi \times 1.2}} e^{-(\frac{x-6}{1.2})^2} = \frac{1}{3} e^{-(\frac{x-6}{1.2})^2} \quad \text{.................................} ②$$

②식에서 중금속 x대신 중금속 값을 입력하면 〈그림 1.19.3〉과 같은 곡선이 나온다.

그러나 계량치이든, 계수치이든 간에 규칙을 가지면, 모두 수학의 식으로 표현할 수 있고, 함수식의 속성에 따라 분포의 이름이 붙여져 있다. t분포, F분포, 이항분포, 포아송분포 등 여러 가지 분포가 있다. 이런 여러 가지 분포를 확률분포라고 하는데 이 중에서 가장 많이 사용되고, 중요한 분포는 정규분포이다. 정규분포는 연속분포의 대표적인 사례이다.

중금속 $N(6, 1.2^2)$의 정규분포에서 아래 그림과 같이 상한규격 $S_U = 9ppm$이라면, 이 제품의 부적합품률이 얼마일까? 9ppm 이상은 부적합품으로서 별색 부분의 면적이 부적합품률이다.

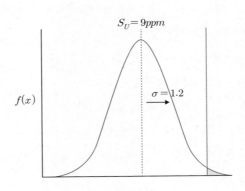

정규분포도 확률분포이므로 곡선 내 면적을 구하면, 항상 1이다. 확률은 최고값이 1이기 때문이다. 선거에서 투표율이 100%를 넘기면 웃음거리가 되는 것도 투표율이 확률이기 때문이다. 100%나 1을 넘길 수 없다. 평균이 6ppm이고, 표준편차가 1.2일 때, 중금속이 9 이상일 확률은 얼마인가? 엑셀로 검정색 부분의 면적을 구하면, 중금속 9ppm 이상의 부적합품률은 0.621%이다.

정규분포에서 평균과 표준편차만 알면, 부적합품률이나 적합률을 알 수 있다. 다시 말하면, 기준치 이상은 몇 %인가, 기준치 이하는 얼마인가, 하한규격 S_L과 상한규격 S_U 사이에 있는 값은 몇 %인가를 엑셀을 이용하여 계산을 자유자재로 할 수 있다.

(2) 개개치와 평균치 데이터의 관계

합성수지의 충격강도를 하루에 다섯 번 샘플링을 하여 100일 동안 500개의 충격강도를 측정하여 〈표 1.9〉와 같은 데이터를 얻었다. 이 데이터를 〈표 1.10〉과 같이 정리하여 필요한 통계량을 계산해 보자.

500개 데이터 하나하나가 모여서 이룬 분포를 개개치 분포라고 한다. 이 분포에 대한 히스토그램을 작성하면, 전체 모습을 알 수 있다. 평균과 표준편차도 구할 수 있다.

500개 데이터의 평균과 표준편차는 엑셀에서 AVERAGE를 선택하여, 500개 데이터 모두 입력하면, 평균이 나온다. STDEVA를 선택하면, 표준편차가 실현된다.

표 1.9 충격강도 측정치(N=500)

1	2	3	4	5	6	7	8	9	10
13.0	15.1	14.7	13.3	15.7	13.9	12.7	15.3	14.1	13.5
16.9	12.3	11.0	15.9	15.9	12.7	14.5	13.5	14.2	13.8
13.7	15.6	14.8	14.1	16.7	15.3	14.5	13.8	14.9	13.6
13.8	15.6	13.3	14.6	14.8	13.9	13.6	13.6	12.4	14.1
14.4	15.5	16.1	11.0	14.2	15.4	15.9	12.6	14.1	14.4
14.6	14.2	15.4	13.5	14.5	14.9	12.5	11.9	16.0	11.7
15.5	13.2	14.5	15.5	13.1	14.0	16.4	14.2	14.9	13.2
14.5	13.5	15.3	14.1	13.2	15.0	14.2	13.9	15.4	13.6
14.1	12.6	12.9	16.6	14.0	15.2	12.8	15.3	15.4	12.6
14.0	14.4	13.3	12.5	12.3	12.8	14.7	15.0	15.6	15.0
12.9	14.3	12.8	14.6	13.2	11.9	13.4	13.2	14.2	15.6
10.8	11.6	12.6	14.6	15.0	11.0	13.2	15.0	13.7	12.3
13.3	14.6	14.9	15.6	14.3	13.4	15.7	15.1	12.4	16.8
14.7	14.5	16.1	13.4	15.4	15.0	14.6	13.8	16.1	14.0
12.9	14.0	13.8	14.1	14.4	13.8	13.5	14.6	14.3	16.8

1	2	3	4	5	6	7	8	9	10
12.7	15.4	11.5	13.8	14.0	14.3	15.0	11.7	14.2	14.8
14.6	13.4	14.0	14.5	14.0	13.8	13.1	12.9	15.1	14.0
13.6	10.7	15.5	12.2	13.3	13.3	12.1	13.6	14.9	13.9
12.2	14.1	15.3	14.1	13.0	14.5	14.7	14.5	14.1	13.3
14.4	13.2	15.7	13.7	11.6	13.3	13.5	12.7	11.4	15.1
14.0	11.9	13.4	13.3	14.4	14.4	13.8	15.2	14.2	14.7
15.3	11.3	14.2	13.2	15.7	12.6	14.7	14.9	16.3	15.7
15.4	13.8	13.9	15.3	12.5	13.4	13.1	12.6	13.7	12.2
13.3	13.2	14.7	15.2	13.7	13.4	11.6	15.5	15.2	14.7
13.9	14.7	13.2	14.8	13.3	13.9	13.9	13.0	13.5	12.3
13.3	12.8	14.6	14.6	14.4	13.6	14.6	12.3	16.2	15.6
14.1	11.9	14.9	15.8	14.3	14.5	15.2	14.6	13.3	15.2
13.5	16.3	11.7	15.6	14.8	12.1	13.1	15.6	12.7	12.4
13.2	14.2	13.5	15.2	14.7	13.3	13.3	16.2	13.0	13.3
15.1	11.7	15.6	12.6	14.1	13.0	15.7	13.4	13.2	15.6
12.5	15.6	11.9	14.4	14.1	12.4	14.1	14.4	11.7	14.2
10.6	16.4	15.8	12.7	15.1	15.0	13.3	14.6	13.5	12.6
15.0	11.1	12.7	15.0	15.8	15.9	13.5	14.9	12.6	14.6
15.3	16.0	14.0	12.8	15.4	13.8	14.0	12.3	15.5	14.3
14.1	13.8	15.1	13.3	15.0	14.3	14.8	14.2	13.3	13.7
14.3	13.3	13.7	14.5	15.1	15.1	12.3	14.2	11.6	13.5
14.7	14.5	14.0	14.4	15.4	14.3	11.8	12.3	13.7	14.3
13.0	12.5	14.4	13.5	12.3	14.0	15.6	14.4	15.2	14.4
11.3	14.2	14.1	15.8	15.7	12.9	13.1	15.2	14.0	13.3
12.3	14.8	13.5	13.4	14.8	13.2	14.8	12.8	15.1	14.5
14.4	12.9	16.6	13.3	14.5	13.9	13.0	14.7	13.4	13.6
14.0	14.7	14.2	12.7	16.3	15.9	12.8	14.8	13.5	14.3
12.5	14.1	14.2	12.9	13.2	12.3	11.7	13.1	13.4	13.3
14.5	11.4	15.1	13.3	12.3	14.6	12.8	13.8	14.1	16.1
14.2	13.9	15.1	14.6	13.9	13.6	14.1	14.4	16.2	11.8
12.1	11.9	15.7	13.0	12.1	12.2	13.7	12.0	14.0	13.1
15.8	15.8	13.9	15.5	15.3	14.7	13.9	12.7	14.1	15.9
13.7	16.2	14.2	13.2	14.9	14.3	14.8	14.2	12.1	12.6
14.7	14.0	15.1	14.1	14.5	14.6	15.7	15.2	14.2	15.4

〈표 1.10〉과 같은 양식을 만들어 필요한 통계량을 구한다.

샘플 5개씩 기록하고 각 평균을 구하면, 아래와 같이 100일 동안에 100개의 평균을 생성한다. 이 100개의 평균 데이터가 평균치 분포이다. 하루에 5개씩 500개의 데이터는 개개치 분포이다. 두 분포의 관계를 알면, 추검정, 다른 분포를 이해하고, 통계 처리하는 데 긴요하게 활용된다. 이것을 이해 못하면 샘플링검사를 설계하는 데 실패한다.

표 1.10 500개 데이터의 평균 및 표준편차, $n=5$의 평균 및 평균의 표준편차

1	2	3	4	5	평균 ($n=5$)	500개 평균	500개 표준편차	평균의 평균	100개 평균 표준편차
13.0	15.1	14.7	13.3	15.7	14.3	14.0	1.22	14.0	0.54
16.9	12.3	11.0	15.9	15.9	14.4				
13.7	15.6	14.8	14.1	16.7	15.0				
13.8	15.6	13.3	14.6	14.8	14.4				
14.4	15.5	16.1	11.0	14.2	14.2				
14.6	14.2	15.4	13.5	14.5	14.5				
15.5	1.2	14.5	15.5	13.1	14.4				
14.5	13.5	15.3	14.1	13.2	14.1		1.1		
14.1	12.6	12.9	16.6	14.0	14.0				
14.0	14.4	13.3	12.5	12.3	13.3				

개개치 데이터 → (개개치 데이터)

평균치 데이터 $n=5$ (평균치 데이터)

엑셀에 의해서 500개의 전체의 평균($\overline{x}$라고 표시)=14.0,

500개 개개치의 표준편차(σ_x라고 표시)=1.22,

5개씩 평균의 100개의 평균(평균의 평균 $\overline{\overline{x}}$라고 표시)=14이다.

> 500개의 평균($\overline{x}$, 엑스 바라고 읽음)=14.0, $\overline{x}=14.0$
>
> 개개치의 표준편차(σ_x라고 표시)=1.22, $\sigma_x=1.22$
>
> 평균 100개의 평균(평균의 평균 $\overline{\overline{x}}$, 엑스 투바라고 읽음)=14, $\overline{\overline{x}}=14$
>
> 평균의 표준편차($\sigma_{\overline{x}}$라고 표시)=0.54, $\sigma_{\overline{x}}=0.54$

100개의 평균의 표준편차($\sigma_{\overline{x}}$라고 표시)=0.54

〈표 1.9〉에서 500개 데이터의 평균 $\overline{x}=14.0$이나, 5개씩 평균한 100개를 다시 평균

한 값 $\bar{\bar{x}} = 14.0$이나 동일한 데이터 500으로부터 계산한 값이므로 동일한 평균 14.0이다. $(\bar{x} = \bar{\bar{x}} = 14.0)$

그러나 개개치 표준편차 $\sigma_x = 1.22$이고, 평균치의 표준편차 $\sigma_{\bar{x}} = 0.54$이다. 평균치의 표준편차가 개개치의 표준편차보다 훨씬 작다. 개개치분포의 히스토그램(개개치 500개)과 평균치분포의 히스토그램(평균치 100개)을 아래와 같이 그렸다.

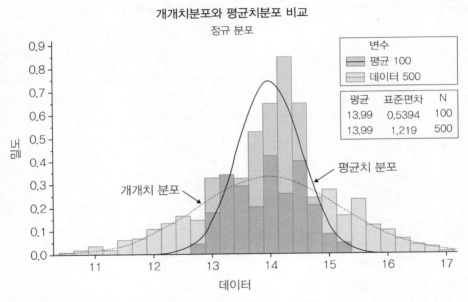

그림 1.20 개개치(x)분포와 평균치($\bar{x}$)분포의 비교

〈그림 1.20〉에서 11에서 17까지 산포한 점선의 분포가 x(개개치)분포이고, 12에서 16까지 산포한 실선의 분포가 $\bar{x}$(평균치)분포이다.

$n = 5, 10, 20.....$ 이렇게 증가하면, $\bar{x}$분포는 더 뾰족해지고 산포가 작아진다. 평균치분포의 표준편차가 작아진다.

개개치의 표준편차와 시료수 n의 평균치의 표준편차는 아래와 같은 유사식이 성립한다.

개개치의 표준편차(σ_x)와 시료수 n의 평균치의 표준편차($\sigma_{\bar{x}}$)는 아래와 같은 유사식이 성립한다.

$$\sigma_{\bar{x}} \risingdotseq \frac{\sigma_x}{\sqrt{n}} \cdots\cdots ①$$

프로세스에서 하루 5개씩 샘플링하여 100일 동안 충격강도 500개의 데이터를 얻었다. 개개치 500개에 대한 표준편차는 $\sigma_x = 1.22$이다.

매일 5개씩 측정한 데이터의 평균을 구한다. 100개의 평균으로부터 평균의 표준편차를 구하였다. 평균의 표준편차는 $\sigma_{\bar{x}} = 0.539$이다. 이 값을 ①식을 이용하여 계산해 보자.

$\sigma_{\bar{x}}$를 ①식에 의하여 계산하여 보자. $\sigma_x = 1.22$이고, $\sqrt{5} = 2.24$이므로 $\sigma_{\bar{x}} = \frac{1.22}{2.24}$ $= 0.5446$이다. 100개의 $\bar{x}$로부터 계산한 표준편차 0.5394와 거의 같다.

따라서 $\sigma_{\bar{x}}$의 계산은 σ_x와 n을 알면 쉽게 추정(계산)할 수 있다.

샘플링검사는 ①식을 이해하고 기억해야 검사를 설계할 수 있다.

$\frac{\text{산포의 크기}(65-50)}{\text{표준편차}(5)} = \frac{x-\mu}{\sigma} = \frac{15그램}{5그램} = 3$(분자, 분모의 그램이 약분되므로 단위가 없어진 무차원 숫자이다.)

(3) 표준정규분포

정규분포곡선의 식을 이용하여 확률을 구하는 것은 거의 불가능하기에 모든 확률밀도 함수들을 표준화시켜서 똑같은 모양의 하나의 확률밀도 함수로 바꾸는 것이 필요하다. 이렇게 표준화시키면 복잡한 정규분포곡선의 식에 의한 적분을 하지 않고도 확률을 구할 수 있다. 표준정규분포에 대해 알아보자.

정규분포 $N(\mu, \sigma^2)$에서 확률을 구한다는 것은 수학적으로 면적을 구하면 된다.

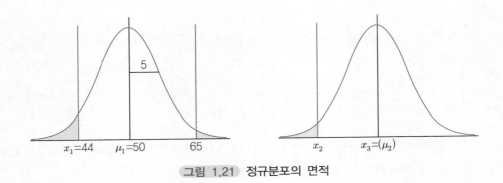

그림 1.21 정규분포의 면적

어느 농장(A)의 계란의 무게가 〈그림 1.21〉과 같이 정규분포를 따른다. 〈그림 1.21〉 $N(50, 5^2)$에서 $x_1 = 44$그램 이하는 부적합품이다. 44그램 왼쪽 부분의 면적을 구하면 된다.

엑셀을 이용하여 44그램 이하의 면적을 구하면 44그램 이하 확률은 0.1159이다. 이 농장은 계란 무게의 부적합품률이 12%이다.

정규분포에서 표준편차는 산포의 크기를 재는 자(척도)라고 했다. 〈그림 1.21〉에서 계란의 무게가 65그램이 넘어가면, 특란이라고 해서 가격을 더 받는다. 그러나 실제로 3일에 2개 알을 낳아야 하는데, 특란을 낳게 되면, 3일에 1개만 낳게 되므로 금액적으로 손해일 수도 있다. 손실 면에서는 부적합이라고 할 수 있다.

〈그림 1.21〉에서 평균 50에서 특란 65그램까지의 거리는 $65 - 50$(평균) $= 15$그램이다.

15그램이 산포가 큰 것인지, 작은 것이지는 산포를 재는 자로 잣대로 재보아야 안다. 산포를 재는 자가 표준편차이므로 15그램을 5그램으로 나누면, 3이 나온다.

산포의 크기 15그램은 표준편차 5그램의 3배이다. 항상 산포가 얼마나 큰가를 알고 싶으면 자기분포의 표준편차로 나누어야 알 수 있다. 65그램은 평균 50그램으로부터 표준편차의 3배 거리에 있다. 그래서 표준편차가 산포의 크기를 재는 잣대인 것이다. 이 값이 크면 클수록 평균치로부터 거리가 먼 곳에 위치한다.

따라서 X축의 어떤 값(x)이 평균치로 얼마나 떨어져 있는가를 알려면, $(x - \mu)/\sigma$ 를 계산하면 된다. 이 값이 크다는 것은 $x - \mu$가 일정할 때, 표준편차가 작다는 것을 의미하고, 품질이 균일하다는 것을 의미한다.

다른 농장(B)의 계란 무게가 $N(50, 4^2)$이다. 평균은 50그램으로 같지만, 표준편차가 4그램이다. 산포를 계산하면,

$\dfrac{x - \mu}{\sigma} = \dfrac{65그램 - 50그램}{4그램} = 3.75$로서 앞의 A농장 3보다 크므로, B농장의 계란 무게가 균일하다고 할 수 있다.

지금까지의 설명을 정리해 보자.

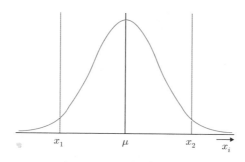

그림 1.22 정규분포

〈그림 1.22〉의 x_i를 $\dfrac{x_i - \mu}{\sigma} = u_i$로 변수변환하면, 〈그림 1.23〉과 같이 된다.

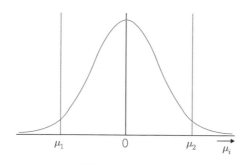

그림 1.23 표준정규분포

$\dfrac{x_2 - \mu}{\sigma} = u_2$ 이 식에서 u_2는 편차$(x_2 - \mu)$를 표준편차(σ)로 나눈 값이다. 편차$= u_2\sigma$이다.

$x_2 = 65$, $\mu = 50$, $\sigma = 5$ 일 때 $u_2 = \dfrac{65 - 50}{5} = 3$이다. 편차의 크기는 3×5로서 3σ이다. x_2에서 μ까지의 거리(편차)가 3σ라는 의미이다.

변수변환 식은 $65 - 50$그램을 단위가 없는 무차원 3으로 변환시킨 것이다.

따라서 모든 측정치 특성에 관계없이 측정치에서 자신의 평균을 뺀 다음, 자신의 표준편차로 나누면 측정치 단위가 없어지는 무차원의 변수 u_i로 전환되고 이 u_i분포는 그림 2로 바뀐다. 이 분포를 표준정규분포라고 한다.

이 분포의 평균 μ와 표준편차 σ는 얼마일까. 결론적으로 항상 $\mu = 0$이고, $\sigma = 1$이다.

$\dfrac{x_i - \mu}{\sigma} = u_i$와 같이 동일한 모습으로 항등식을 만든다. $u_i \equiv \dfrac{u_i - 0}{1}$와 같이 항등식을 만든다. $0 = \mu$이고, $1 = \sigma$가 된다.

정규분포는 $N(\mu, \sigma^2)$이고, 표준정규분포는 $N(0, 1^2)$이다.

정규분포에서 $x_i - \mu$는 x_i가 μ보다 왼쪽에 있으면, u_i 값이 $-$로 표시되고, 오른쪽에 있으면, $+$가 된다. 변수변환하면, 표준정규분포 한 개로 모든 확률을 계산할 수 있으므로 매우 편리하다. 아래는 표준정규분포표의 일부이다.

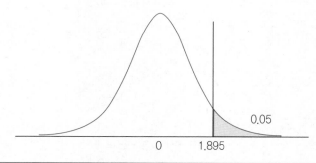

z	.00	.01	.02	.03	.04
0.0	0.5000	0.5040	0.5080	0.5120	0.5160
0.1	0.5398	0.5438	0.5478	0.5517	0.5557
0.2	0.5793	0.5832	0.5871	0.5910	0.5948

z	.00	.01	.02	.03	.04
0.3	0.6179	0.6217	0.6255	0.6293	0.6331
0.4	0.6554	0.6591	0.6628	0.6664	0.6700
0.5	0.6915	0.6950	0.6985	0.7019	0.7054
0.6	0.7257	0.7291	0.7324	0.7357	0.7389
0.7	0.7580	0.7611	0.7642	0.7673	0.7704
0.8	0.7881	0.7910	0.7939	0.7967	0.7995
0.9	0.8159	0.8186	0.8212	0.8238	0.8264
1.0	0.8413	0.8438	0.8461	0.8485	0.8508
1.1	0.8643	0.8665	0.8686	0.8708	0.8729
1.2	0.8849	0.8869	0.8888	0.8907	0.8925
1.3	0.9032	0.9049	0.9066	0.9082	0.9099
1.4	0.9192	0.9207	0.9222	0.9236	0.9251
1.5	0.9332	0.9345	0.9357	0.9370	0.9382
1.6	0.9452	0.9463	0.9474	0.9484	0.9495
1.7	0.9554	0.9564	0.9573	0.9582	0.9591
1.8	0.9641	0.9649	0.9656	0.9664	0.9671
1.9	0.9713	0.9719	0.9726	0.9732	0.9738
2.0	0.9772	0.9778	0.9783	0.9788	0.9793
2.1	0.9821	0.9826	0.9830	0.9834	0.9838
2.2	0.9861	0.9864	0.9868	0.9871	0.9875
2.3	0.9893	0.9896	0.9898	0.9901	0.9904
2.4	0.9918	0.9920	0.9922	0.9925	0.9927
2.5	0.9938	0.9940	0.9941	0.9943	0.9945
2.6	0.9953	0.9955	0.9956	0.9957	0.9959
2.7	0.9965	0.9966	0.9967	0.9968	0.9969
2.8	0.9974	0.9975	0.9976	0.9977	0.9977
2.9	0.9981	0.9982	0.9982	0.9983	0.9984
3.0	0.9987	0.9987	0.9987	0.9988	0.9988

그림 1.24 표준정규분포표에서 오른쪽 색상부분의 면적 구하기

표준정규분포표에서 오른쪽 색상부분의 면적을 구하는 방법은 다음과 같다.

u_i가 0.00은 확률 값으로는 0.5 이고, u_i가 1.00이면, 확률은 0.841이다. 1.64일 때, 확률은 0.95, 2.00일 때, 확률은 0.98, 3.00일 때 0.9987이다. 표준정규분포에서 1은 정규

분포에서 1σ이고, 1.64는 정규분포에서 1.64σ이다.

정규분포 $f(x) = \dfrac{1}{\sigma\sqrt{2\pi}} e^{-\frac{1}{2}(\frac{x-\mu}{\sigma})^2}$ 에서 x_i를 u_i로 변수변환하면, $\mu = 0$이고, $\sigma = 1$

이므로 $f(u) = \dfrac{1}{\sqrt{2\pi}} e^{-\frac{1}{2}(u_i)^2}$ 로 표준정규분포식이 된다.

이 식을 사용하여 u_i 값에 따라 면적을 구한 것이 표준정규분포표이다. 이 식은 기억할 필요가 없다. 이런 수학식에 따라서 정규분포의 면적, 즉 확률을 계산했다는 것을 보여준 것이다. 우린 이 확률표를 자유자재로 활용할 줄 알면 된다. 확률표도 귀찮으면, 앞서 설명한 엑셀을 이용하여 확률을 찾으면 된다.

지금까지의 정규분포에 관한 것을 종합하면 다음과 같다.

■ 정규분포(Normal Distribution)

(i) 계량치 데이터들에 적용하는 대표적인 분포이다.

(ii) 통계적 검정과 추정에 많이 사용된다.

(iii) 좌우 대칭으로 종(bell) 모양을 한다.

$$f(x) = \frac{1}{\sigma\sqrt{2\pi}} e^{-\frac{(x-\mu)^2}{2\sigma^2}}$$

$$-\infty < x < \infty, \ \sigma > 0$$

$$\pi = 3.1415\ldots, \ e = 2.7182\ldots$$

기대값 $E(x) = \mu$, x_i의 기대치 E는 Expectation 약자

분산 $V(x) = \sigma^2$, x_i의 분산 V는 Variance 약자

μ를 $E(x)$, σ^2을 $V(x)$로도 표시함

0 ± 1, 즉 $\mu \pm 1\sigma$의 면적은 얼마일가?

확률표에서 $+1$까지의 면적이 0.841이고, 0까지의 면적은 0.5이므로 0에서 1까지는 $0.841 - 0.5 = 0.341$이다. 0에서 -1까지는 대칭이므로 0.341, 0 ± 1은 $0.341 \times 2 = 0.682$이다. 모든 정규분포에서 $\mu \pm 1\sigma$는 68.27%이다.

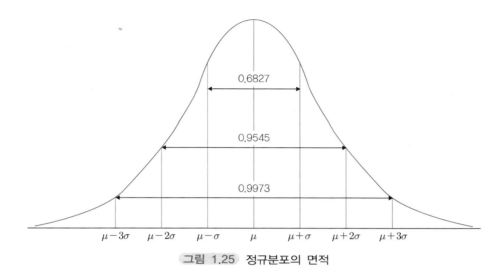

그림 1.25 정규분포의 면적

정규분포를 표준화하는 방법은 〈그림 1.26〉과 같다.

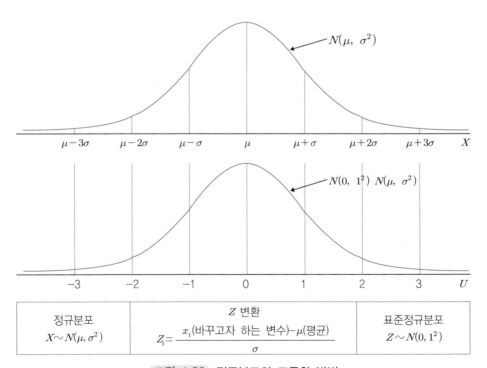

정규분포 $X \sim N(\mu, \sigma^2)$	Z 변환 $Z_i = \dfrac{x_i(\text{바꾸고자 하는 변수}) - \mu(\text{평균})}{\sigma}$		표준정규분포 $Z \sim N(0, 1^2)$

그림 1.26 정규분포의 표준화 방법

(4) t분포

t분포는 정규분포와 유사하다. 종 모양의 좌우 대칭형의 모습의 분포 곡선이다. 정
규분포에서는 계량치의 경우 데이터가 평균에 많이 몰리고(도수가 상대적으로 많음) 평균에
서 멀어질수록 도수가 감소하기에 정규분포의 이런 현상을 많이 이용한다.

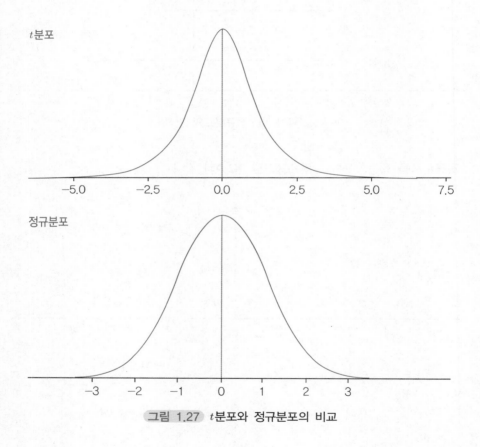

그림 1.27 t분포와 정규분포의 비교

그러나 측정 데이터 수가 적으면 어떻게 할 것인가. 정규분포의 단점은 샘플 수가
많아야 신뢰도가 높다. 샘플 수가 적으면, 신뢰도가 낮아진다.
t분포와 정규분포를 비교하면 그 차이를 쉽게 이해할 수 있다. 표준정규분포와 t분
포의 모습은 〈그림 1.27〉과 같다.

두 개 분포 모두 좌우 대칭이고, 평균은 0으로 같다. 그러나 t분포는 좌우로 길게 늘어져 있고, 정규분포는 분포의 폭이 좁다는 것을 알 수 있다.

t분포는 예측범위가 -8에서 $+8$까지 넓어 보이지만, 정규분포는 -3에서 $+3$까지 데이터의 예측범위가 좁아 보인다. 그래서 $n=3, 5, 7, 10$과 같이 데이터 수가 적고, $n=30$ 이하이면 t분포를 이용한다.

표준정규분포는 모든 정규분포를 하나의 분포로 표준화시켰다. 앞서 설명한 개개치분포와 평균치 분포의 표준편차의 의미를 다시 한 번 확인해 보자.

$\sigma_{\bar{x}} = \dfrac{\sigma_x}{\sqrt{n}}$ 이다. 따라서 개개치분포에서 u_i로 변수변환하면, $u_i = \dfrac{x_i - \mu}{\sigma_x}$ 이고, 평균치 분포에서는 $u_i = \dfrac{\bar{x_i} - \mu}{\dfrac{\sigma_x}{\sqrt{n}}}$ 이다. 여기서 개개치분포나 평균치분포의 변수변환은 똑같이 u_i 로 표시하고 있다. 그러나 개개치분포에서 개개치 변수는 x_i, 개개치 표준편차는 σ_x이고, 평균치분포에서는 변수가 $\bar{x_i}$이고, 표준편차는 $\sigma_{\bar{x}} = \dfrac{\sigma_x}{\sqrt{n}}$ 로 다르다는 것을 알아야 한다. 변수가 x_i이면, 표준편차는 σ_x이고, 변수가 $\bar{x}$이면, 표준편차는 $\dfrac{\sigma_x}{\sqrt{n}}$ 이다. 이것을 구별 못하면, 개개치분포와 평균치분포를 이해하지 못한다는 증거이다.

변수변환 u_i를 길게 설명한 이유는 새로운 확률변수 T를 설명하여 t분포를 알기 위해서다. t분포는 샘플 수가 적은 경우 정규분포의 평균을 추정할 때 주로 사용하기 때문이다. 가설검정이나 회귀분석에서도 사용된다. 확률을 계산할 경우는 t분포를 사용하지 않는다.

확률변수 u_i는 표준정규포를 따른다. 샘플 수가 적으면(n=5, 7 등) 표준편차로 $\sqrt{V}$를 사용한다. V는 n대신 $n-1$로 나누고, 이것을 불편분산이라고 부른다.

$u_i = \dfrac{\bar{x} - \mu}{\dfrac{\sigma_x}{\sqrt{n}}}$ 는 표준정규분포에 따르지만, 새로운 확률변수 $T = \dfrac{\bar{x} - \mu}{\sqrt{\dfrac{V}{n}}}$ 는 정규분포와는 달리 새로운 분포를 한다는 것을 발견하여, 그 분포를 Student's t분포라고 불렀다.

$$u_i = \frac{\overline{x_i} - \mu}{\dfrac{\sigma_x}{\sqrt{n}}} \quad \cdots\cdots\cdots\cdots\cdots\cdots\cdots\cdots\cdots\cdots\cdots\cdots\cdots\cdots\cdots\cdots\cdots\cdots \textcircled{1}$$

$$T = \frac{(\overline{x_i} - \mu)}{\sqrt{\dfrac{V}{n}}} \quad \cdots\cdots\cdots\cdots\cdots\cdots\cdots\cdots\cdots\cdots\cdots\cdots\cdots\cdots\cdots\cdots\cdots\cdots \textcircled{2}$$

　①은 샘플수가 변해도 표준편차 σ는 변화가 없고 정규분포에 따르지만, ②식은 자유도 $n-1$의 값에 따라 확률변수 T는 자유도 $n-1$인 t분포에 따른다. 자유도(n-1)에 따라 t분포 모습이 달라진다. n의 수에 관계없이 u_i는 표준정규분포에 따르는데 확률변수 T는 자유도 $n-1$에 따라 t분포가 달라진다.

　$n-1$ 자유도에 따라 〈그림 1.28〉처럼 달라진다.

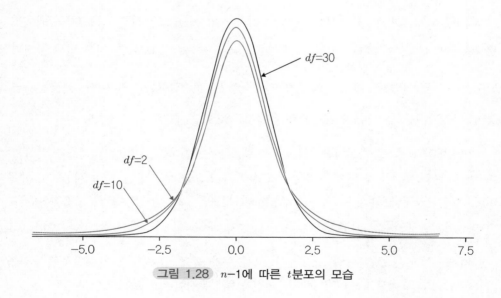

그림 1.28 n-1에 따른 t분포의 모습

　자유도에 관계없이 평균은 0이고, 양쪽 꼬리부분에서 $df=2$일 때 회색 선이, 별색 선이 $df=10$, 검정색 선이 $df=30$의 t분포이다. 자유도가 커질수록 t분포의 폭이 좁아진다. 이론적으로는 샘플 수가 무한대이면, 정규분포와 일치한다.

비고 1　t분포는 독일의 통계학자에 의해 발견되었으나 영어권에 알려지지 않고 있었다.

그 후 양조장에서 맥주 원료인 보리를 연구하던 윌리암 고셋이 재발견하여 사례를 필명인 Student라는 이름으로 발표하였다. 그 후 핏셔라는 통계학자가 이 분포를 스튜던트 t분포라고 하였다.

비고 2 자유도(Degree of Freedom: df)는 평균, 표준편차 등을 계산할 때 실제로 독립변수가 몇 개인가를 표시한다.

평균을 계산할 경우에 사례를 보자. 데이터 2, 3, 4 3개가 있다. $\bar{x}$는 $\frac{2+3+4}{3}=3$ 이다. 독립변수가 $n=3$인 것처럼 보이지만, 평균이 정해지면, 변수 3개 중 1개는 이미 정해진다. 평균 3이면, 2, 3만 독립변수이고, 4는 종속이 된다. 3과 4가 독립변수이면, 평균이 3일 때 2가 종속변수이다. 이와 같이 평균이나 표준편차를 계산할 때 샘플수가 n이면, 자유도는 $n-1$이다. 표준편차를 계산할 때 샘플수가 적을 경우, $n-1$로 나누는 것이 n으로 나눈 값보다 크다. 표준편차가 크면 작은 것보다 검추정 시에 안정도가 높을 것이다.

표준편차를 계산하는데 n으로 나누는 경우와 자유도 $n-1$로 나누는 것을 구별하여야 한다.

표준편차를 모르는 경우, $\sqrt{V}=\sqrt{\dfrac{\sum_{i}^{n}(\overline{x_i}-\mu)^2}{n-1}}$ 을 계산하여 표준편차 대신 불편분산 제곱근 $\sqrt{V}$를 사용한다. t분포에서는 표준편차를 계산하여 사용하며, 자유도에 따라 t분포가 달라진다.

표준정규분포표에 의해서 u_i값만 알면 표에 의해 확률 값을 구할 수 있었다. 그러나 t분포는 자유도 $n-1$에 따라서 분포가 달라지므로 확률표를 만들지 않는다. 확률변수 T값에 따라 t분포에서 확률을 구하지 않고, 모평균을 추정하거나 검정에 사용한다.

표 1.11 t분포표

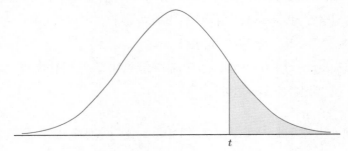

자유도	$t_{0.4}$	$t_{0.3}$	$t_{0.2}$	$t_{0.1}$	$t_{0.05}$	$t_{0.025}$	$t_{0.01}$	$t_{0.005}$
1	0.325	0.727	1.370	3.078	6.314	12.71	31.82	63.66
2	0.289	0.617	1.060	1.886	2.920	4.303	6.965	9.925
3	0.277	0.584	0.978	1.638	2.353	3.182	4.541	5.841
4	0.271	0.569	0.941	1.533	2.132	2.776	3.747	4.604
5	0.267	0.559	0.920	1.476	2.015	2.571	3.365	4.032
6	0.265	0.553	0.906	1.440	1.943	2.447	3.143	3.707
7	0.263	0.549	0.896	1.415	1.895	2.365	2.998	3.499
8	0.262	0.546	0.889	1.397	1.860	2.306	2.896	3.355
9	0.261	0.543	0.883	1.383	1.833	2.262	2.821	3.250
10	0.260	0.542	0.879	1.372	1.812	2.228	2.764	3.169
11	0.260	0.540	0.876	1.363	1.796	2.201	2.718	3.106
12	0.259	0.539	0.873	1.356	1.782	2.179	2.681	3.055
13	0.259	0.538	0.870	1.350	1.771	2.160	2.650	3.012
14	0.258	0.537	0.868	1.345	1.761	2.145	2.624	2.977
15	0.258	0.536	0.866	1.341	1.753	2.131	2.602	2.947
16	0.258	0.535	0.865	1.337	1.746	2.120	2.583	2.921
17	0.257	0.534	0.863	1.333	1.740	2.110	2.567	2.898
18	0.257	0.534	0.862	1.330	1.734	2.101	2.552	2.878
19	0.257	0.533	0.861	1.328	1.729	2.093	2.539	2.861
20	0.257	0.533	0.860	1.325	1.725	2.086	2.528	2.845
21	0.257	0.532	0.859	1.323	1.721	2.080	2.518	2.831
22	0.256	0.532	0.858	1.321	1.717	2.074	2.508	2.819
23	0.256	0.532	0.858	1.319	1.714	2.069	2.500	2.807
24	0.256	0.531	0.857	1.316	1.708	2.060	2.485	2.787
25	0.256	0.531	0.856	1.316	1.708	2.060	2.485	2.787
26	0.256	0.531	0.856	1.315	1.706	2.056	2.479	2.779
27	0.256	0.531	0.855	1.314	1.703	2.052	2.473	2.771

자유도	$t_{0.4}$	$t_{0.3}$	$t_{0.2}$	$t_{0.1}$	$t_{0.05}$	$t_{0.025}$	$t_{0.01}$	$t_{0.005}$
28	0.256	0.530	0.855	1.313	1.701	2.048	2.467	2.763
29	0.256	0.530	0.854	1.310	1.697	2.042	2.457	2.750
30	0.256	0.530	0.854	1.310	1.697	2.042	2.457	2.750
40	0.255	0.529	0.851	1.303	1.684	2.021	2.423	2.704
60	0.254	0.527	0.848	1.296	1.671	2.000	2.390	2.660
120	0.254	0.526	0.845	1.289	1.658	1.980	2.358	2.617
∞	0.253	0.524	0.842	1.282	1.645	1.960	2.326	2.576

t분포표는 표준정규분포표와는 구조가 다르다. t분포표는 상단 가로축에 많이 사용하는 확률 값을 기재하고 세로축에는 자유도 df를 표시하여 확률변수 T값을 구하도록 되어있다.

표준정규분포표는 확률변수 u_i값을 주고 확률값을 찾도록 되어있다.

■ 표 보는 방법

〈표 1.11〉에서 자유도가 7이고, 확률이 0.025일 때 T값은 2.365이다. 자유도가 ∞이고, 확률이 0.025일 때 T값은 1.96으로 표준정규분포에서 u값과 일치한다.

엑셀을 사용하여 t분포의 자유도에 따른 확률을 구해보자.

표준정규분포는 1개만 존재하므로 u값에 따라 확률을 구해서 표를 만들 수 있다. 그러나 t분포는 자유도 수만큼 t분포가 있으므로 모든 분포에 대하여 확률을 계산할 수는 있으나 실용적으로 그 용도가 없다. 그래서 추정이나 검정에 사용될 확률을 고려하여 T값을 찾아 만들어 놓으면 편리하다.

■ 엑셀사용법

（ i ）엑셀을 열어 fx를 클릭 한다.

（ ii ）T.DIST를 클릭하여 확인하여, x, df, Cumulative에 x는 T값, df는 자유도, Cumulative(누적)에는 true를 입력한다.

（iii）확인하면, 확률 값이 나온다.

（iv）반대로 확률과 자유도를 주고 T값을 찾고자 할 경우는 엑셀에서 fx를 클릭한 후 T.INV를 확인하여, 확률(probability), 자유도(df)를 각각 입력하면, T값이 나온다.

t분포는 표준편차를 모를 경우, 샘플을 측정하여 $\sqrt{V}$를 계산하여 표준편차로 사용한다. 책에 따라서 $\sqrt{V}$대신 s(소문자)를 사용하기도 한다.

$$V = s^2 = \frac{\sum_i^n (x_i - \overline{x})^2}{n-1}$$ 를 이용하여 샘플의 표준편차를 구한다.

샘플 표준편차 구하기: 인장강도 측정 결과, 다음과 같다.

인장강도(Kg/cm^2): 5.6, 6.8, 5.0, 6.2, 4.8

평균$(\overline{x}) = \dfrac{5.6 + 6.8 + 5.0 + 6.2 + 4.8}{5} = 5.68$

분산$(V) = s^2 = \dfrac{(5.6 - 5.68)^2 + (6.8 - 5.68)^2 + (5.0 - 5.68)^2 + (6.2 - 5.68)^2 + (4.8 - 5.68)^2}{5 - 1}$

표준편차(불편분산제곱근 $\sqrt{V}$) 또는 샘플표준편차(s)

$V = \dfrac{0.0064 + 1.2544 + 0.4624 + 0.2704 + 0.7744}{4} = \dfrac{2.768}{4} = 0.92$

$\sqrt{V} = 0.959 ≒ 0.1$

샘플 표준편차($\sqrt{V}$ 또는 s) = 0.1이다.

이와 같이 "막고 품는 방법"은, 물을 푼 다음에 고기를 낚는 방법으로 틀림은 없지만, 엑셀을 이용하여 데이터를 입력하면, 평균과 표준편차는 1초 내에 답이 나온다.

엑셀을 열고, fx에서 평균은 AVERAGE, 표준편차는 STDEV을 각각 사용하면, 편리하다.

(5) 이항분포와 포아송분포의 관계

데이터를 정리한 결과를 올바르게 해석하려면, 확률적인 사고방법이 필요하다. 확률적인 사고방법은 로또에 당첨될 가능성 같은 것을 말한다. 확률이란 용어는 어떤 사건이나 일이 일어날 가능성을 말한다. 수학적으로는 확률은 1을 넘을 수 없다. 음의 수(-)도 될 수 없다. 기상청 예보에 의하면, 내일 비 올 가능성이 20%라고 한다면, 확률이 0.2이다. 로또는 1등에 당첨될 확률이 얼마일까. 번호가 1에서 45번까지 있고 45개 중에서 6개 숫자를 선택해서, 선택한 6개 번호가 당첨될 확률은 얼마일까. 굉장히 복잡한 것 같지만, 45개 번호에서 각각 다른 번호로 6개씩 짝짓는 방법이 몇 개인가를 알아야 한다.

이것을 기호로 $_{45}C_6$이라고 표시한다. C는 조합(Combination)의 수학 기호이다. 도자기 조합, 노동조합과 같이 조합은 여럿을 한데 모은다는 의미처럼 몇 명이나 몇 개 씩 즉, 둘이상의 짝을 만든다는 일이다. $_{45}C_6$은 45개에서 6개씩 조합(컴비네이션)하는 방법의 수이다.

이 6개 조합의 수 중 1개의 번호만 당첨이 된다. 45개 중 6개씩 짝짓는 조합의 수, $_{45}C_6$은 8,145,060이다. 1등에 당첨될 확률은 1/8,145,060이다. 약 800만분의 1이다. 확률로 봐서는 거의 0이다. 서로 다른 번호로 8,145,060매를 사면, 하나는 반드시 당첨이다. 1매에 1000원이면, 약 80억 원이 된다. 총 상금이 20억이라면 원액 회수 확률은 20억/80억으로 0.25이다. 이런 것을 **확률적 사고방식**이라고 한다.

- 조합(Combination) C를 계산하는 방법

샘플 A, B, C, D, E 5개가 있다. 2개씩 짝을 만드는 방법의 수를 구하자.

A－B, A－C, A－D, A－E	4가지
B－C, B－D, B－E	3가지
C－D, C－E	2가지
D－E	1가지
총합	10가지

실제 축구팀 5팀이 나와서 모든 팀이 한 번씩 싸워 보는 경우의 수이다. 이것을 리그전이라 한다. 이와 같은 방법으로 조합의 수를 구하는 방법을 "막고 품어 낸다."라고 한다. 수학적으로 말하면, 5개에서 2개씩 조합(컴비네이션)의 수라고 한다. 앞서 이것을 기호로 $_5C_2$라고 표시한다. $_5C_2 = 10$이다. 이것을 계산하는 공식이 있다.

$_nC_r = \dfrac{n!}{(n-r)!r!}$ 이 식에 의거하여 실제수를 대입하면,

$_5C_2 = \dfrac{5!}{(5-2)!2!} = \dfrac{5 \times 4 \times 3 \times 2 \times 1}{(3 \times 2 \times 1)*2 \times 1} = \dfrac{5 \times 4}{2 \times 1} = 10$

분모, 분자를 약분하면, 조합의 수(C)는 10이 계산 된다. 막고 품은 결과와 같다. 로트 크기 20개에서 샘플 3개를 랜덤 샘플링을 하는 방법을 수학 기호로 표시하면, $_{20}C_3$로 표시한다. 막고 품는 것은 안 된다. 너무 시간이 많이 걸린다. 엑셀로 하는 방법이 매우

편리하다.

(i) 엑셀을 연다.

(ii) fx에서 COMBIN을 클릭하고, 20 그리고 10을 삽입한다.

(iii) 확인을 클릭한다. 1,140이 나온다. 총 경우의 수가 1,140이다.

조합을 구할 때 (i) 막고 품는다. (ii) 엑셀로 구한다. (iii) 공식으로 구한다.

계수치의 확률분포의 대표적인 이항분포와 포아송분포에 대하여 알아보자.

1) 이항분포

이항분포는 두 개의 항에 대한 분포이다. 두 항 a와 b, 적합품 수와 부적합품 수 또는 적합률 q와 부적합품률 p를 2항이라고 한다. 샘플 중에 부적합품 수의 분포는 "이항분포(二項分布; binomial distribution)"라고 하는 분포를 한다. 이항분포의 실제 모습을 그려보자.

10%의 부적합품(사과의 외관)을 포함한 1,000개의 사과가 있다고 가정하자. 다시 말하면, 10개 중에 1개 정도의 외관 부적합품이 들어 있다. 여기에서 10개씩 랜덤 샘플링을

$n{=}10$

10개를 1개씩 외관감사

그림 1.29 10%의 부적합품(사과의 외관)을 포함한 1,000개의 사과

하여 검사할 때, 그 가운데 반드시 1개의 부적합품이 포함된다고 할 수 없다. 10개 모두가 적합품일 수도 있고, 1개, 2개, 3개 … 의 부적합품을 포함할 수도 있다. 10개를 샘플링해서 확률적으로 어렵지만 10개 모두가 부적합품일 수도 있다. 검사 결과를 기록한 후 다시 집어넣고 다시 샘플링한다. 이와 같이 500번, 5,000번, 100만번 실험한다. 지금까지의 설명을 간단히 종합하면, 아래와 같이 쉽고 간편하게 정리할 수 있다.

사과 $N=1,000$개, 이 로트의 부적합품률이 $P=10\%$라고 가정하자.

사과 10개 중 외관 부적합이 1개도 없으면 0, 부적합이 1개 있으면 1, 2개 있으면 2, 3개 있으면 3, 4개 있으면 4, 5개 있으면 5라고 기록한 것이 〈표 1.12〉이다. 500번 조사한 결과이다.

표 1.12 부적합 개수의 출현율

부적합품 개수	도수	각 부적합 개수 출현율
0	176	0.352
1	195	0.390
2	93	0.186
3	31	0.062
4	4	0.08
5	1	0.02
계	500	1.00

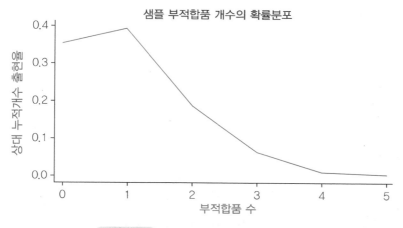

그림 1.30 부적합개수에 의한 확률분포

10개씩 500번 조사한 결과 부적합 개수가 한번도 나오지 않은 경우가 176번이다. 이것을 도수라고 한다. 〈표 1.12〉의 결과를 x축에 부적합품수, y축에 각 부적합 개수 출현율(상대 누적개수 출현율이라고도 함)을 표시하면 〈그림 1.30〉과 같이 그래프를 그릴 수 있다.

500번을 100만 번, 무한 번 반복 조사하였을 경우에 이론적으로 계산하면, 〈그림 1.31〉 기둥 위의 숫자처럼 부적합 개수에 따라 출현율이 계산된다.

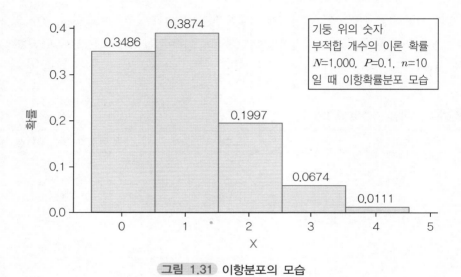

그림 1.31 이항분포의 모습

〈그림 1.31〉에서 $N=1,000$, 이 로트 부적합품률이 $P=10\%$일 때, $n=10$개를 무한 반복 샘플링을 하여 샘플 10개 중 부적합품수가 0일 확률은 0.3486이고, 부적합품 수가 1일 확률은 0.387이다.

이와 같이 이들 변수가 취하는 각각의 값에 대한 그 값의 출현하는 확률이 각각 정해져 있을 때, 그 전체를 확률분포라고 한다. 지금까지의 설명은 2개의 파라미터, 즉 모집단의 부적합품(부적합품률)과 샘플의 크기 n으로 정해지는 확률 분포를 이항분포라 하고, 이 경우, 변수(부적합품수 또는 부적합품률)를 확률변수라고 한다.

이와 같이 우연에 의하여 변동하는 변수가 어떤 값을 취하는 비율이 극한치를 가질 때 그 극한치를 그 값이 출현하는 확률(Probability)이라고 한다.

이 분포는 부적합 개수 0일 때 확률이 0.349, 1일 때 0.387, 2일 때 0.194이다. 부적합 개수가 3, 4, 5로 증가 시 확률 값이 작아지는 규칙을 갖는다. 1일 때 최고의 값이고 오른쪽으로 점점 작아진다. 이 분포가 이항확률분포곡선이다.

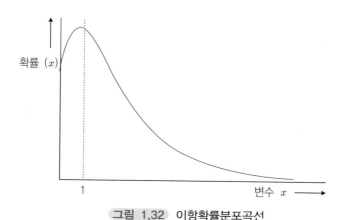

그림 1.32 이항확률분포곡선

이항분포의 곡선의 수학식은 아래와 같이 표시한다.

$$f(x) = {}_nC_x \cdot P^x \cdot (1-P)^{n-x} \cdots\cdots (1)$$

$\quad {}_nC_x$: 조합의 수 $\dfrac{n!}{x!(n-x)!}$

$\quad n$: 샘플 수

$\quad x$: 변수 0, 1, 2 ……

$\quad P$: 부적합품률

$\quad 1-P$: 적합률

위 식 (1)의 평균과 표준편차는 아래와 같다.

평균 $= E(x) = nP$이고, 표준편차 $= D(x) = \sqrt{nP(1-P)}$ 이다.

사과의 평균 부적합 개수 $= nP = 10 \times 0.1 = 1$이다.

표준편차는 $\sqrt{nP(1-P)} = \sqrt{10 \cdot 0.1(0.9)} = \sqrt{0.9} = 0.95$이다.

이항분포에서 $nP \geq 5$이면 이항분포도 좌우 대칭형이 된다. 이항분포의 평균값이 크면 클수록 정규분포와 유사해 진다.

2) 포아송분포(Poisson Distribution Curve)와 초기하분포

포아송분포는 결점수를 취급할 때, 사용하는 분포이다. 포아송분포는 프랑스 전쟁에서 군에 간 병정이 집에 돌아올 가능성에 대하여 연구하다가 포아송이 발견한 분포라 한다.

계수 샘플링검사에서는 초기하분포, 이항분포, 포아송분포만 알아도 검사방식을 결정하는 데 불편이 거의 없다. 그럼에도 이 3가지 분포의 논리가 모두 같다.

초기하분포는 앞서 N, P, n을 이용하여 로트합격판정치 c를 계산한다. 계산방법은 엑셀을 이용하고, 엑셀에서 HYGEOM.DISTD를 사용하면, 간단히 계산할 수 있다. 우리는 이것이 초기하분포라는 것을 몰라도 계산하는 논리를 이해하고 사용하는 방법을 알면, 샘플링검사를 이해하는 데는 지장이 없다. 계수분포의 3가지 관계를 이해하면 계수 샘플링검사를 활용하는 데 불편이 없다.

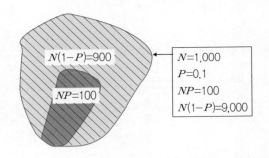

위의 그림에서 로트 내 적합품과 부적합품이 랜덤하게 섞여 있는 것이지만 편의상 부적합품을 한데 모아 놓았다고 가정하자, 로트의 크기 1,000개, 적합품 개수 900개, 부적합품 개수 100개, 로트의 부적합품률이 0.1이다.

이 로트에서 샘플 10개(n=10)를 랜덤하게 채취하였다. 샘플 중 부적합품이 1개 나날 확률은 얼마일까.

■ 확률 구하기

(i) 먼저 1,000개 중 10개씩 샘플링 하는 방법의 수: $_{1000}C_{10}$

$$_{1000}C_{10} = \frac{1000!}{(1000-10)!10!} = \frac{(1000 \cdot 999......991)}{10 \cdot 9....2 \cdot 1}$$

(ii) 10개를 샘플링하여, 그중 부적합품이 1개 있을 경우의 수는 부적합개수 1개는 자주색 100개의 부적합품 중에서 나오므로 $_{100}C_1$이다.

(iii) 샘플 중 적합품은 로트 내의 적합품 중에서 나올 수밖에 없으므로 샘플 10개 중 부적합품이 1개이면, 적합품은 9개이다. 따라서 로트 내 적합품 900개 중 샘플 9개가 적합품일 경우의 수는 $_{900}C_9$이다.

(iv) (ii)와 (iii)은 샘플 10개를 샘플링할 경우 부적합품 1개이면 동시에 적합품 9개가 동시에 일어난다. 차례대로 일어나는 것이 아니고, 부적합품이 잡히면, 자동으로 적합품이 결정된다. 확률에서는 이런 경우 동시에 발생한다. 라고 말한다. 이때, 경우의 수는 서로 곱하면 된다. (ii)와 (iii)이 동시에 일어날 경우의 수는 $_{100}C_1 \times _{900}C_9$이다. 1,000개에서 10개를 샘플링 하는 방법의 수는 (ii)에서 $_{1000}C_{10}$으로 표기 하였다.

따라서 로트크기 1,000개에서 10개 샘플링할 경우, 10개 중 부적합품수가 1개일 확률은,

$$\frac{_{100}C_1 \cdot _{900}C_9}{_{1000}C_{10}}$$ 이다.

이 식을 일반식으로 표시하면 아래와 같다.

$$Pr(x) = \frac{_{NP}C_x \cdot _{N(1-P)}C_{n-x}}{_NC_n} \cdots\cdots (1)$$

Pr: 확률(probability)

x: 부적합품 개수

$Pr(x)$: 샘플 n개 중 부적합품이 x개일 확률

$_{NP}C_x$: 로트의 부적합품 개수에서 부적합품수 x개를 채취할 방법의 수

$_{N(1-P)}C_{n-x}$: 로트의 적합품 개수에서 적합품 $n-x$개를 채취할 방법의 수

$_NC_n$: 로트 크기 N에서 샘플 n개를 채취할 방법의 총 수

(1)식을 **초기하분포**라고 한다. 이것이 이론적으로 가장 엄밀한 계산 방법이다.

계수 샘플링검사에서 $L(P)$의 기호를 보게 된다. 조합 기호 C 대신 ( )를 사용하기도 한다. 이 기호가 표기가 쉽다.

$$L(p) = \sum_{x=0}^{c} \frac{\binom{NP}{x}\binom{N-NP}{n-x}}{\binom{N}{n}} \cdots\cdots\cdots\cdots\cdots\cdots\cdots\cdots\cdots\cdots (2)$$

(2)식은 로트 크기 N이고, 부적합품률이 P인 로트로부터 크기 n의 시료를 채취한 경우 일어날 수 있는 조합의 총 수에 대해서, 우선 샘플 중 에 부적합품이 0개인 경우의 확률을 구하고, 다시 샘플 중에 부적합품이 1개 있을 확률, 2개 있을 확률,

"………"이렇게 해서 샘플 중에 합격판정개수 c와 같은 개수 부적합품이 있을 확률을 구한다. 이 각각의 경우가 일어날 확률을 전부 합함으로서, 부적합품률 P인 로트가 합격하는 확률 $L(P)$를 구하는 것이다.

(2)식에서 $c=2$이면, 샘플 중 부적합수가 0일 확률 $Pr(0)$, 1일 확률 $Pr(1)$, 2일 확률 $Pr(2)$을 구하여

$L(P) = Pr(0) + Pr(1) + Pr(2)$로 로트가 합격하는 확률을 구한다.

(2)식은 로트가 합격할 확률에 대한 누계를 계산할 때, 이용한다.

초기하분포는 계산이 복잡하다. 실제로 사용할 때는 $N/n \geq 10$ 이상이면, 이항분포를 사용한다. 계산 결과에 큰 차이가 없다.

$$L(P) = \sum_{x=0}^{c} \binom{n}{x} P^x (1-P)^{n-x}$$

포아송분포는 로트의 N이 샘플크기 n에 비해서 10배 이상 크고, 또한 부적합품률이 10% 이하로 작은 경우에는 포아송분포를 사용한다. 포아송분포는 일정한 단위당 특정한 사실이 일어날 확률에 대한 분포를 말한다. 따라서 포아송분포의 적용 시 제한조건은 일정 단위당 평균발생 횟수이다. 일정 단위란, 일정 면적 10㎡당 결점 수 5개, 일정 시간 톨게이트에 2시간마다, 통과하는 자동차 20대와 같이 일정 단위당 평균 발생 건수, 즉 이벤트를 말한다.

포아송분포의 적용 사례를 보자.

- 자동차 대리점에서 하루에 3대 이상 팔릴 확률
- 청구서에서 오류정보가 2건 이하일 확률
- 단위시간에 걸려 오는 전화 3건 이하일 확률
- 경북 고속도로에서 하루에 발생되는 교통사고가 10건 이상일 확률
- 은행 창구에서 시간당 도착하는 고객의 수가 10명 이상일 확률
- 공항에 착륙하는 비행기가 시간당 30대 이상일 확률
- 수류탄 폭발 시 파편의 수가 100개 이상일 확률

이상과 같이 제품당 평균 결점 수 2개일 확률과 같이 제품 외에도 사회의 다방면에서 확률을 계산할 경우가 많다.

이런 확률을 계산하는 데 포아송분포를 이용한다.

포아송분포 식에서

$$\text{식은 } f(x) = \frac{e^{-m}m^x}{x!} \quad\text{...} (1)$$

$$\text{평균} = m$$

$$\text{표준편차} = \sqrt{m} \text{ 이다.}$$

(1)의 분포의 모습은 아래와 같다.

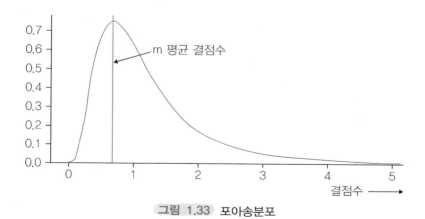

그림 1.33 포아송분포

〈그림 1.33〉은 (1)식의 $f(x)$는 평균 결점 수가 m인 포아송분포의 모습이다. 평균 결점 수 m값이 5 이상이면 좌우대칭형이 된다. 단위당 평균 결점 수가 $m=0, 1, 2, 3$ 일 때 $f(0), f(1), f(2), f(3)$의 값이 각각의 평균결점 수에 대한 확률이다.

이상 3개의 분포에서 초기하분포, 이항분포, 포아송분포를 이용하여 모두 계수치에 의한 확률값을 구한다. 초기하분포에서는 로트의 크기 N, 로트의 부적합품률 P에서 샘플 n개를 샘플링하여 그 중에 부적합품이, 0개, 1개, 2개 … 나올 확률을 구한다.

그런데 N/n이 10배 이상이면, 초기하분포 대신에 이항분포를 사용한다. 이항분포 식에는 그래서 N이 식 중에 없다. 이항분포에서는 부적합품률 P인 로트에서 n개를 채취하여 n개 중에 부적합 개수가 나올 확률을 계산한다. 포아송분포 식에는 샘플 n의 기호가 보이지 않는다. 포아송분포의 적용에서 전제조건이 일정단위의 평균결점수, 즉 일정단위라고 정하였다. 그래서 자동차도 100대 중 총 결점수이므로 평균결점수는 $m=0.7$이 되었다. 그래서 이 식에서는 n이 보이지 않는다. 평균결점수 값을 알면, 이항분포 대신 포아송분포를 이용하여 계산하여도 그 결과는 큰 차이가 없다. 평균부적합품수=nP로 계산하므로 이때 $nP=m$(평균결점수와 의미가 상통)이므로 포아송분포를 이용하여도 된다. 이때 m에는 n이 포함되어 있으므로 포아송분포에서는 샘플 n이 보이지 않는다.

이항분포에서 표준편차가 $\sqrt{nP(1-P)}$ 이다. P가 10%이면, $\sqrt{1-P}$가 거의 1에 가까우므로 표준편차가 $\sqrt{nP}$가 된다. 포아송분포에서 표준편차를 $\sqrt{m}$으로 사용하는 이유를 알 수 있다. 그래서 N이 n에 비해 크고, P가 10% 이하의 경우 이항분포 대신 포

포아송분포를 이용하여 확률계산하기

자동차의 100대당 평균 결점수가 70개이다. 이것을 대당으로 환산하면, 1대당 평균결점수가 0.7이다. 즉, $m=0.7$의 경우, 결점수가 0일 확률은 얼마인가?

(1)식에 의해 $x=0$, $m=0.7$, e(자연대수)$=2.718$을 대입하여 계산한다.

$$f(0) = \frac{e^{-0.7}(0.7)^0}{0!} \text{에서 } e^{-0.7}=0.4965, \ 0.7^0=1, \ 0!=1 \text{이므로}$$

$$= \frac{0.4965 \cdot 1}{1} = 0.4965 \text{이다.}$$

$m=0.7$일 경우, 결점수가 0일 확률, 즉 결점이 1개도 없을 확률은 0.4965이다.

아송분포를 사용한다.

동일한 내용을 엑셀을 이용하여 확률을 구해보자.

먼저 엑셀을 열자.

(ⅰ) 확률 값을 표기할 셀을 정한다. A1을 지정한다.

(ⅱ) fx를 클릭, POISSON.DIST를 찾아 확인한다.

(ⅲ) x에 0을, mean에 평균결점수 0.7, cumulative에 FALSE를 적어 넣는다.

(ⅳ) 확인한다.

(ⅴ) A1에 0.496585가 뜬다. 이것이 결점수가 0일 확률 값이다.

샘플링 검사에서 왜 이런 확률을 구하는 것일까.

p.70의 1)의 이항분포에서 사과의 사례를 보자.

사과 1,000개 , 부적합품률 10%인 로트에서 샘플 10개를 채취할 경우, 10개 중 부적합품이 1개 나오면 1,000개를 모두 합격시킬 확률이 얼마일까.

실제 거래에서는 사과 로트의 부적합품률이 얼마인가를 모르는 일이다. 그러나 사과 구매자가 사과의 부적합품률이 5% 이하면, 사고 싶다. 그 이상이면 안 사겠다고 한다. 5%이하인 0%, 1%, 2% ....5%이면 사고, 5%가 넘어가면 사고 싶지 않을 때 샘플 개수를 몇 개로 할 것이며, 샘플 중에 부적합품이 1개까지는 인정할 것인지, 안 할 것인지를 결정해야 한다.

이 경우 외관이 아니고 당도를 조사한다면, 모든 사과를 전수검사 할 수 없지 않은가. 결국 샘플링 검사를 해서 부적합품률이 5% 이하면, 사고 싶다면, 검사방식을 결정하는 데 부적합품률이 5%라고 가정하고 샘플 수와 샘플 중 인정할 부적합 개수를 정해 놓고, 검사를 실시해서 사과 1,000개를 합격시킬 것인지 불합격시킬 것인지를 결정해야 한다. 그러므로 확률을 계산할 수밖에 없다. 계산된 확률을 보고 n, c를 결정한다. 검사할 때마다 확률을 계산하는 일은 피곤한 일이다. 그래서 KS나 ISO에서 여러 가지 경우를 모두 고려하여 표를 만들어 놓았다. 그 표를 보고 n, c를 찾으면 된다.

이러한 것을 품질보증을 위한 샘플링검사 설계라고 한다.

그러므로 확률을 직접 계산해야 할 일은 발생하지 않는다. 그러나 샘플링 검사표가 어떻게 만들어진 것인지는 이해할 필요가 있다.

(6) F분포의 의미

모집단의 성질을 대표하는 값으로 모평균 외에 산포의 정도를 나타내는 모분산과 모표준편차가 있다.

모분산이나 모표준편차가 얼마인가, 모분산이 어떤 예상된 값과 다른가, 같은가, 두 개의 모집단의 분산에 차이가 있는가 없는가, 또 차이가 있다면, 어느 정도인가, 이런 것 들을 알아야 샘플링 검사의 설계 시 이용이 가능하다.

- 불편분산(不偏分散: V)의 분포

분산이지만 한쪽으로 기울어지지 않은 분산으로 사용해도 된다는 의미를 갖고 있 다. 어떤 모집단으로부터 샘플링한 크기 n의 샘플 데이터가 x_1, x_2, x_3 $\cdots$ x_n일 때 불편 분산 V는,

$$V = \frac{S}{n-1} = \frac{1}{n-1} \sum_{i=1}^{n} (x_i - \overline{x})^2 \text{으로 계산한다.}$$

이 V값도 샘플링할 때마다 평균값이 다르듯이 V값도 다르다.

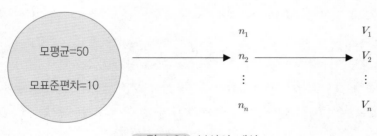

그림 1.34 분산의 계산

〈표 1.13〉의 모집단($\mu = 50$, $\sigma = 10$)으로부터 샘플 $n = 10$개씩 100번을 반복하여 10개 대한 분산을 구한다음, 〈표 1.13〉과 같이 분산 V 데이터 100개를 만들었다.

표 1.13 100개의 분산 데이터

1	2	3	4	5	6	7	8	9	10	분산
43.1194	48.6622	46.3730	41.3921	59.0930	33.6564	45.2263	48.8952	47.6376	63.8911	66.0
44.1299	40.0957	53.8439	62.6550	34.9967	45.6673	49.7088	52.2114	57.0352	40.6921	65.6
37.1493	47.7623	44.4835	52.3505	50.8079	44.7384	58.5815	51.4676	52.0002	49.5151	30.2
51.5867	40.4243	39.1811	59.6434	59.6091	53.9064	46.6373	46.2069	39.0443	45.4628	54.5
55.0793	61.6531	46.5888	53.1767	54.1554	66.5854	66.4145	42.0012	40.2603	39.9309	93.9
44.1160	55.4883	48.2600	52.6746	54.8722	43.8555	70.7171	50.7338	79.9527	40.7503	137.7
59.1684	52.0628	50.2967	51.6805	48.0247	46.4653	57.2437	40.4081	51.5990	73.0932	69.8
48.6007	66.7034	38.0256	40.4448	26.5053	50.5467	41.0920	45.1057	62.2748	37.8571	128.6
56.0043	41.9833	45.7196	52.6215	50.9329	63.5477	45.2910	75.7738	46.2835	36.8553	116.0
51.4207	62.9720	45.3896	58.4793	45.3653	47.3948	33.1955	49.2259	55.2467	46.0589	61.5
35.5719	45.8334	35.9996	49.3381	35.0946	35.1013	38.6548	51.9655	50.4703	52.2790	51.8
27.3310	40.5220	53.5306	48.7338	43.8334	52.4006	49.9954	40.7579	49.9514	25.5233	89.2
54.0730	54.5731	40.9720	70.6923	52.3430	48.2371	50.3003	59.2153	54.6419	61.4575	57.7
61.1239	47.1374	39.0126	77.7250	53.0954	63.1520	68.5813	46.3008	42.9712	21.2912	239.5
45.6634	67.4113	39.2525	46.5409	23.7285	40.0086	38.2161	47.7778	58.0519	43.2320	124.3
42.4883	30.8454	53.4797	39.5194	51.3963	47.1150	48.3795	43.6424	71.9240	65.0645	130.2
47.7291	61.0556	42.6079	65.0614	46.8102	55.7417	47.5454	50.5516	51.1830	54.5566	42.8
44.3890	69.0289	50.6512	39.2735	59.6701	38.4735	59.7087	32.5900	56.8806	47.6472	118.5
45.8500	48.5337	43.3013	52.1247	65.9694	56.2286	49.8432	61.6557	55.1640	66.5161	59.4
56.9042	38.1764	57.4884	50.1010	41.2668	37.9926	41.6038	34.2475	37.7633	46.2101	60.7
54.2237	44.6437	54.7688	55.9612	52.3968	45.9689	58.9849	56.3485	65.6944	35.8210	63.4
56.9431	41.9015	50.7173	49.4582	58.2374	51.9911	44.2768	47.5612	43.1745	56.3216	31.2
56.0146	31.4167	51.0382	40.4855	59.7925	29.2339	50.6550	42.5379	40.6030	62.4612	117.2
44.0421	37.2845	46.2070	25.4379	58.9118	49.8338	49.8668	51.1403	51.9963	42.0634	77.6
28.5535	47.6441	44.1303	52.4608	51.8024	55.5530	32.9107	48.7362	60.3169	76.2793	163.1
58.0202	40.2553	45.5209	72.4961	58.6214	57.1426	59.6439	53.3055	46.0330	42.4410	87.5
57.2993	56.5563	42.4292	48.3108	50.3727	66.1043	48.1145	40.9895	36.6689	46.7458	68.5
55.9921	31.0982	57.2074	36.5624	43.7750	61.6147	37.8575	55.2414	59.1471	45.7868	105.1
61.9352	53.0968	47.4419	40.1123	76.8940	48.8305	59.3407	56.6423	61.9348	62.5126	93.9
47.8501	44.3402	55.3195	53.8904	47.0432	26.7436	79.2143	50.0023	58.6914	40.4532	164.9
35.0169	47.9010	56.2663	45.4987	52.2542	58.8283	45.1686	37.8023	36.3040	54.5925	66.0
56.1939	57.2809	53.8775	35.8456	55.8245	59.0685	65.9267	35.2846	56.7884	34.0410	118.4
35.5271	56.6081	54.6372	63.5375	52.2002	40.1881	61.3568	53.0638	44.0599	33.2875	100.9

1	2	3	4	5	6	7	8	9	10	분산
44.2705	51.0495	47.5318	44.4057	42.8229	54.4081	52.4015	40.1349	55.0091	47.9567	23.5
50.3506	41.2619	43.2002	49.6818	48.7126	45.6547	58.1267	52.9305	60.0936	37.5800	45.9
63.7883	59.4888	61.9736	47.3832	35.3122	51.8474	42.7968	46.5718	53.0382	42.2345	78.1
47.2066	59.5536	62.2997	48.8525	50.9085	69.1009	59.5316	48.1409	39.7431	48.4402	70.5
53.7603	54.2446	59.3050	31.3981	65.3945	55.1420	34.9682	38.8235	52.0609	43.6265	111.1
45.5495	60.9938	52.8183	49.1981	50.3478	28.0880	30.4850	16.0933	48.6219	42.1264	165.1
50.8257	48.6486	44.4363	48.2190	62.5495	52.2547	56.5671	43.8012	48.7601	42.1420	34.4
43.8268	62.0744	48.4480	45.2629	46.7346	65.8948	40.3319	56.0865	58.1916	51.8505	63.8
56.5264	33.8794	65.7193	40.2182	57.4146	33.4170	47.7162	65.2810	62.1803	57.3492	137.7
39.2567	27.8311	45.6574	65.2893	65.3938	48.7940	54.6606	55.1923	47.8491	39.0906	125.8
49.7891	44.5788	36.5095	53.5326	53.3259	40.1078	34.7276	60.9669	55.6128	56.4019	73.8
59.7899	43.2332	51.9901	43.5025	58.4711	49.8330	54.5590	49.0109	60.3915	47.5719	36.2
47.4339	64.3447	60.5512	60.2140	45.3120	34.4217	46.5084	63.2828	52.3227	51.5746	82.2
39.3450	43.3553	61.8743	55.8669	34.5891	55.8187	42.2275	53.0299	45.2698	44.0746	67.1
55.5649	48.3606	49.5826	53.7633	49.1085	60.0467	45.5707	30.5462	72.7230	31.0321	142.3
37.1521	48.2184	47.7391	43.4148	58.6472	76.3209	48.2038	44.3942	41.6851	54.8698	111.2
44.9813	51.0399	42.3483	58.2196	52.9733	35.9135	32.0302	50.1803	30.9206	47.1175	76.0
48.8256	40.6624	56.6817	52.7371	37.4624	36.2292	55.7363	38.5945	35.8299	49.7595	62.6
57.8593	56.8132	49.0202	50.1022	48.5716	62.5447	47.1377	51.8063	57.0609	42.7859	32.6
46.1373	55.6393	40.4052	68.2862	30.7417	56.1223	54.4594	48.3154	53.5430	49.5974	91.6
34.4367	48.8934	74.7503	59.7995	56.4268	50.3764	55.6125	57.3114	40.6627	62.2446	115.1
47.9372	63.7160	46.4314	32.3973	56.9428	39.9028	63.9814	59.3377	51.8644	53.0722	93.6
66.2072	66.3898	30.8395	57.6538	55.1937	62.8972	43.2612	53.4456	54.7001	60.0355	107.4
59.7998	41.2572	42.1546	48.9303	39.5631	40.7008	42.3770	52.4748	48.3362	62.7990	61.5
60.0357	47.9260	49.7448	58.4283	54.1642	52.7535	46.5371	37.6087	44.3472	53.3653	40.7
43.9399	47.5200	55.1176	53.4600	44.3837	47.7709	53.0732	44.7662	55.5439	49.9470	18.3
49.7607	57.8935	49.7168	49.8442	51.2503	51.6065	56.8986	39.8201	50.5893	53.0677	21.7
39.4175	29.8608	53.8596	39.6977	78.4428	71.8203	34.1315	58.8527	42.3671	46.3502	232.3
45.8847	66.6309	46.4466	49.2033	45.7091	23.8261	55.0295	53.3227	42.9630	69.6833	148.3
45.4743	47.2915	37.1362	57.8787	37.5106	46.9303	56.4310	54.4899	41.2848	46.5672	48.6
57.2076	56.1832	55.5980	39.5772	66.0255	48.5848	38.6757	54.9431	46.9141	31.1742	100.3
44.9052	55.8368	44.1839	46.8560	50.6990	36.8099	41.7864	51.0129	56.3059	56.1182	40.0
57.3735	65.2017	49.6865	52.1296	56.3626	31.9826	53.2302	50.7537	42.2792	73.0511	115.4
37.7126	36.4267	61.5942	55.8216	56.7114	61.7033	53.1330	45.9246	58.5224	52.8557	75.1
40.0010	62.4789	59.6833	49.8393	56.0991	50.2713	28.7112	42.7192	44.9519	55.5452	94.0

1	2	3	4	5	6	7	8	9	10	분산
43.2661	56.8268	75.9119	47.2516	50.8457	44.1457	38.6096	44.2070	39.5532	50.4916	107.1
50.2825	52.7735	28.7957	71.6378	53.5558	42.3203	73.0202	35.2236	50.7709	53.7694	174.6
47.7931	46.4100	50.3759	43.0398	55.5994	49.1273	57.7828	45.2834	46.1477	58.3612	26.6
39.0760	54.3288	58.9604	57.7716	44.2859	40.5971	57.0749	54.7876	44.7128	40.4188	58.6
62.8382	48.0773	54.4307	42.6482	48.6628	49.9491	54.6246	40.9537	49.3512	62.0076	47.3
36.3754	64.8031	53.6996	51.7854	47.2498	42.2628	46.7384	49.4532	48.1520	55.9855	53.8
69.3297	63.8135	43.5408	51.7558	58.1023	78.7386	58.0513	43.7158	53.8618	46.3319	118.1
34.0495	41.8123	40.4289	46.9765	51.0996	68.0544	47.1776	57.4360	64.0116	62.8160	115.4
24.6255	57.7945	46.1224	53.5702	39.9365	46.5516	48.0740	38.9014	40.5994	51.4422	78.9
54.6784	35.0916	46.6955	65.3312	51.3073	39.0649	37.3125	64.0371	38.6734	52.2722	107.9
58.1098	50.1961	50.7741	40.8287	37.7838	61.8751	49.1499	50.1154	54.1433	52.9323	46.4
62.6264	46.0019	58.5332	49.0595	47.5512	40.8172	37.1240	49.4812	55.5753	34.9431	73.0
55.4832	48.2566	62.3386	44.1811	45.2953	40.7394	61.9139	60.0063	46.5044	52.1292	55.8
45.0192	52.5260	50.3990	37.2660	29.6411	55.4253	38.7266	46.0327	64.4925	54.3481	94.1
60.2622	27.0871	45.9573	52.0801	43.2916	51.5068	55.9854	37.4961	52.8293	52.9228	86.5
53.0475	47.7276	63.8933	55.5046	40.2766	44.0490	45.0458	42.4343	49.8867	68.4980	78.1
54.0374	61.6194	45.3154	51.2762	37.3174	60.6659	50.3328	46.9672	37.5268	34.0607	82.5
45.2545	65.1623	43.7532	44.6704	41.5698	53.1354	68.3957	56.5029	65.9945	45.2333	97.2
43.7623	57.4926	54.6374	53.5486	47.7780	57.7489	64.1455	53.2088	68.5604	56.4761	46.2
67.2083	42.7461	52.0852	54.4171	38.4494	58.7661	51.1212	47.5418	52.3115	48.8973	57.8
57.6307	45.3219	54.4552	56.9857	56.4530	42.4222	52.7166	43.8892	51.6714	53.4910	28.5
35.6735	45.9764	53.3833	36.5036	43.8286	63.3596	40.8447	54.2818	60.8222	50.7307	83.0
49.1494	57.9953	54.8696	49.3544	17.0190	44.2709	43.1782	43.7579	45.5066	64.5573	143.5
59.0148	33.9026	63.3776	32.2940	48.6058	49.2368	62.0489	51.4652	54.9050	44.9819	103.2
44.6902	48.4327	55.5408	48.6331	40.5660	55.4893	76.4159	54.3348	57.2161	49.4268	85.7
54.2562	44.8791	36.6921	45.2177	53.2186	44.5396	38.6911	61.0902	37.4467	59.2558	71.8
39.0480	36.3366	44.7322	48.2535	36.2520	49.7602	47.9522	54.1090	50.8697	54.5143	42.3
48.7264	48.7035	33.5113	57.1743	42.9577	59.4184	73.4837	46.4127	53.2685	39.3509	115.2
56.1050	56.6897	54.4097	38.5393	34.0016	67.2674	46.8016	45.5033	60.0355	57.3423	94.4
46.5755	50.8039	50.2413	47.2742	45.4595	53.9798	45.1164	71.2731	55.1262	46.1119	56.0
36.1145	72.9178	67.1196	66.5542	49.7822	46.8617	50.7940	46.3314	45.8760	55.9351	121.5
63.2787	46.0921	48.5183	63.6390	27.2503	44.7672	62.0918	74.7326	53.5312	65.2969	168.7

〈표 1.13〉의 분산 데이터 100개를 이용하여 히스토그램을 작성하면 〈그림 1.35〉와 같다.

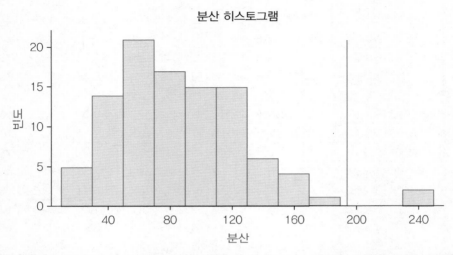

분산 히스토그램

그림 1.35 모평균=50, 모표준편차=10인 모집단에서 n=10개씩 샘플을 100회 측정한 V값의 분포

전체의 히스토그램이 오른쪽으로 길게 늘어졌다. 동일한 모집단에서 10개씩 샘플링하여 V를 계산하였지만 V값이 다르다. 동일 로트에서 V를 계산하였으므로 논리적으로 V값이 같거나 유사하여야 하는데 〈그림 1.35〉와 같이 산포되어 있다. 그러나 이 분포 내 V값들은 서로 같다고 말해야 할 것이다. 같은 모집단에서 같은 샘플크기로 V를 계산한 것은 같다고 해야 한다. 실험을 100회, 1만번, 100만 번 시행했다면, 오른쪽으로 분포는 무한대까지 길게 늘어진다. 그래서 어느 점에 선을 세워서 오른쪽 값이 그 선보다 큰 값이 나오면, 그 V값은 이 분포에서 나온 값이 아니라고 판단해 버린다. 이 그림에서 V값이 240 수준의 것은 이 분포에 속하는 V값이 아니라고 판단해 버린다. 그러나 V값 240도 분명이 동일 모집단에서 나온 값인데 아니라고 하니 억울하게 되었다. 이와 같이 사실인데도 사실이 아니라고 하는 것을 통계에서는 제1종의 잘못, 즉 용어로는 "제1종의 과오"라고 한다. 그리고 기호로는 α(알파)라고 한다. 잘못 판단할 확률이다. 이런 사람을 멍텅구리라고 한다. 반대로 "제2종의 과오"도 있다. 사실이 아닌데 사실이라고 하는 잘못이다. 이런 사람을 허풍쟁이라고 한다. 이것의 기호는 β(베타)라고 표기한다. 인생도 어

쩔 수 없이 바보가 되기도 하고, 허풍을 떨면서 살아간다.

확률적 판단은 1종과 2종의 과오를 범하게 된다. 아무리 좋은 로트라도 가끔은 불합격할 확률(α)가 있고, 나쁜 로트라도 확률적으로 β만큼 합격될 가능성이 있다는 것을 알아야 한다.

분산의 크거나 작은 값을 가지고 직접 비교하는 것은 분산 계산 시에 특성항목의 측정치가 큰 경우 제곱을 했기에 아주 커 보이고, 소수점 이하 3자리 정도 되면 제곱의 값이 많이 작아 보인다. 그래서 분산을 비교할 때 크기를 직접 비교하는 게 아니고, 두 분산의 비(Fraction)로 표시하면, 2개의 분산이 같으면, $\frac{V_1}{V_2}=1$이 될 것이다. 그래서 분산을 그대로 히스토그램을 그리지 않고, 그 비율 값을 분포로 작성하면, 표준정규분포 하나로 모든 정규분포를 대신하는 것처럼, 분산의 비로하면 분산의 절대 값이 크든 작든 간에 동일 모집단이면, 분산비 값 1을 중심으로 하는 히스토그램이 그려진다.

(7) F분포(분산비의 분포)의 이용

모집단 A, B로부터 샘플의 크기가 m, n인 불편분산을 각각 V_A, V_B라고 하자. 모집단의 산포가 σ_A^2와 σ_B^2이 같다면, 데이터로부터 얻어진 불편분산 V_A, V_B는 유사한 값이 될 것이 기대된다. 즉, 분산비 V_A/V_B는 1 근처에 분포할 것이다.

그림 1.36 모집단 A, B

$\sigma_A^2 = \sigma_B^2$일 때 V_A / V_B는 어떤 분포를 할 것인가.

$n = 10$, $m = 7$일 때 두 분산비의 분포는 아래와 같다.

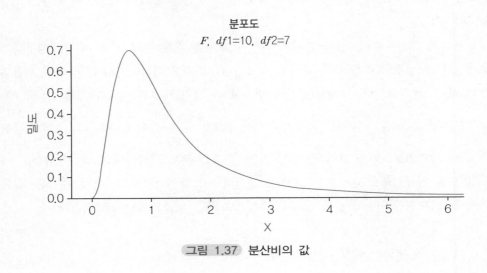

그림 1.37 분산비의 값

분산비의 값이 〈그림 1.37〉에서 보는 것처럼 비의 값이 1근처에 도수(밀도)가 가장 높다.

이 분산비의 분포 그림에서 V_A / V_B의 값이 너무 크거나, 작으면 σ_A^2과 σ_B^2은 같다고 할 수 없다.

4   샘플링검사와 OC(검사특성곡선)

OC곡선(Operating Characteristic Curve: 검사특성곡선)은 로트가 합격될 확률$L(P)$과 로트의 부적합품률 p(%)과의 관계를 나타낸 그림이다. 이를테면, N(로트 크기), n(샘플 수), c(합격판정개수)가 일정하고 x축에 로트의 부적합품률이 2%, 4% … 20%, 22%일 때, 각 부적합품률의 로트가 합격될 확률$L(P)$을 〈그림 1.38〉과 같이 플롯할 수 있다. 이 곡선을 OC곡선 또는 검사특성곡선이라 한다.

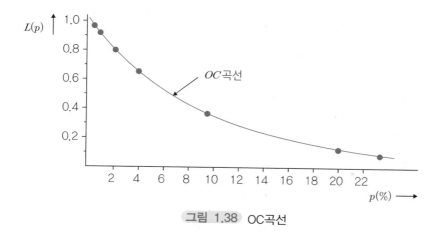

그림 1.38 OC곡선

(1) OC곡선의 성질

OC곡선은 샘플링검사의 성능을 나타내는 것으로, 로트의 크기(N)와 샘플의 크기(n) 및 합격판정개수(c)에 따라 변화한다.

① n, c를 일정하게 하고 N를 변화시키는 경우

n(샘플 크기), c(합격판정개수)를 일정하게 하고 로트의 크기(N)를 변화시키면, 〈그림 1.39〉 와 같은 OC곡선이 나온다.

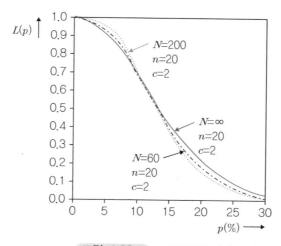

그림 1.39.1 OC곡선의 성질

N=무한대∞, $n=20$, $c=2$의 OC곡선(실선)이 이론적으로 정확하게 계산되었고, 그 다음 점선(N=200, n=20 c=2)이며, 일점쇄선은 정도가 가장 낮다. 이를 테면, 로트의 부적합품률이 5% 수준의 경우, 실선은 합격확률 $L(0.05)$이 88%이고, 점선은 90%, 일점쇄선은 합격확률이 96%이다. 이론적 확률보다 2%, 8%씩 더 높은 확률로 합격이 된다.

로트의 크기 N이 샘플의 크기 n의 10배 이상일 경우에는, N이 변해도 OC곡선은 거의 변하지 않는다. 확률로트의 크기 N이 샘플의 크기 n의 10배 미만일 경우에는 상대적으로 약간 서게 된다.

② N, c를 일정하게 하고, n을 변화시키는 경우

로트의 크기 N과 합격판정개수 c를 일정하게 하고, 샘플의 크기 n을 증가시키면 OC곡선은 서게 된다.

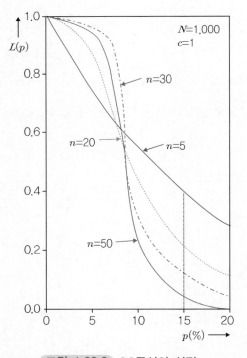

그림 1.39.2 OC곡선의 성질

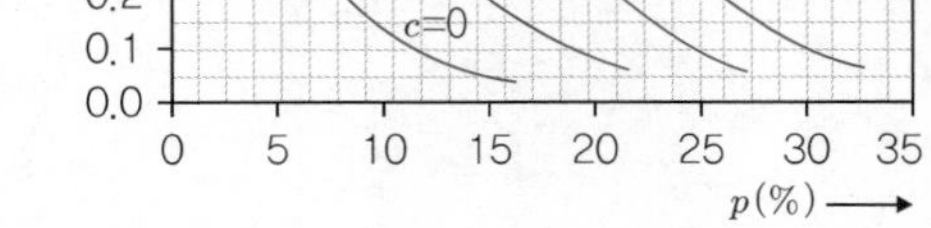

그림 1.39.3 OC곡선의 성질

n이 증가할수록 OC곡선이 선다는 것은 검사 정밀도가 높아지는 것을 의미한다. 15% 수준의 로트를 샘플링검사를 할 경우, 〈그림 1.39.2〉에서 $n=50$이면, 이 로트가 합격할 확률은 약 5%, $n=30$이면, 합격확률이 약 10%, $n=20$이면, 약 20%이고, $n=5$이면, 38% 정도가 합격된다. 〈그림 1.39.2〉에서 점선과 OC곡선이 만나는 지점이 로트가 합격될 확률 $L(P)$의 값이다. 〈그림 1.39.2〉에서 알 수 있듯이 $n=50$과 $n=5$일 때 로트에 대한 합부 판정 능력은 많은 차이가 난다.

③ N, n이 일정하고 c를 변화 시킬 경우

〈그림 1.39.3〉에서 보는 바와 같이 c값이 클수록 OC곡선의 기울기가 눕게 되고, $c=0$일 때 서는 것을 볼 수 있다. 당연히 $c=0$일 때, 로트의 합부 선별 능력이 더 우수하다.

로트의 크기 N과 샘플의 크기 n을 일정하게 하고 합격판정개수 c를 증가시키면 OC곡선의 경사는 거의 변화가 없으나 오른쪽으로 이동하게 된다.

로트가 합격될 확률 $L(P)$은 일반적으로 초기하분포, 이항분포 또는 포아송분포를 이용하여 확률을 구할 수 있다. 로트의 크기가 수시로 변하면 초기하분포를 사용하고, N/n의 비가 10 이상이면, 이항분포를 이용한다. 이항분포는 2개 항(부적합품률p 또는 적합품률$1-p$)에 대한 식이다. 부적합품률이 10%라고 가정하자. $n=100$일 때, 기대 부적합개수로 표시하면, $0.1 \times 100 = 10$이 된다. 반대로 부적합개수를 부적합품률로 변환이 가능하므로 이항분포는 부적합개수도 이항분포 한다고 말한다.

여기서 np는 기대부적합개수로 이항분포에서 평균을 의미한다. 그래서 $np=m$이라고 쓰고, m은 mean(평균)의 머리글자이다. 이항분포에서는 평균 부적합수, 포아송분포에서는 평균 결점수의 기호로 사용한다. 검사단위 안에 평균결점수를 m으로 표시한다. 그래서 단위당 결점수는 포아송분포를 이용하여 결점수 m가 나타날 확률을 계산하게 된다.

종합하면, N, P, n, c에서 초기하 분포, $N/n > 10$ 이상이면 이항분포, m으로 표시하고, m을 검사단위당 평균결점수이면, 포아송분포를 이용하여 확률을 계산한다. n이 크고 np가 5 이상이면, 정규분포에 가까워진다.

(2) 로트가 합격될 확률과 OC곡선

샘플 추출은 우연의 법칙을 따르므로 좋은 로트가 불합격될 수 있고, 그 반대가 될 수도 있는데 이런 현상을 설명해주는 것이 OC곡선이다. OC곡선이 어떻게 그려지는가를 알아보기 위해 다음의 예를 가지고 설명하기로 한다. 여기에서는 계수 규준형 1회 샘플링검사를 적용한다.

로트의 크기, $N=1,000$개로부터 10개의 샘플을 랜덤하게 샘플링을 하여 조사한 결과, 부적합품의 수가 0개이면 그 로트는 합격으로 하고, 1개 이상이면 불합격으로 했을 때, 이 경우의 샘플링검사방식은 〈표 1.14〉와 같다.

표 1.14 샘플링검사 방식

로트의 크기(N)	표본의 크기(n)	합격판정개수(c)	불합격판정개수($c+1$)
1,000	10	0	1

〈표 1.14〉의 샘플링검사방식 $n=10$, $c=0$에 대해서 로트의 부적합품률이 변함에 따라 로트가 합격될 확률을 구하는 데, 다음과 같은 실험으로 OC곡선의 개념을 알아보도록 한다. 둥그런 용기 속에 색깔로 구분된 공이 모두 1,000개 들어있는데, 이것을 로트의 크기로 보고 색깔별 공의 개수는 〈표 1.15〉와 같다.

표 1.15 색깔별 공의 개수

공의 색깔	흑색	갈색	청색	적색	황색	녹색	백색	합계
개수	5	10	20	50	100	200	615	1,000
부적합품률(%)	0.5	1.0	2.0	5.0	10.0	20.0	61.5	100

예를 들어 흑색 공을 부적합품으로 보고 그 나머지 공을 양품으로 간주하면 로트의 부적합품률은 0.5%가 되고, 마찬가지로 각 색깔의 공을 부적합품으로 보았을 경우 로트의 부적합품률은 〈표 1.15〉와 같다.

공들을 잘 섞은 다음에 10개씩 주걱으로 공을 뽑아내면 뽑아낸 10개의 공은 샘플의 크기에 해당한다. 색깔별 공의 개수를 조사한 후 다시 용기 속에 집어넣은 뒤, 또 다시 10개의 공을 뽑아내어 색깔별로 개수를 조사하고 다시 용기 속에 넣는다. 이런 과정을 100회 반복한 결과를 정리한 것이 〈표 1.16〉이다. 이 과정에서 주의해야 할 사항은 매번 10개씩 공을 뽑기 전에 용기 속의 공을 잘 섞어야 하며, 이는 무작위추출(Random Sampling)이 되도록 하기 위함이다.

〈표 1.16〉에서 제1회째 샘플링을 보면, 색깔별 공의 개수는 녹색 공이 3개, 백색 공이 7개 등 모두 10개가 뽑혔다는 것을 의미한다.

표 1.16 표본추출 후 조사된 색깔별 공의 개수

샘플링 횟수	흑색(5%)	갈색(1%)	청색(2%)	적색(5%)	황색(10%)	녹색(20%)	백색(61.5%)
1						3	7
2		1		1	1	1	6
3					2	3	5
4		1			1	5	3
5						4	6
6					3	2	5
⋮	⋮	⋮	⋮	⋮	⋮	⋮	⋮
99				1		1	8
100					1	4	5
합계	4	9	20	34	69	89	100

흑색 공은 샘플링 100회 중 4회에 걸쳐 뽑혔고 96회는 흑색 공이 전혀 뽑히지 않았다. 황색 공은 100회 중 69회는 1개 이상 뽑혔고 31회는 황색 공이 하나도 뽑히지 않았다.

합격판정기준인 합격판정개수는 $c=0$, 즉, 전혀 부적합품이 뽑히지 않아야만 로트를 합격시키는 것으로 설정한다. 흑색공의 경우를 보면 부적합품률 0.5%인 로트는 4회 불합격이 되고 96회는 합격이 된다. 황색공의 경우에는, 부적합품률이 10%인 로트의 경우, 69회는 불합격되고 31회는 합격되는데, 이하 각 색깔별로 같은 방식으로 실험한 결과를 정리하면 〈표 1.17〉과 같다.

표 1.17 로트의 부적합품률과 그 로트가 합격될 확률

로트의 부적합품률 p(%)	흑색 (0.5)	갈색 (1.0)	청색 (2.0)	적색 (5.0)	황색 (10.0)	녹색 (20.0)	백색 (61.5)
로트가 합격될 확률 $L(p)$(%)	96	91	80	66	31	11	0

〈표 1.17〉을 이용하여 가로축에 로트의 부적합품률 p%, 세로축에 로트가 합격되는 확률 $L(p)$를 잡고 OC곡선을 그리면 〈그림 1.40〉과 같다.

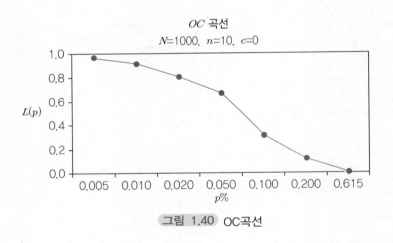

그림 1.40 OC곡선

〈그림 1.40〉은 로트의 크기 $N=1,000$, 표본의 크기 $n=10$, 합격판정개수 $c=0$인 계수 규준형 1회 샘플링검사의 OC곡선을 실험적으로 구한 것이다.

(3) 이론식에 의한 로트가 합격될 확률 계산

앞의 예제에서는 $n=10$, $c=0$인 경우의 샘플링검사방식에서 로트가 합격될 확률 $L(p)$을 실험에 의해서 구했으나, 여기에서는 이론식에 의해서 정확한 값을 도출하기로 한다.

계수형인 경우, 샘플링검사를 받기 위해 제출된 부적합품률 p%인 로트가 샘플링검

사방식이 (n, c)일 때 합격될 확률은 일반적으로 다음과 같다.

$$L(p) = \sum_{x=0}^{c} P(X=x)$$

단, $P(X=x)$는 x개가 나타날 확률이다. n개의 표본 중에 x개의 부적합품이 포함될 확률로서 적합한 확률분포가 이용되어 계산된다.

1) 초기하분포를 이용하는 경우

로트의 크기N이 유한할 때, 부적합품률이p인 로트로부터 크기n인 표본을 무작위로 추출할 경우에 표본 중 부적합품이 x개 포함될 확률$P(X=x)$을 정확히 계산하는 데는 다음과 같은 초기하분포를 이용한다(2) 포아송분포(Poisson Distribution Curve)와 초기하분포 참조).

$$L(p) = \sum_{x=0}^{c} \frac{_{Np}C_x \cdot {}_{N-Np}C_{n-x}}{_{N}C_n}$$

앞의 예제에 대하여 $n=10$, $c=0$일 때, 흑색 공$(p=0.5\%)$인 경우 $L(p)$를 구하면

$$L(p) = \sum_{x=0}^{c} \frac{_{5}C_x \cdot {}_{995}C_{10-x}}{_{1000}C_{10}}$$

$$= \frac{_{5}C_0 \cdot {}_{995}C_{10}}{_{1000}C_{10}}$$

$$= 0.9509가 된다.$$

이하 각 색깔별로 앞과 같이 계산한 결과를 정리하면 〈표 1.18〉과 같다.

표 1.18 초기하분포를 이용한 로트의 부적합품률과 로트가 합격될 확률

로트의 부적합품률 $p(\%)$	흑색 (0.5)	갈색 (1.0)	청색 (2.0)	적색 (5.0)	황색 (10.0)	녹색 (20.0)	백색 (61.5)
로트가 합격될 확률 $L(p)(\%)$	95.09	90.40	81.63	59.73	34.69	10.62	0.01

앞선 실험결과의 $L(p)$와 그래프를 비교하면 〈그림 1.41〉과 같다.

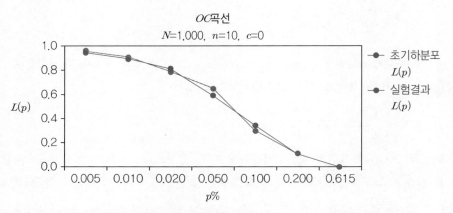

그림 1.41 실험 결과와 초기하분포 계산 결과의 OC곡선 비교

현실적으로 로트의 크기 N이 상당히 크므로 계산이 곤란해질 경우에 있어서는 이항분포나 포아송분포에 의한 근사값을 구하여 사용한다.

2) 이항분포를 이용하는 경우

로트의 크기 N이 표본의 크기 n에 비해서 충분히 클 경우($N/n > 10$)에는 다음과 같은 이항분포를 이용한다(2) 포아송분포(Poisson Distribution Curve)와 초기하분포 참조).

$$L(p) = \sum_{x=0_n}^{c} C_x p^x (1-p)^{n-x}$$

앞의 실험에 대해 $n = 10$, $c = 0$일 때 흑색 공($p = 0.5\%$)인 경우 $L(p)$는

$$L(p) = \sum_{x=0_{10}}^{c} C_x 0.005^x (1-0.005)^{10-x}$$
$$= {}_{10}C_0 0.005^0 (1-0.005)^{10}$$
$$= 0.9511 \text{가 된다.}$$

이하 각 색깔별로 앞과 같이 계산한 결과를 정리하면 〈표 1.19〉와 같다.

표 1.19 이항분포에 의한 로트의 부적합품률과 로트가 합격될 확률

로트의 부적합품률 p(%)	흑색 (0.5)	갈색 (1.0)	청색 (2.0)	적색 (5.0)	황색 (10.0)	녹색 (20.0)	백색 (61.5)
로트가 합격될 확률 $L(p)$(%)	95.11	90.44	81.71	59.87	34.87	10.74	0.01

앞선 실험결과의 $L(p)$와 그래프를 비교하면 〈그림 1.42〉와 같다.

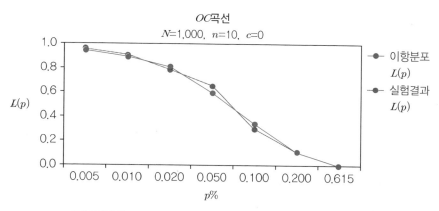

그림 1.42 실험 결과와 이항분포 계산 결과의 OC곡선 비교

3) 포아송분포를 이용하는 경우

일반적으로 로트의 크기 N이 표본의 크기n에 비해서 충분히 크고($N/n > 10$), 부적합품률 p가 0.1 이하이거나 불량개수np가 10 이하의 조건이 만족되면 다음과 같은 포아송분포에 근사시켜 $L(p)$를 구한다(2) 포아송분포(Poisson Distribution Curve)와 초기하분포 참조).

$$L(p) = \sum_{x=0}^{c} \frac{e^{-np} \cdot (np)^x}{x!} \fallingdotseq \sum_{x=0}^{c} \frac{e^{-m} \cdot (m)^x}{x!}$$

앞 실험의 $n=10$, $c=0$인 경우에 흑색 공($p=0.5\%$)에 대하여 계산하면($np=10 \times 0.005$
$= 0.05$)

$$L(p) = \sum_{x=0}^{c} \frac{e^{-0.05} \cdot (0.05)^x}{x!}$$

$$= \frac{e^{-0.05} \cdot (0.05)^0}{0!} = 0.9512가 된다.$$

이하 각 색깔별로 앞과 같이 계산한 결과를 정리하면 〈표 1.20〉과 같다.

표 1.20 포아송분포에 의한 로트의 부적합품률과 로트가 합격될 확률

로트의 부적합품률 p(%)	흑색 (0.5)	갈색 (1.0)	청색 (2.0)	적색 (5.0)	황색 (10.0)	녹색 (20.0)	백색 (61.5)
로트가 합격될 확률 L(p)(%)	95.12	90.48	81.87	60.65	36.79	13.53	0.21

앞선 실험결과의 $L(p)$와 그래프를 비교하면 〈그림 1.43〉과 같다.

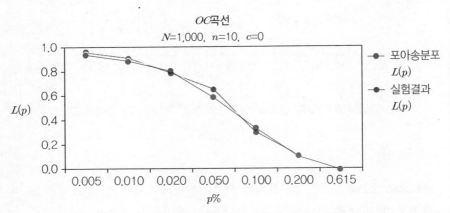

그림 1.43 실험결과와 포아송분포 계산 결과의 OC곡선 비교

지금까지의 계산은 모두 Excel에 의해서 실행되었는데, 그 결과를 정리하면 〈표 1.21〉과 같다.

표 1.21 각 확률분포에 의한 계산 결과 정리

공의 색깔	개수	p	np	실험결과 $L(p)$	초기하분포 $L(p)$	이항분포 $L(p)$	포아송분포 $L(p)$
흑색	5	0.005	0.05	0.96	0.9509	0.9511	0.9512
갈색	10	0.010	0.10	0.91	0.9040	0.9044	0.9048
청색	20	0.020	0.20	0.80	0.8163	0.8171	0.8187
적색	50	0.050	0.50	0.66	0.5973	0.5987	0.6065
황색	100	0.100	1.00	0.31	0.3469	0.3487	0.3679
녹색	200	0.200	2.00	0.11	0.1062	0.1074	0.1353
백색	615	0.615	6.15	0.00	0.0001	0.0001	0.0021

이상의 세 가지 확률분포에 의한 결과와 실험결과의 $L(p)$를 비교하면 〈그림 1.44〉와 같다.

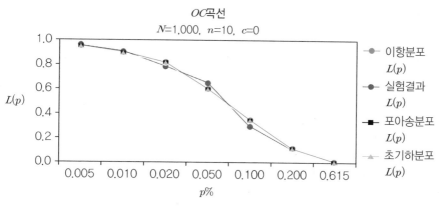

그림 1.44 각 확률분포와 실험결과의 OC곡선 비교

(4) OC곡선과 샘플링검사 방식

앞의 실험에서도 살펴보았듯이 좋은 품질의 로트임에도 불구하고 불합격되는 경우가 있고, 이것을 생산자 위험(α), 나쁜 품질의 로트인데도 불구하고 합격되는 경우도 발생하는데 이것은 소비자 위험(β)이라고 한다. 샘플링검사의 경우, 이 두 종류 과오는 동

시에 발생한다. 샘플링 검사에서는 $\alpha=0$, $\beta=0$의 검사방식은 없다. 공급자의 입장에서 볼 때 부적합품률이 p_0(가급적 합격시키고 싶은 로트의 부적합품률의 상한)인 좋은 품질의 로트가 샘플링검사에서 불행히도 불합격되는 것을 방지하고 싶을 것이다. 이와 같이 불합격되는 것을 **생산자위험**이라고 하며, α로 표시하고 KS에서는 약 5% 정도를 인정한다.

구입자의 입장에서는 부적합품률이 p_1(가급적 불합격시키고 싶은 로트의 부적합품률의 하한)인 나쁜 품질의 로트는 샘플링검사에서 합격되는 것을 막고 싶을 것이다. 불행히도 어느 정도 합격되는 것을 피할 수는 없는데, 이런 경우를 **소비자위험**이라 하며, β로 표시하고 KS에서는 약 10% 정도를 인정한다.

생산자위험과 소비자위험은 가설검정에서 제1종 오류와 제2종 오류의 개념과 일치한다.

$\alpha=0.05$, $\beta=0.10$으로 보고 이에 해당하는 p_0와 p_1의 값을 이론적 수식으로 표현(여기서 이론적 수식은 이항분포에 따르는 것을 상정)하면,

앞의 실험예인 $n=10$, $c=0$인 경우 부적합품률이 p_0인 좋은 품질의 로트가 합격될 확률은 $(1-\alpha)$이므로,

$$L(p) = \sum_{x=0}^{c} {}_nC_x p_0^{\,x}(1-p_0)^{n-x} = 1-\alpha$$
$$= \sum_{x=0}^{c} {}_{10}C_x p_0^{\,x}(1-p_0)^{10-x} = 0.95$$
$$= {}_{10}C_0 p_0^{\,0}(1-p_0)^{10} = (1-p_0)^{10} = 0.95$$

가 되며, 이때의 p_0를 구하면 약 0.0051(0.51%)가 된다.

같은 원리로 부적합품률이 p_1인 나쁜 품질의 로트가 합격될 확률은 β이므로

$$L(p) = \sum_{x=0}^{c} {}_nC_x p_1^{\,x}(1-p_1)^{n-x} = \beta$$
$$= {}_{10}C_0 p_1^{\,0}(1-p_1)^{10} = (1-p_1)^{10} = 0.10$$

에서 p_1을 구하면 약 0.2057(20.57%)가 된다. 이것은 곧 $p_0=0.51\%$인 로트라도 $\alpha=0.05$, 즉 100회의 샘플링검사를 하면 5회 정도는 불합격이 되고, $p_1=20.57\%$인 로트라도 100회의 샘플링검사를 하면 10회 정도는 합격이 된다는 것을 의미한다.

이상과 같이 샘플링검사에 있어서 N, n, c 등의 샘플링검사방식이 정해지면 OC곡선을 그릴 수 있고, 더불어 p_0와 p_1은 α와 β가 정해지면 OC곡선상에서 또는 직접 이론적 수식에 의해 도출이 가능하다.

위와 같은 경우에는 n, c가 정해진 상태이지만, 실제에 있어서는 p_0, p_1, α, β를 공급자와 구입자가 합의해서 정하고 이를 바탕으로 n, c를 도출한다.

KS Q 0001 제1부 및 제2부는 $\alpha = 0.05$, $\beta = 0.10$으로 잡고 p_0와 p_1을 정하면 샘플링검사방식을 설계할 수 있도록 만들어져 있다.

샘플링

02

02 | CHAPTER

샘플링

1 샘플링이란 무엇인가

샘플링이란 모집단에서 샘플을 채취하는 것이다. 샘플(Sample)이라 함은 "모집단의 특성에 관한 정보를 얻기 위하여 추출된 모집단의 일부"를 말한다. 공장에서 원재료나 제품에 대해 샘플링을 하는 목적은 대상 모집단에 대한 특성값을 추정하고, 그것에 의하여 모집단, 즉 로트에 대해 조치를 하기 위한 것이다. 따라서 어떠한 조치를 취하느냐에 따라 샘플링 방법이 전혀 달라진다. 샘플링의 방법은

- 목적에 맞는 것
- 실시하기 쉽고, 관리하기 쉬운 것
- 경제성을 고려한 것
- 샘플링을 하는 사람에 따라 차이가 없는 것
- 공정이나 대상물의 변화에 따라 바꿀 수 있는 것
- 샘플링을 하는 방법이 성문화되고, 누구나 이해가 되는 것
- 그 샘플링이 적절한지 아닌지를 체크할 수 있는 것

등의 조건을 만족하고 있는 것이어야 한다.

원료, 반제품, 제품의 일부에서 샘플링을 하여 시험이나 측정을 하는 것은 로트 전체에 대한 품질수준 등의 정보를 얻기 위함이며, 공정관리의 경우, 공정을 거치고 있는

제품의 일부, 또는 전부에 대해 샘플링을 하여 측정하는 것은 공정의 상태와 품질수준 등을 추정하고, 이에 대한 조치를 취하기 위한 것이다.

이와 같이 로트나 공정의 품질상태 측정을 목적으로 하는 집단을 모집단이라고 하며, 모집단에 대하여 어떤 조치를 행할 목적으로 샘플링을 하고, 측정하여 데이터를 수집하는 것이다. 그러므로 모집단에 대한 어떤 조치를 취하기 위한 샘플링은 올바른 샘플, 신뢰성 있는 샘플, 신속한 샘플링, 경제적인 샘플링 조건을 만족하여야 한다.

다음의 〈그림 2.1〉과 〈그림 2.2〉는 샘플링을 공정을 목적으로 하는 경우와 로트를 목적으로 하는 경우에 대한 관계를 표시한 것이다.

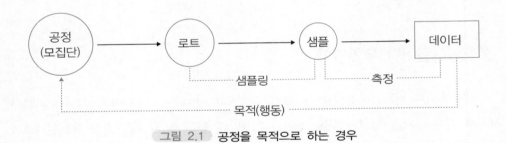

그림 2.1 공정을 목적으로 하는 경우

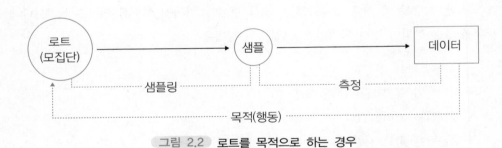

그림 2.2 로트를 목적으로 하는 경우

2 샘플링의 종류

샘플링의 종류에는 랜덤샘플링, 2단계샘플링, 층별샘플링, 취락샘플링 등이 있다.

(1) 랜덤샘플링(Random Sampling)

모집단으로부터 그 일부를 시료로 취할 때, 같은 확률로 뽑혀지도록 하는 샘플링 방법으로 시료의 크기가 증가할수록 샘플링의 추정정밀도가 높아진다. 랜덤샘플링에는 단순 랜덤샘플링(Simple Random Sampling)과 계통 샘플링(Systematic Sampling) 그리고 지그재그 샘플링(Zigzag Sampling)이 있다.

비고 1   단순 랜덤샘플링(Simple Random Sampling): 모집단의 모든 샘플링 단위가 동일한 확률로서 시료로 뽑힐 가능성이 있는 샘플링 방법으로, 난수표, 주사위, 난수기, 샘플링카드 등을 활용하는 방법이다.

비고 2   계통 샘플링(Systematic Sampling): 시료를 시간적 공간적으로 일정한 간격을 두고 취하는 샘플링 방법이다. 예를 들면, 모집단 크기 200개, 시료의 크기 50개라면 샘플링간격(k=모집단 크기/시료)은 4가 된다. 숫자 1에서 5까지 랜덤하게 골랐더니 2가 얻어졌다면 2를 기준으로 4간격으로 샘플링하는 방법이다. 즉 2, 6, 10, 14, 18, 22, 26, 30, 34 …과 같이 2를 기준으로 하여 4간격으로 시료를 채취하는 방법이다.

비고 3   지그재그 샘플링(Zigzag Sampling): 계통샘플링의 주기성에 의한 치우침의 위험을 방지하기 위해 하나씩 걸러서 일정한 간격으로 샘플을 취하는 방법이다. 예를 들면, 계통샘플링방법에서 2, 6, 10, 14, 18, 22, 26, 30, 34 …과 같이 4간격으로 시료를 채취하였다면, 위와 같이 밑줄 친 시료를 걸러서 2를 더한 숫자, 2를 뺀 숫자를 반복하여 2, 12, 16, 28, 32 …와 같이 시료를 채취하는 방법이다.

(2) 2단계 샘플링(Two Stage Sampling)

2단계 샘플링은 모집단을 몇 개의 서브로트(1차 샘플링 단위)로 나누고, 그 중에서 몇 개의 부분을 1차로 샘플링을 하고, 1차 샘플링을 한 것 중에서 몇 개의 단위체 또는 단위량을 뽑는 방법이다. 예를 들면 한 트럭에 사과 100상자를 싣고 각 상자 속에는 50개씩의 사과가 포장되어 있을 때, 사과 9개를 샘플로 검사한다고 하면, 먼저 100개의 상자 속에서 3상자를 랜덤하게 선택하고, 다시 각 상자에서 3개씩 사과를 뽑아서 검사한다.

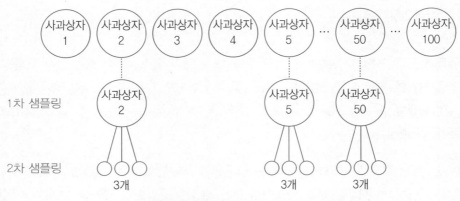

그림 2.3 2단계샘플링(Two Stage Sampling)

(3) 층별 샘플링(Stratified Sampling)

모집단을 공통의 요인에 영향을 받고 있다고 생각되는 것, 공통의 성질, 공통의 버릇을 가지고 있는 것으로 나누고, 각 층으로부터 각각 랜덤하게 시료를 뽑는 방법이다.

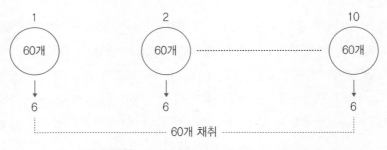

그림 2.4 층별 샘플링(Stratified Sampling)

비고　　층별은 시간별, 작업자별, 기계장치별, 작업방법별, 원재료별, 측정검사별 등으로 할 수 있다.

(4) 취락샘플링(Clustering Sampling)

취락(또는 집락, 군집) 샘플링은 모집단을 여러 개의 집락, 군집으로 나누고 그 중에서 몇 개의 집락, 군집을 랜덤하게 샘플링하고 뽑힌 집락, 군집의 제품을 모두 시료로 취하는 방법이다. 예를 들면 각 60개씩의 볼트가 들어있는 10상자의 로트가 입하되었을 때 1상자를 뽑고 그 상자의 볼트를 전부 시료로 취하는 샘플링방법이다.

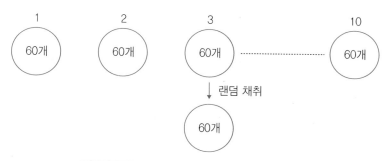

그림 2.5 취락샘플링(Clustering Sampling)

검 사

03

03 | CHAPTER

검 사

1 검사란 무엇인가

검사란 물품을 어떤 방법으로 측정한 결과를 판정기준과 비교하여 개개의 물품을 적합품·부적합품 또는 로트를 합격·불합격으로 판정을 내리는 적합성평가 활동이다.

■ 참고: 시험과 검사

• **시험이란**
개개의 물품 또는 로트에 대하여 해당 표준에서 정해진 방법에 따라 해당 부품, 반제품, 제품의 품질특성에 대하여 측정·조사하는 것이다.

• **검사란**
물품을 어떤 방법으로 측정한 결과를 판정기준과 비교하여 개개의 물품을 적합품·부적합품 또는 로트를 합격·불합격으로 판정을 내리는 것이다.

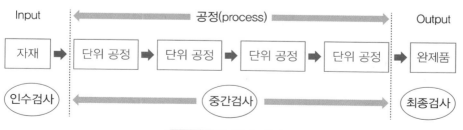

그림 3.1 검사 개념도

검사를 올바르게 추진해 나가기 위해서는 다음과 같은 사항을 확실히 해야 한다.

(i) 품질특성을 측정하는 방법을 확립할 것
(ii) 제품의 좋고 나쁨의 판정기준을 명확히 할 것
(iii) i), ii)에 따라 올바른 판정을 할 것

일반적으로 검사업무의 프로세스는 다음과 같다.

① 인수검사 의뢰

구매부서는 구매 물품이 납입되면 입고 전표를 작성, 관계 서류를 첨부하여 품질관리부서에 보내 수입검사를 의뢰한다.

② 인수검사 실시 및 조치

검사원은 검사표준서에 따라 검사를 실시하고 검사성적서를 작성, 부서장에게 보고한 후 합부 내역을 구매부서 및 생산부서에 통보한다.

③ 긴급 투입의 관리

인수검사 결과 합격품인 경우에만 입고하고 생산 공정에 투입함을 원칙으로 하나, 인수검사 이전에 긴급한 목적으로 투입하는 경우, 차후 인수검사를 실시하여 부적합할 때 즉시 회수하거나 대체할 수 있도록 로트관리규정에 따라 명확히 식별하여 관리한다.

④ 공정검사 실시 및 조치

검사원은 작업 진행에 따라 공정검사를 실시하고 중간검사 성적서를 작성, 부서장에게 보고한 후 합부 내역을 생산부서에 통보한다.

⑤ 제품검사 의뢰

생산부서장은 일일의 작업이 종료되면 창고관리규정에 따라 입고 전표를 작성, 품질관리부서에 보내 제품검사를 의뢰한다.

⑥ 제품검사 실시 및 조치

• 검사원은 해당 검사표준에 따라 검사를 실시하고 검사성적서를 작성하여 부서장에게 보고한다.
• 검사원은 로트관리규정에 따라 로트번호를 부여하고 식별하여 입고전표에 합부내

역과 로트번호를 표시하여 생산부서에 통보한다.
- 불합격품은 해당 검사표준에 따라 조치한다.
- 사내에서 검사가 불가능한 경우 또는 고객이 외부공인기관의 검사성적서를 요구할 경우에는 외부 공인검사기관을 이용한다.
- 고객이 검사의 입회를 요구할 경우, 사전에 결재를 받은 후 실시한다.

2 검사의 목적

검사의 역할은 부적합품이 뒤의 공정이나 고객의 손에 들어가지 않도록 품질을 보증하는 일이다(〈표 3.1〉 참조). 이 역할을 수행하기 위해 검사를 하는 것이므로 검사를 계획할 때 또는 실시할 때는 항상 이 검사의 목적이 지켜지고 있는가에 대해 주의를 기울여야 한다.

또한 검사는 다음과 같은 손해를 사전에 예방하기 위하여 실시하는 것이다.

(i) 부적합품을 사용했기 때문에 직접 받는 손해(생산 지연, 라인 정지, 재해)
(ii) 부적합품이 간접으로 주는 손해(부적합품의 재검사)
(iii) 부적합품을 사용하게 하기 위한 할인(보상)
(iv) 제품의 클레임 처리비(출장, 조사, 재검사)
(v) 반품을 처리하기 위한 비용(운임)
(vi) 부적합품을 손질하기 위한 비용
(vii) 부적합품을 폐기·처분하는 손실
(viii) 부적합품에 의한 신용 실추
(ix) 고객·시장의 상실
(x) 부적합품에 의한 납기 지연

표 3.1 검사의 목적

구분	목 적	명 칭	특징
1	좋은 로트와 나쁜 로트의 구별	인수검사 중간검사 제품검사 출하검사	원·부자재, 외주납품 검사 회사내 공정간 검사 고객에게 인도여부 검사
2	적합품과 부적합품의 구분	전수검사 또는 선별	적합품과 부적합품의 철저한 구별
3	공정변화 탐지	관리샘플링	관리도 등을 통한 공정변화 탐지
4	공정의 한계도달 여부 파악	공정한계관리	개개 아이템의 관리도를 이용하여 공정이 한계에 도달하였는지 파악
5	품질등급 결정	제품검사 또는 품질등급	제품의 부적합정도에 따라 등급결정
6	검사자의 정확도 파악	검사정확도 판정	검사의 유효성 및 과오 평가
7	계측기 검사		표준시편을 이용한 계측기 정밀·정확도 평가
8	제품의 성능평가		제품의 사용적합성 평가
9	공정능력 평가		공정의 변동 평가

3 검사의 종류

(1) 검사목적에 의한 분류

1) 인수검사(수입검사)

공장에서 제조에 필요한 원재료, 부품, 부자재 등을 외부로부터 구입할 때 구입한 물품을 제조공정에 투입시키기 전에 요구한 품질과 수량을 만족시키는가를 확인하기 위하여 실시하는 검사를 인수검사(수입검사)라 한다.

2) 중간검사(공정검사)

공정 중 반제품의 단계에서 행하는 실시하는 검사로, 부적합품을 다음 공정으로 보내지 않기 위하여 중간공정이 아니면 확인할 수 없는 특성에 대하여 실시한다. 샘플링검사 혹은 개별 전수검사가 적용된다.

3) 최종검사(제품검사)

완성된 제품에 대하여 행하여지는 검사로서, 그 제품의 성능, 작동, 포장 등 주로 출하되는 제품의 품질보증을 하기 위한 검사이다. 제3자에 의한 입회검사도 일종의 최종검사이다.

(2) 검사의 성질에 의한 분류

1) 파괴검사

물품을 파괴하지 않으면 검사의 목적을 달성할 수 없거나 시험을 하면 상품가치가 없어지는 검사를 말한다. 따라서 이러한 제품의 전수검사는 불가능하다. 예를 들면 재료의 인장시험, 도금의 박리시험 등이 그 예이다.

2) 비파괴검사

물품이 시험되어도 그 상품가치가 변하지 않는 검사로서, 치수, 외관검사, X선, 초음파검사 등이 그 예이다.

3) 관능검사

검사원 자신이 측정기가 되어 인간의 감각에 의해서 실시하는 검사를 말한다. 즉 인간의 감각(오관)을 이용하여 품질을 평가, 판정하는 검사로서, 통계학의 이론을 기초로 하여 미리 충분히 계획된 조건하에서 인간의 감각을 측정기로 해서 제품의 질을 판단하여 보편·타당하고 신뢰성 있는 결론을 내리려고 하는 검사를 말한다.

표 3.2 오관에 의한 관능검사

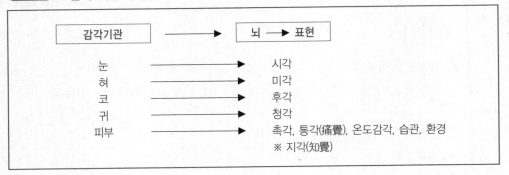

오관에 의한 관능검사를 할 때 감각 판단에 영향을 미치는 요인은 다음과 같다.

(i) 검사원의 성별, 연령

(ii) 검사원의 건강상태, 피로도, 생리상태

(iii) 검사원의 관심, 적극성, 과욕

(iv) 검사원과 기업(기획자, 관리자)의 신뢰

(v) 검사원의 숙련도, 교육·훈련

(vi) 검사실시 시기, 시간

(vii) 검사환경, 분위기, 공간, 조명

(viii) 검사표준의 숙지(검사내용의 설명 및 이해)

(ix) 검사수행 순서, 검사원 간 동일 항목

(x) 검사 후 처리, 기록방법(질문지와 답변지)

(xi) 검사원 간 의견교환, 기록지 회람 등의 진행환경

(xii) 샘플 기호, 검사원 간 다른 기호

(xiii) 샘플 제시조건(양, 수, 속도, 용기, 온도, 습도)

관능검사와 물리·화학적 검사의 차이점은 다음의 〈표 3.3〉과 같다.

표 3.3 관능검사와 물리·화학적 검사의 비교

구분	관능에 의한 검사	물리·화학적 검사
1	다각적인 측정에는 편리하다. 예: 도금 표면의 광택, 흠, 빛깔을 동시에 판정한다.	다각적인 측정이 곤란하다. 예: 도금의 광택만 판정하는 것은 간단하나 흠, 빛깔까지 동시에 판정하는 것은 곤란하다.
2	기기의 차이가 커서 조정이 어렵다. 예: 개인차에 의해서 "아름답다"라고 표현하는 사람도 있고 "아름답지 않다"고 표현하는 사람도 있다.	기기 차이가 있어도 조정하기 용이하다. 예: 버니어캘리퍼스의 영점 조정
3	재현성이 결여된다. 예: 빛깔의 농도를 1~5점으로 표현했을 때 같은 것을 다시 측정해도 같은 점수로 되지 않는 경우가 있다.	재현성이 있다. 예: 자가 정확하다면 5cm는 언제나 5cm이다.
4	측정기(사람)의 관리가 어렵다. 예: 사람은 기후, 환경, 피로, 감정 등으로 오차가 나기 쉽다.	측정기의 관리가 용이하다. 예: 저울의 관리는 용이하다.
5	고객이 느끼는 감각에 가까우므로 실제적이다. 예: 옷감의 감각, 담배의 맛은 검사원이 적절하면 관능쪽이 실제적이다.	고객의 감각 그 자체의 측정이 아닌 경우가 있다. 예: 카레의 매운 감각은 캡사이신(Capsaicin)의 양과 반드시 일치되는 것은 아니다.

검사항목 중에는 측정기나 지그로 계측할 수 있는 항목과 관능검사(인간의 감각: 촉각, 시각, 미각, 청각, 후각)로 검사 가능한 항목이 있다. 이와 같은 관능검사에 의한 항목의 판단 기준은 다음과 같은 문제가 있기 때문에 반드시 한도견본을 작성할 필요가 있다.

(ⅰ) 인간의 판단에 의존하기 때문에 사람에 따라 판정이 달라진다.

(ⅱ) 피로나 기분에 따라 판정이 달라진다.

(ⅲ) 판정기준이 무엇인지 문장으로 표현하기 곤란하다.

또한 계량적으로 측정할 수 있다고 해도 절대적인 기준이 없는 경우(전파의 파형 등)에 는 표준견본을 정해 두고 그것을 기준으로 삼아 검사 판정을 한다.

이러한 관능검사를 위한 한도견본 설정 순서는 다음과 같다.

(ⅰ) 검사부서에서 검사표준서를 준비하여 검사항목 중에 측정기나 지그로 계측할

수 없는 관능검사항목을 파악한다.

(ⅱ) 사는 쪽과 파는 쪽의 관계 부문에서 검토한 다음 한도견본품을 결정한다.
- 한도견본품은 내용 품질적인 문제, 수율 등을 고려하여 결정한다.
- 한 가지의 한도견본만으로는 판정하기 어려우므로, 적합품 견본과 반드시 불합격시켜야 할 부적합품 견본도 작성한다.
- 부적합품 항목마다 작성한다.

(ⅲ) 한도 견본품을 작성한다.
- 한도견본을 최소한 3개(관리자·발행자·검사 담당자용)는 제작하여야 한다.
- 한도견본에는 적용품목, 관리번호, 유효기간, 최종승인자 날인, 관리책임자 날인 및 필요 시 문장으로 보충사항을 설명한다.
- 한도견본에 따라 검사한다.
- 보존용은 변색 등에 주의하면서 등록·보존시킨다.
- 정기적으로 검토하여 판정기준의 변경, 유효 기한이 넘은 것에 대해서는 반드시 검토하고 개정한다.

관능검사는 산업전반에 걸쳐 실시되고 있으며, 일반적으로 많은 품질특성을 평가해야 하는 제품에 사용된다. 많은 특성으로 분할해서 각 특성을 측정값으로 나타내도 표현은 할 수 있지만 특성의 중요도에 따라 전체를 평가하여야 하며, 오히려 관능적으로 직감에 의한 방법이 실제적일 수 있다. 예를 들면, 플라스틱, 도금, 금속가공제품 등의 표면 흠은 흠의 깊이, 길이, 너비, 빛깔, 개수 등의 많은 항목의 특성을 판정하거나, 종이나 천의 주름, 도장의 요철(凹凸), 버터의 풍미 등 많은 항목을 한 번에 검사해서 판정하는 것은 관능검사의 커다란 장점이라 할 수 있다.

또한 냄새나 소리 등의 경우, 측정기로써 얻은 데이터보다도 인간의 감각으로 판정하는 편이 보다 실질적인 경우가 있다. 예를 들면, 같은 70데시벨의 음이라도 혐오감을 느끼게 하는 음과 그렇게 느끼지 않는 음이 있기 때문에 기계공장의 소음 등은 관능검사 쪽이 사람에게 주는 영향을 실질적일 수 있다. 또 사람의 오감 중 둘 이상을 사용하여 판단하지 않으면 안 되는 것(예를 들면, 은행이나 상점의 접객 매너, 생선의 신선도, 자동차의 승차감, 냄새, 맛 등)들이 관능검사의 영역이라고 할 수 있다. 하지만 관능검사의 한계도 있다.

관능검사의 문제점은 다음과 같다.

(i) 치우침(기기의 차이)과 산포

(ii) 판단의 변화

(iii) 다른 요소에 의해 영향 받기 쉬움

(3) 검사장소에 의한 분류

1) 정위치 검사

물품을 측정기가 있는 장소로 이동시켜 실시하는 검사를 말한다.

2) 순회검사

측정기를 물품이 있는 장소(공정)로 가지고 가서 실시하는 검사를 말한다.

3) 출장검사(입회검사)

외주업체나 타공정에 나가서 타책임자의 입회하에 실시하는 검사를 말한다.

(4) 검사의 방법(판정대상)에 의한 종류

1) 전수검사

전수검사란 검사를 위하여 제출된 제품 한 개 한 개에 대하여 시험 또는 측정하여 그 결과를 판정기준과 비교하여 적합품과 부적합품으로 분류하고, 적합품만을 합격으로 하는 검사를 말한다. 따라서 전수검사는 다른 검사에 비하여 비용이 많이 들고, 시간이 많이 걸리며, 검사개수나 검사항목이 증가하면 선별의 오류가 증가하는 등의 문제점이 많다. 예를 들면, 인쇄물의 오탈자가 있는데 2회 또는 3회의 교정을 하여도 완전을 기할 수 없듯이 부적합품을 완전히 제거하기 위해서는 많은 비용과 노력이 필요하다. 최근에는 검사의 자동화가 각 기업에서 개발되어 중요한 특성이나 성능에 대하여는 전수 선별에 의해 빠르고 경제적으로 검사가 이루어지고 있다.

전수검사를 필요로 하는 경우는 다음과 같다.

(i) 전수검사에 의하지 않고는 부적합품을 제거할 수 없을 경우

제조공정이 안정되지 않아 물품에 부적합품이 다수 섞여 있어 로트를 층별하여도 부적합품률을 줄일 수 없을 경우

(ii) **전수검사가 용이하고 또한 그것이 경제적일 경우**

전구시험과 같이 검사비용이 별로 들지 않고, 보증이 가능한 경우

(iii) **전수검사에 의하지 않고는 부적합품을 제거할 수 없을 경우**

고압 보일러의 내압 검사와 같이 경우에 따라서는 인명 피해나 안전·환경 등에 영향을 주는 것은 부적합품을 제거하기 위하여 전수검사가 필요하다.

(iv) **제품 하나 하나가 적합품이 아니면 안 될 경우**

일용 소비재와 같은 것으로 제품에 대하여 성능적인 보증이 필요한 경우

전수검사를 할 때 주의해야 할 사항은 다음과 같다.

전수검사는 검사개수가 전수이므로 물품의 품질특성 모두를 전수검사하는 경우는 별로 없다. 품질 특성 중에 불안정하고 부적합이 많은 특성, 경제적으로 검사할 수 있는 특성, 치명적·중대한 영향이 있는 특성에 대하여는 충분한 보증이 가능하도록 전수검사가 필요하다. 그러나 한정된 인원으로 검사할 경우에 1인당 검사항목이나 검사개수가 증가하면 부득이 검사시간을 단축하든가 또는 검사항목을 줄이는 등의 수단을 강구하여야 한다. 그러나 그 결과로 제품의 품질보증이 저하되는 등의 경우가 발생할 수 있으므로 주의하여야 한다. 전수검사의 문제로 이런 경우가 생기지 않도록 검사항목, 검사대상, 검사방법 등을 적절하게 정하는 동시에 전수검사의 합격품에 대해서는 100% 품질보증이 가능하도록 계획하고 관리하여야 한다. 검사의 실수방지 방법으로 전수검사가 필요한 곳에 샘플링검사를 생각해서는 안 되며, 전수검사 시에도 정확한 전수검사가 실시되어야 한다. 아무리 전수검사를 몇 번 반복하여 실시한다고 해도 실수가 있을 수 있다는 것도 잊어서는 안 된다.

2) 샘플링검사

제품의 로트에서 취한 샘플을 조사하여 그 결과를 판정기준과 비교하여 로트의 합격·불합격을 결정하는 검사를 말한다.

3) 체크검사

제조의 공정관리 또는 기계의 조정 등을 위하여 소수의 샘플을 채취하여 체크하고, 작업상태 등 가부를 확인하기 위한 것으로 관리 샘플링검사라고도 한다. 예를 들면 작업 조정시의 초품검사, 정기적 순회점검 검사 등을 말한다.

4 검사와 품질보증

품질보증이란 소비자가 안심하고 제품을 살 수 있고, 그것을 만족스럽게 오랫동안 사용할 수 있다는 신뢰를 주는 것이다. 즉 소비자가 안심하고 사용할 수 있고, 또 살 수 있는 제품을 만들어 팔 것을 약속하는 일이라고 할 수 있다.

이와 같은 품질보증은 검사부문에서만 실시할 수 있는 것이 아니라, 설계부문, 제조 부문에서 품질을 만들어 가는 활동을 실시하지 않으면 안 되는 것이다. 그러나 전 공정의 공정능력이 부족할 때 등 품질 확보가 충분하지 않을 경우에는 검사를 확실히 실시 하지 않으면 안 된다. 즉 품질보증이란 영업부문, 설계부문, 제조부문, 구매부문, 검사부 문 등 전사적으로 실시되어야 하는 것이며, 검사부문에 있어서 품질보증의 역할은 검사 부문 이외의 부문에 있어 품질에 대한 의구심을 없애는 것이라 할 수 있다.

5 검사계획

검사계획에 있어서는

(i) 소비자 또는 후 공정이 요구하는 품질정보
(ii) 전 공정의 품질에 대한 각종 정보
(iii) 검사할 비용 또는 부적합품의 출하에 따른 비용
(iv) 품질을 조사할 측정, 시험에 관한 정보
(v) 그 밖의 제품에 대한 각종 기술적 정보 등 각종 정보를 수집하여, 이러한 기초

로 실시하는 것이 중요하다. 그 밖에도 어떠한 검사를 실시할 것인가, 어떠한 품질특성을 검사할 것인가, 언제, 어디서, 누가 검사할 것인가 등에 대해 결정해야 한다.

(1) 어떠한 검사를 실시할 것인가

1) 전수검사, 샘플링검사, 무검사의 선택

어떠한 검사를 실시할 것인가를 결정하기 위해서는 경제성에 대한 문제 검토와 품질면에 대한 검토 두 가지가 있다.

① 경제성면에서의 검토

소비자에게 만족스런 품질의 제품을 공급하기 위해서는 생산하는 여러 단계에서 품질검사를 실시하여야 한다. 실제 생산현장에서는 원자재 또는 반제품에 대하여 적합성을 검사하는 인수(수입)검사, 제품을 생산하는 도중 부적합품이 다음 공정으로 이동하는 것을 방지하기 위한 중간검사(공정검사), 또한 완제품을 출하하기 전에 출하여부를 결정하는 출하검사 등 여러 단계에서 검사를 실시하게 된다. 제품의 품질을 검사하는 방법으로는 전수검사와 샘플링검사 방법이 있고, 또한 검사를 전혀 실시하지 않는 무검사도 하나의 대안이 될 수 있다. 여기서는 먼저 검사를 실시할 것인가 아니면 검사하지 않고 제품을 출하할 것인가에 대한 문제부터 설명하기로 한다. 예를 들면, 부적합품률이 P인 공정으로부터 생산된 N개의 제품을 검사하는 경우 단위제품당 검사비용이 A원이고, 부적합품으로 인한 손실비용이 B원이라면 전수검사의 검사비용$=AN$원, 무검사의 손실비용$=BPN$원이므로, $AN<BPN$이면 전수검사를 실시하고 그렇지 않으면 검사를 하지 않는다. 또한 두 방법의 비용을 동일하게 하는 임계 부적합품률 P_b는 $AN=B\times P_b\times N$으로부터 $P_b=A/B$가 된다. 따라서 로트의 부적합품률 P가 $P>P_b$이면 전수검사를 실시하고, 그렇지 않으면 검사를 실시하지 않는 것이 경제적이다.

[예제] 크기가 1,500개인 어떤 로트에 대해서 전수검사시 개당 검사비는 10원이고, 무검사로 인하여 부적합품이 혼입됨으로서 발생하는 손실은 개당 200원이

> 다. 이때 임계 부적합품률(P_b)은 얼마이며, 로트의 부적합품률이 3%라고 할
> 때 어떤 검사를 하는 편이 이익인가?
>
> [풀이] $P_b = \dfrac{A}{B} = \dfrac{10}{200} = 5\%$이고, $P_b > P$이므로 무검사가 유리하다.

② 품질면에서의 검토

검사의 목적은 소비자 또는 다음 공정에 대해 품질을 보증하는 일이다. 이러한 의미에서 검사는 전수검사를 실시해야 하지만 파괴검사 등 검사의 성질에 따라 전수검사를 실시할 수 없는 경우나 전수검사를 실시하는 것이 경제적으로 불리한 경우가 있다.

품질을 보증하기 위해서는 제품의 설계에서부터 시험 제작, 제조에 이르기까지의 각 단계에서, 목표로 하는 품질을 만들어 가는 일이 필요하다. 또 완성된 제품을 검사하여 그 품질수준이 목표대로 충족되었는지 아닌지를 확인하여 부적합품을 제거하는 일도 대단히 중요하다.

(i) 공정능력이 불충분하여 부적합품률이 요구되는 품질수준보다 크거나, 또 소수의 부적합품이라도 그대로 간과하게 되면 중대한 결과를 초래할 위험이 있을 때는 전수검사를 실시할 필요가 있다.

(ii) 공정능력이 충분하여 부적합품이 거의 나오지 않는다는 것이 확실하다면, 무검사로 끝내는 경우도 많다.

(iii) 어느 정도의 부적합품 혼입이 허락되는 경우에, 공정이 다소 불안정하여 가끔 품질이 나쁜 로트가 나오거나, 거래 등에서 로트의 품질에 관한 정보가 불충분한 때에는 샘플링검사로 로트의 합격, 불합격을 판정해야 한다.

전수검사, 무검사, 샘플링검사의 특징과 주의해야 할 사항 등은 다음과 같지만, 그 중 어느 것을 선택할 것인가는 검사항목별로 검토하면 된다.

가. 전수검사는 일반적으로 다음과 같은 경우에 적용된다.

(i) 공정상태로 보아 부적합품률이 크고, 미리 정한 품질수준에 도달하지 못할 때

(ii) 부적합품을 간과하면 인명 사고 위험이 있거나, 또는 후 공정이나 소비자에게

중대한 손실을 줄 때

(iii) 검사비용에 비해 얻을 수 있는 효과가 클 때, 예를 들면, 통과 정지 게이지나 자동 검사기 등을 사용하여 능률적이고도 안정된 정밀도로 시험, 측정을 할 수 있을 때

전수검사에도 문제가 없는 것은 아니다. 일반적으로 시간이나 경비가 많이 들 뿐만 아니라 비파괴 검사항목에 대해서만 실시할 수 있다. 또, 전수검사일지라도 제품이 갖고 있는 품질특성 항목 전부를 조사하는 경우는 쉽지 않으며, 일반적으로 품질특성에 대해서만 실시하므로, 전수검사를 했다고 해서 모든 부적합품이 제거된다고 볼 수 없다.

전수검사는 한정된 기간으로 다수의 제품을 조사하기 때문에 검사 실수도 일어나기 쉬우므로, 가능한 한 지그를 사용하거나 자동화하는 등 검사 작업의 합리화와 관리에 대한 충실을 꾀하는 것이 무엇보다 중요하다.

나. 무검사는 일반적으로 다음과 같은 경우에 적용된다.

(i) 제조공정이 관리상태에서 부적합품이 없이 그대로 다음 공정으로 옮겨도 문제가 없을 때

(ii) 품질보증 표시가 있는 제품으로 과거에 문제가 없을 때

(iii) 장기간에 걸친 검사 효과가 좋으며 사용 실적도 양호한 제품으로, 과거에 문제가 없을 때

무검사, 간접검사를 채용하고 있을 때에는 제조공정이 변경되는 것에 대한 정보를 알 수 없고, 품질에 대한 정보를 얻을 수 없으며, 이상이 발생했을 때 조치를 취하기 어렵다는 등의 문제가 있다. 이를 해결하기 위해 정기적으로 품질감사 등을 통해 품질에 관한 정보를 적절히 파악해 두어야 한다.

다. 샘플링검사는 일반적으로 어느 정도의 부적합품 혼입이 허용될 때 가능하며, 다음과 같은 경우에 적용된다.

(i) 파괴검사 등 전수검사를 할 수 없을 때

(ii) 간헐적인 거래 등으로 로트의 품질에 대한 사전 정보가 부족할 때

(iii) 품질수준은 반드시 만족스럽지 않으나 전수검사를 필요로 할 정도는 아니며, 좋지 않은 로트만큼은 전수 선별하는 등의 방법으로 평균 품질을 개선하고 있

을 때

(ⅳ) 검사의 성적에 따라 공급자를 차별 선택하고 싶은 경우로, 로트별 품질이 변동될 때, 또 로트 수가 아직 적어 간접 검사로 이행하기에는 불충분할 때

샘플링검사는 전수검사에 비하여 시험하는 검사단위의 수가 적어도 되므로, 많은 품질특성에 대해 시험할 수 있다. 그러나 동일 품질 로트일지라도 합격이 되거나 불합격이 되거나 한다. 또, 매우 작은 부적합품률인 경우에는 부적합품의 검출이 곤란해지는 등의 문제가 있으므로 주의해야 한다.

2) 샘플링검사의 종류 선택

① 계수 샘플링검사인가, 계량 샘플링검사인가

샘플링검사란 로트에서 미리 정해진 샘플링검사 방식에 따라 샘플을 채취하여 시험하고, 그 결과를 로트의 판정기준과 비교하여 그 로트의 합격, 불합격을 판정하는 검사를 말한다. 즉 샘플링검사란 로트(제품의 집단)에서 일부의 샘플을 채취하여 그 샘플에 대해 시험하며, 얻어진 데이터로 합격, 불합격을 판정하는 것이다.

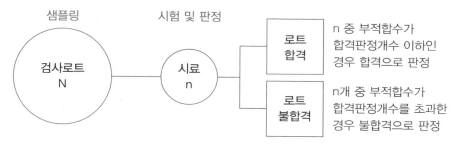

그림 3.2 샘플링검사의 개념도

샘플링검사는 계수 샘플링검사와 계량 샘플링검사로 나눌 수 있다. 계수 샘플링검사는 샘플을 시험하여 샘플을 적합품과 부적합품으로 나누고, 부적합품 수를 세거나 샘플의 결점 수를 세어서 미리 정해 둔 판정개수와 비교하여 그 로트의 합격, 불합격을 판정하는 검사이며, 계량 샘플링검사는 샘플을 시험하여 그 결과인 계량값의 데이터로부터 평균과 표준편차를 계산하고, 미리 정해진 판정값과 비교하여 그 로트의 합격, 불합격을

판정하는 것이다.

일반적으로 계수 샘플링검사는 실시가 간단하므로 폭넓게 활용되고 있다. 특히 계량 샘플링검사는 정규분포를 가정하고 있으므로, 품질특성이 정규분포에서 벗어나는 경우에는 사용할 수 없다.

샘플링 검사가 필요한 경우는 다음과 같다.

(i) 파괴 검사의 경우: 재료의 인장강도 시험, 수명 시험 등
(ii) 연속체나 대량 제품: 석탄, 전선, 가솔린, 볼트·너트, 면사 등

샘플링검사가 전수검사보다 유리한 경우는 다음과 같다.

(i) 다수 다량의 것으로 어느 정도 부적합품이 섞여도 괜찮은 경우이다.
(ii) 기술적으로 보아 개별 검사가 무의미한 경우로 프레스 부품, 구조품, 성형품 등에서 볼 수 있다.
(iii) 불완전한 전수 검사에 비해 신뢰성이 높은 결과를 얻을 수 있는 경우로 검사 수량과 검사 항목이 많을 경우에는 일반적으로 샘플링 검사 쪽이 신뢰성이 높다.
(iv) 검사비용을 적게 하는 편이 이익이 되는 경우로 단위당 검사비용과 부적합품으로 인한 손실비용의 합이 전수검사의 경우보다 적을 때 유리하다.
(v) 생산자나 납품업자에게 품질향상의 자극을 주고 싶을 경우로, 전수검사 때에는 부적합품에 대해서만 조치가 취해지지만 샘플링검사 때에는 로트단위로 합·부가 판정되므로 그 영향이 커진다.

샘플링검사의 실시 조건은 다음과 같다.

(i) **검사 대상 제품이 로트로써 처리될 수 있어야 한다.**
샘플링검사는 로트의 처리를 결정하는 행동이지 로트 내 개개의 제품을 개별적으로 처리하는 것은 아니기 때문이다.
(ii) **합격된 로트 속에도 어느 정도의 부적합품이 섞여 들어가는 것을 허용해야 된다.**
합격된 로트는 일부 샘플로만 판정된 결과이므로 검사되지 않은 나머지 물품 중에 부적합품이 전혀 없다고는 할 수 없기 때문이다.
(iii) **로트로부터 샘플을 랜덤하게 샘플링할 수 있어야 한다.**

샘플링검사는 샘플을 랜덤하게 채취하는 것을 기본 조건으로 하므로 그렇지 않으면 적용이 곤란하기 때문에 샘플 채취가 랜덤하게 될 수 있도록 기술적 조치를 강구해야 한다.

(ⅳ) 품질기준이 명확하게 정해져 있어야 한다. 즉, 객관적이고 명확한 판정기준이 제시되어야 한다.

(ⅴ) 계량 샘플링검사에서는 로트의 품질특성값의 분포가 대략 정규분포를 따라야 한다.

② 샘플링검사의 형태 선택

샘플링검사의 형태는 규준형과 조정형으로 나눌 수 있다. 규준형은 목전의 로트만을 정해진 기준대로 하는 샘플링검사이고, 조정형은 엄격도 조정을 통해 수월하게 하거나 까다롭게 하는 샘플링검사이다.

규준형과 조정형의 특징을 정리하면 다음 〈표 3.4〉와 같다.

표 3.4 규준형과 조정형의 특징

규준형	조정형
원칙으로 목전의 로트만을 대상으로 하며, 로트 그 자체의 합격, 불합격을 결정하는 것을 특징으로 한다. 생산자에 대한 보호(α=0.05)와 소비자에 대한 보호(β=0.10)를 규정해서 양쪽을 만족하도록 되어 있는 것이 특징이다. [보기] KS Q ISO 0001-1 계수 규준형 1회 샘플링검사 KS Q ISO 0001-2 계량 규준형 1회 샘플링검사	소비자가 샘플링 검사를 수월하게 하거나, 까다롭게 하거나를 조정하는 것, 즉 엄격도(수월한 검사, 까다로운 검사, 보통검사)를 조정하는 것을 특징으로 한다. 일반적으로 합격으로 하고 싶은 최저한의 로트 AQL(합격품질수준)을 정하고, 이 수준보다 좋은 품질의 로트를 제출하면 다 합격시킬 것을 생산자에게 보증한다. [보기] KS Q ISO 2859-1 AQL 지표형 샘플링검사 방식 KS Q ISO 3951-1,2 계량형 샘플링검사 절차

주요 샘플링검사 표준목록을 정리하면 〈표 3.5〉와 같다.

표 3.5 주요 샘플링검사 표준목록

종류	형식	샘플링 검사의 명칭 및 표준번호		보증 품질	비고	이론적 근거
계수형 샘플링 검사	1회	계수 규준형 1회 샘플링 검사	KS Q 0001-1	p_0, p_1	부적합수의 경우	초기하 분포/ 이항 분포/ 포아송 분포
	축차	계수 규준형 축차샘플링 검사	KS Q ISO 8422	p_0, p_1		
	1회 2회 다회	연속로트에 대한 AQL 지표형	KS Q ISO 2859-1	AQL		
		고립로트에 대한 LQ 지표형	KS Q ISO 2859-2	LQ		
		스킵로트	KS Q ISO 2859-3	AQL		
		선언 품질수준의 평가	KS Q ISO 2859-4	DQL		
		로트별 합격품질한계(AQL) 지표형 축차샘플링 검사 방 식의 시스템	KS Q ISO 2859-5	AQL		
계량형 샘플링 검사	1회	계량 규준형 1회 샘플링검사	KS Q 0001-2	p_0, p_1	표준편차를 모를 때, 상한 또는 하한 규격 한쪽만 규정된 경우	정규 분포
	1회	계량 규준형 1회 샘플링검사	KS Q 0001-3	p_0, p_1 또는 m_0, m_1	표준편차를 알고 있을 때	
	축차	계량치 축차 샘플링검사	KS Q ISO 8423	p_A, p_R		
	1회	제1부: 단일 품질특성 및 단 일 AQL에 대한 로트별 검사 를 위한 합격품질한계(AQL) 지표형 1회 샘플링검사 규격	KS Q 3951-1	AQL		
	1회	제2부: 독립 품질특성의 로 트별 검사를 위한 합격품질 한계(AQL) 지표형 1회 샘플 링검사 규격	KS Q 3951-2	AQL		
	2회	제3부: 로트별 검사를 위한 합격품질한계(AQL) 지표형 2회 샘플링검사 스킴	KS Q 3951-3	AQL		

본 도서에서는 전 세계적으로 가장 많이 활용되고 있는 KS Q ISO 2859-1과 KS Q 3951-1 및 KS Q 3951-2에 대한 활용방법을 제시한다.

KS Q ISO 2859-제1부는 합격품질수준(AQL), 검사수준(통상검사수준: Ⅰ, Ⅱ, Ⅲ, 특별검사수준: S-1, S-2, S-3, S-4), 검사의 엄격도(보통 검사, 까다로운 검사, 수월한 검사), 샘플링형식(1회, 2회, 다회), 로트(N)의 크기를 정하여, 이 표준에 규정된 샘플문자표 및 주샘플링표를 보고 샘플의 크기 n과 합격판정개수 A_c와 불합격판정개수 R_e를 구하고 설계된 n을 샘플링을 하고 시험하여 시험결과가 A_c 조건에 해당되면 로트를 합격, R_e 조건에 해당되면 로트를 불합격으로 판정하는 계수 조정형 샘플링검사 방식이다.

3951 제1부 및 제2부는 로트(N)의 크기, 합격품질수준(AQL), 검사수준(일반검사수준: Ⅰ, Ⅱ, Ⅲ, 특별검사수준: S-1, S-2, S-3, S-4), 검사의 엄격도(보통 검사, 까다로운 검사, 수월한 검사)를 정하고, 이 표준에 규정된 샘플문자와 검사수준(표 A.1) 및 샘플문자와 검사방식에 대한 샘플크기(표 A.2)에서 결정된 샘플을 채취하여 샘플의 평균과 표준편차를 바탕으로 품질통계량을 계산하고, 이 값과 기준이 되는 합격판정계수 k와 비교하여 로트 합격·불합격을 판정하거나 규격을 벗어나는 비율(로트 부적합품률)을 추정하고, 이 값과 기준이 되는 합격판정 부적합품률 p^*와 비교하여 로트 합격·불합격을 판정하는 계량 조정형 샘플링검사 절차이다.

이 표준은 KS Q ISO 2859-제1부에 보충하여 사용할 수 있다.

③ 샘플링검사의 형식 선택

샘플링검사의 형식에는 1회, 2회 및 다회가 있다.

가. 1회 샘플링 검사

로트로부터 시료를 1회 샘플링을 하여 이 시험결과로서 로트의 합격·불합격을 결정하는 방식이다.

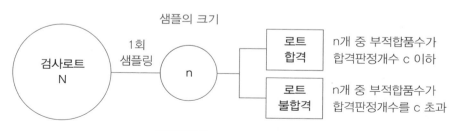

그림 3.3 1회 샘플링 검사

나. 2회 샘플링 검사

제1회째로 정한 시료를 조사하여 합격·불합격·보류의 3가지 판정을 하고, 만약 보류가 된 경우에는 제2회째로 정한 시료를 조사하고 제1회째의 조사 결과에 누계하여 그 결과에 따라 로트의 합격·불합격을 정하는 검사방식이다. 예를 들면, 로트 크기가 1,000개인 검사 로트로부터 제1회째에 50개의 시료를 샘플링하여 검사할 때, 시료중에 부적합품이 1개 이하이면 그 로트를 합격시키고, 3개 이상이면 그 로트를 불합격시킨다. 그러나 제1회째 샘플 중 부적합품이 2개인 경우에는 다시 제 2회째 샘플로 50개를 랜덤샘플링하여 검사한다. 제1, 2회째의 시료를 누계한 100개 중 부적합품이 4개 이하이면 그 로트를 합격시키고, 5개 이상이면 그 로트를 불합격시킨다.

표 3.6 2회 샘플링 검사

시 료	시료의 크기 n	시료 크기의 누계	합격판정개수 A_c	불합격판정개수 R_e
제1시료	50	50	1	3
제2시료	50	100	4	5

다. 다회 샘플링 검사

제1회 시료에서 판정이 내려지지 않을 때에는 다시 제2회 또는 제3회 이상의 시료를 샘플링을 하여 판정기준과 비교하여 판정하는 것을 다회 샘플링검사라고 한다.

표 3.7 다회 샘플링 검사

시 료	시료의 크기 n	시료 크기의 누계	합격판정개수 A_c	불합격판정개수 R_e
제1시료	50	50	#	2
제2시료	50	100	0	3
제3시료	50	150	0	3
제4시료	50	200	1	3
제5시료	50	250	3	4

* # 표는 제1시료의 결과만으로 합격판정을 내릴 수 없다.

　　1회, 2회 및 다회 샘플링 방식이 사용 가능할 때에 어느 것을 사용하는 가는 통상은 관리상의 곤란함과 사용 가능한 샘플링 방식의 평균 검사 개수와의 비교에 기초하여 결정한다. 관리상의 곤란함과 아이템당의 비용에 대해서는 통상 1회 샘플링 방식이 2회 및 다회 샘플링 방식보다 적다.

(2) 어떠한 품질특성을 검사할 것인가

1) 검사단위

　　검사단위란 제품을 적합품, 부적합품으로 구분할 수 있는 최소 단위이다. 예를 들면 1개의 나사, 1자루의 연필, 1개의 전구는 검사단위이다.
　　연속체, 분체, 액체의 검사 단위는 일정한 길이, 양, 용적을 검사단위로 한다. 예를 들면 1코일의 전선, 50kg 포장의 시멘트, 1통의 기름 등이다.

2) 검사항목

　　검사에서는 요구되는 품질특성에 대해 검사를 실시하지만, 요구되는 품질특성을 모두 검사하기란 불가능하므로, 품질특성 중에서 중요한 특성을 찾아내어 검사해야 할 품질특성, 즉 검사항목을 선정하게 된다.
　　검사항목을 선정할 때 다음의 조건을 검토해야 한다.

(i) 고객이 요구하고 있는 품질특성 또는 그 대용 특성일 것
(ii) 구체적인 시험, 측정 등 비교수단이 있을 것
(iii) 그 결과로부터 적합, 부적합 등의 판정이 객관적으로 가능하며, 보편성, 재현성이 있을 것
(iv) 필요한 시험·측정기 및 인원을 확보할 수 있을 것
(v) 소정의 기간 내에 검사가 종료될 것

　　일반적으로 검사항목이 다수 있을 때에는 각 검사항목을 그 중요도에 따라 분류하고 있다. 분류방법으로는 결점 수에 따른 방법과 부적합품 수에 따른 방법이 있으며, 다음과 같이 분류하고 있다.

① 결함에 의한 경우

이 경우는 다음의 3가지로 나눈다.

(i) 치명결함
(ii) 중결함
(iii) 경결함

치명결함이란 제품의 기본적인 기능에 중대한 영향을 미칠 것으로 예상되는 결점을 말한다. 중결함은 치명결함은 아니지만, 동작이나 성능이 불충분한 경우 등 제품의 실용성을 저하시켜 소기의 목적을 달성하기가 곤란하다고 예상되는 결점이다.

경결함은 제품의 실용성 또는 유효 사용, 조작 등에는 거의 지장이 없다고 생각되는 결점을 말한다.

② 적합품, 부적합품의 구별에 의한 경우

이 경우는 일반적으로 다음과 같이 나눈다.

(i) 치명부적합품
(ii) 중부적합품
(iii) 경부적합품

치명결함이 있는 검사단위는 치명부적합품이다. 이와 마찬가지로 중결함이 있는 검사단위는 중부적합품, 경결함이 있는 검사단위는 경부적합품이다. 다만, 하나의 검사단위에 2개 이상의 결함이 있을 경우에는, 그 가운데 중요도가 높은 등급에 의해 분류된다.

(3) 언제, 어디서, 누가 검사할 것인가

• **언제, 어디서**

품질을 보증하기 위해 생산의 각 단계에서 검사가 이루어지고 있다. 각 단계에서 이루어지는 검사의 목적은 조금씩 다르다. 부적합품을 다음 공정으로 보내지 않는다는 입장이라면, 완제품에서 검사하기보다는 공정검사를 통해 중간 완성품에 대해 중점적으로 실시하는 것이 바람직하다.

• 누가

검사 부문에 종사하는 사람이 검사를 하는 경우와 작업자가 검사를 하는 경우가 있다. 작업자가 실시하는 검사(자주검사)는 자신들이 가공, 조립한 것에 대해 자신들 스스로가 실시하는 검사를 말한다. 자주검사는 가공, 검사를 함께 하며 일관된 작업으로 하기 때문에 작업자에게 성취감을 주고 품질 향상을 유도할 수 있다. 자주검사는 또 공정에 대한 처리의 신속화 등에 의해 서로 품질 수준의 향상, 품질보증의 충실을 꾀할 수 있다.

표 3.8 자주검사의 장단점

자주검사	
장점	① 좋은 제품을 만들었다는 보람 ② 작업방법과 작업결과의 관련성 이해 ③ 작업자가 생산량에만 의존하지 않음
단점	① 검사를 위한 작업중단으로 작업리듬이 깨짐 ② 검사방법 교육 ③ 검사원의 검사보다 부정확 ④ 검사기록을 취하기 어려움 ⑤ 검사기기가 많이 필요함에 따른 비용 증가 ⑥ 검사시간 만큼 과중한 노동 요구

6 계수 조정형 샘플링검사(KS Q ISO 2859)

(1) 개요

계수 조정형 샘플링검사(KS Q ISO 2859)의 주요 표준은 다음의 〈표 3.9〉와 같다.

표 3.9 계수 조정형 샘플링검사(KS Q ISO 2859)의 종류

KS Q ISO 2859-1 로트별 합격품질한계(AQL) 지표형 샘플링검사 스킴	KS Q ISO 2859-제1부는 합격품질수준(AQL), 검사수준(통상검사수준: Ⅰ, Ⅱ, Ⅲ, 특별검사수준: S-1, S-2, S-3, S-4), 검사의 엄격도(보통 검사, 까다로운 검사, 수월한 검사), 샘플링형식(1회, 2회, 다회), 로트(N)의 크기를 정하여, 이 표준에 규정된 샘플문자표 및 주샘플링표를 보고 샘플의 크기 n과 합격판정개수 A_c와 불합격판정개수 R_e를 구하고 설계된 n을 샘플링을 하고 시험하여

	시험결과가 A_c 조건에 해당되면 로트를 합격, R_e 조건에 해당되면 로트를 불합격으로 판정하는 계수 조정형 샘플링검사 방식이다.
KS Q ISO 2859-2 고립로트의 검사에 대한 LQ 지표형 샘플링검사 방식	KS Q ISO 2859-제2부는 주어진 로트(N)의 크기와 한계품질(LQ) 하에서 샘플크기 n과 합격판정개수 A_c를 구하고 n을 시험하여 A_c 조건에 해당하면 합격으로 판정하는 샘플링검사이다.
KS Q ISO 2859-3 스킵 로트 샘플링 검사 절차	KS Q ISO 2859-제3부는 공급자가 모든 면에서 그 품질을 효과적으로 관리하는 능력이 있음을 실증하고 요구조건에 합치하는 로트를 계속적으로 생산하는 경우에 적용할 수 있으며, 제출된 로트 중에서 일부를 검사없이 통과시키는 계수형 샘플링검사 방식이다.
KS Q ISO 2859-4 선언 품질 수준의 평가에 대한 절차	KS Q ISO 2859-제4부는 검사대상의 선언품질수준(DQL)과 한도품질비율(LQR)를 결정하고, 이 표준에서 규정한 표를 참조하여 샘플크기 n과 한계계수(L)을 구하여 부적합수가 한계계수(L)보다 작거나 같다면 선언품질수준(DQL)을 부정하지 않는 샘플링검사이다.
KS Q ISO 2859-5 로트별 합격품질한계(AQL) 지표형 축차 샘플링검사 방식의 시스템	KS Q ISO 2859-제5부는 로트(N)의 크기, 합격품질수준(AQL), 검사수준(일반검사수준: Ⅰ, Ⅱ, Ⅲ, 특별검사수준: S-3, S-4), 검사의 엄격도(보통 검사, 까다로운 검사, 수월한 검사)를 결정하고, 이 표준에 규정된 샘플의 크기와 문자표에서 구한 관련 값을 바탕으로 합격판정치와 불합격판정치를 구하여 누적부적합수(D)를 구하고 판정기준과 비교하여 로트를 합격, 불합격으로 판정하는 조정형 샘플링검사이다.

본 도서에서는 KS Q ISO 2859-제1부에 대하여 소개한다. KS Q ISO 2859-1 계수 샘플링검사는 거의 모든 나라에서 표준으로 채택하고 있는 샘플링검사로, 군수품 구입에서와 같이 다수의 공급자로부터 연속적이고 대량으로 제품을 구입하는 경우, 좋은 품질의 제품을 공급하는 공급자에게는 보다 수월한 샘플링검사를 적용하여 품질향상에 대한 의욕을 고취시키고, 나쁜 품질의 제품을 공급하는 공급자에게는 보다 까다로운 검사를 적용하여 로트의 합격을 어렵게 함으로써 품질향상을 유도하는 샘플링검사 방법이다.

(2) 검사절차

KS Q ISO 2859-1의 검사절차는 다음과 같다.

순서	검사절차
1	품질기준을 정한다.
2	AQL(합격품질수준 또는 합격품질한계)을 설정한다.
3	검사수준을 정한다.
4	검사의 엄격도를 정한다.
5	샘플링 검사 형식을 정한다.
6	검사 로트의 구성 및 크기를 정한다.
7	샘플링(검사)방식을 구한다.
8	검사로트로부터 7)에서 구한 샘플의 크기를 채취한다.
9	샘플을 조사한다.
10	검사 로트의 합부판정을 한다.
11	검사결과를 기록한다.

1) 품질기준(판정기준) 설정

제품을 규정된 방법에 따라 시료를 시험하고 그 결과를 품질기준(판정기준)과 비교하여 개개의 제품에 대해서는 적합·부적합으로, 로트에 대해서는 합격·불합격 판정을 내리기 위해서는 보기의 〈표 3-10〉과 같이 제품의 품질특성별로 성능접근법에 따라 품질기준(판정기준)을 명확하게 설정하여야 한다. 제품의 품질특성은 중요도에 따라 치명결함항목, 중결함항목, 경결함항목으로 구분하거나 중부적합, 경부적합으로 구분할 수 있다. 이는 AQL을 정하는 데 중요한 역할을 한다. 다음의 보기는 품질기준(판정기준) 설정 사례이다.

보 기

표 3.10 품질기준(판정기준)

품질특성	성능 요구사항	결함 구분
1. 겉모양	잡석, 나무뿌리 등의 사용상 해로운 이물질이 없어야 하고, 황색, 흑색 등의 고유한 색상을 지니고 있어야 한다.	중결함
2. 입 도	표준체(NO7) 통과량 95% 이상이어야 한다.	중결함
3. 함수율	20% 이하여야 한다.	경결함
4. 소성수축률	7%에서 13% 이내여야 한다.	경결함
5. 화학성분	SiO_2: 50%에서 75%, Al_2O_3: 10%에서 35%, Fe_2O_3: 10.0% 이하, CaO: 3.0% 이하, MgO: 2.0% 이하	치명결함

2) AQL 설정

합격품질수준(AQL, acceptable quality level)은 부적합품률의 허용 상한을 의미한다. 예를 들면, AQL이 1%이라면 1% 이상의 부적합품률의 로트는 받아들이지 않겠다는 의미이다. AQL(합격품질수준)은 0.010부터 1,000까지 26단계가 있으며, AQL이 10 이하일 때는 부적합품률에만 사용한다. AQL이 10을 초과할 때는 100아이템당 부적합수에만 사용된다.

구조가 간단한 부품 등에서는 전 부적합항목에 대하여 일괄해서 AQL을 지정할 수 있으며, 보통의 제품에 대해서는 결점 또는 부적합품의 각 계급별(예를 들면, 치명결함항목, 중결함항목, 경결함항목별)로 AQL을 설정할 수 있다. 그러나 파괴 검사항목 등에는 검사수준에 적합하도록 AQL을 선택하여야 한다.

합격품질수준(AQL)을 선정할 때 주의할 사항은 희망품질과 달성 가능한 품질간의 균형을 고려하여 요구품질에 맞추거나, 부적합의 등급에 따르거나 공정평균에 근거를 두어 정하는 것이 좋다. 그렇지만 공급자와 협의하여 합격품질수준(AQL)값을 계속적으로 검토하여야 할 필요도 있음을 유의하여야 한다. AQL의 품질의 로트가 합격하는 확률은, 1회 샘플링, 보통검사로는 최저 0.874부터 최고 0.994까지의 범위 안에 있다.

다음의 **보기 1**과 **보기 2**는 미국 육군 및 해군이 합격품질수준(AQL)을 설정하는 기준이다.

보기 1   미 해군에서는 치명결함항목 0.1, 중결함항목 0.25, 경결함항목 2.5와 같이 일률적으로 합격품질수준(AQL)을 설정한다.

보기 2   검사항목의 수가 많은 경우에는, 하나밖에 없는 경우보다 AQL을 다소 수월하게 해야 한다. 미국 육군에서는 검사항목이 많을 경우, 다음과 같은 기준으로 합격품질수준(AQL)을 설정한다.

표 3.11 미 육군 합격품질수준(AQL) 지정기준

중부적합품		경부적합품	
검사항목의 수	AQL(%)	검사항목의 수	AQL(%)
1~2	0.25	1	0.65
3~4	0.40	2	1.0

중부적합품		경부적합품	
검사항목의 수	AQL(%)	검사항목의 수	AQL(%)
5~7	0.65		
8~11	1.0	3~4	1.5
12~19	1.5	5~7	2.5
20~28	2.5	8~18	4.0
29 이상	4.0	19 이상	6.5

3) 검사수준 결정

일반적 용도의 통상검사수준에는 Ⅰ, Ⅱ, Ⅲ 3종류의 검사수준이 있는데 특별한 지정이 없으면 수준 Ⅱ를 사용한다. 검사수준은 샘플의 상대적인 크기를 의미한다. 통상검사수준 Ⅰ, Ⅱ, Ⅲ간의 샘플의 크기 비율은 대략 0.4 : 1 : 1.6으로 되어 있다.

한편 파괴검사나 비용이 많이 드는 검사(고가품)에는 특별검사수준을 사용한다. 특별검사수준은 S-1, S-2, S-3, S-4의 4종류의 수준이 있다.

검사수준을 결정하는 일반적인 방법은 다음과 같다.

- 제품구조의 복잡성과 원가: 구조가 단순하고 값싼 제품은 검사수준이 낮아도 된다.
- 검사비용: 제품원가에 비해 검사비용이 싸면 높은 검사수준을 적용한다.
- 파괴검사: 낮은 검사수준(특별검사수준, S-1, S-2, S-3, S-4)을 적용한다.
- AQL의 보증: AQL보다 나쁜 품질의 로트를 합격시키지 않으려고 한다면 높은 검사수준을 적용한다.
- 생산의 안정: 단속적인 생산보다 연속적인 생산에는 비교적 낮은 검사수준을 적용하며, 신제품인 경우에는 높은 검사수준을 적용한다.
- 로트간 산포: 로트간 산포가 작고 언제나 합격하고 있는 경우에는 낮은 검사수준을 적용한다.
- 로트 내의 품질산포: 로트내의 품질의 산포가 기준의 폭에 비하여 작으면 낮은 검사수준을 적용한다.

4) 검사의 엄격도 결정

보통 검사, 까다로운 검사, 수월한 검사 중에서 어느 것을 적용할 것인가를 정한다.

이는 좋은 품질의 제품을 공급하는 공급자에게는 보다 수월한 샘플링 검사를 적용하여 품질향상에 대한 의욕을 고취시키고, 나쁜 품질의 제품을 공급하는 공급자에게는 보다 까다로운 검사를 적용하여 로트의 합격을 어렵게 함으로써 품질향상을 유도하기 위해서이다. 일반적으로 특별한 경우가 아니면 계약시 최초의 검사는 보통검사부터 시작한다. 엄격도 조정규칙은 아래 〈그림 3.4〉와 같다.

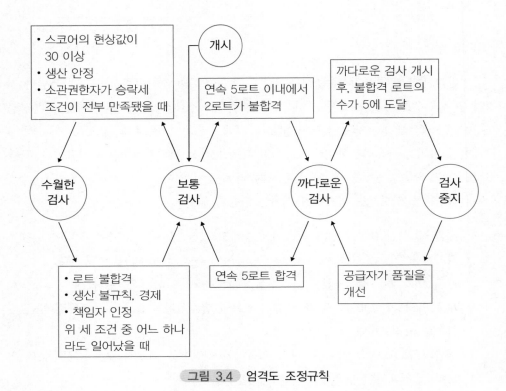

그림 3.4 엄격도 조정규칙

보통검사에서 수월한 검사로 가기 위한 전환스코어 계산방법은 다음과 같다.

전환스코어의 계산은 소관 권한자가 다른 지정을 하지 않는 한 보통검사의 개시 시점에서 시작하는 것이 좋다.

표 3.12 전환스코어 계산방법

1회 샘플링 형식	2회 또는 다회 샘플링 형식
① 합격판정개수가 2 이상일 때, 만일 AQL이 1단 엄격해졌다고 해도 로트가 합격이 되었다면 전환스코어에 3을 더하고, 그렇지 않으면 전환 스코어를 0으로 되돌린다. ② 합격판정개수가 0 또는 1일 때 로트가 합격이면 전환스코어에 2를 더하고, 그렇지 않으면 전환스코어를 0으로 되돌린다.	① 2회 샘플링 형식을 사용할 때 제1샘플에서 로트가 합격이 된다면, 전환스코어에 3을 더하고, 그렇지 않으면 전환스코어를 0으로 되돌린다. ② 다회 샘플링 방식을 사용할 때 제3샘플까지 로트가 합격이 되면 전환스코어에 3을 더하고, 그렇지 않으면 전환 스코어를 0으로 되돌린다.

[예제]   A사는 인수검사에 있어 KS Q ISO 2859−1을 사용하고 있다. $AQL = 1.5\%$, 검사수준 Ⅱ로 1회 샘플링검사를 채택하고 있다. 10로트 검사시 처음 로트는 보통검사에서 시작한 경우 다음 〈표 3.13〉의 공란을 채우고 엄격도 전환을 결정하시오.

표 3.13 전환스코어 계산과 엄격도 전환

로트 번호	N	n	A_c	R_e	부적합 품수	합부 판정	전환 스코어	엄격도 적용
1	300	50	2	3	3	불합격	0	보통검사
2	500	50	2	3	0	합격	3	보통검사
3	200				0			
4	800				2			
5	1,500				1			
6	500				2			
7	2,500				1			
8	2,000				3			
9	1,200				4			
10	1,500				2			

[풀이]   전환스코어 계산에 따른 엄격도를 적용한 결과는 〈표 3.14〉와 같다.

표 3.14 전환스코어 계산과 엄격도 전환

로트 번호	N	n	A_c	R_e	부적합 품수	합부 판정	전환 스코어	엄격도 적용
1	300	50	2	3	3	불합격	0	보통검사
2	500	50	2	3	0	합격	3	보통검사
3	200	32	1	2	0	합격	5	보통검사
4	800	80	3	4	2	합격	8	보통검사
5	1,500	125	5	6	1	합격	11	보통검사
6	500	50	2	3	2	합격	0	보통검사
7	2,500	125	5	6	1	합격	3	보통검사
8	2,000	125	5	6	3	합격	6	보통검사
9	1,200	80	3	4	4	불합격	0	보통검사
10	1,500	125	5	6	2	합격	3	보통검사

[해설]

[로트번호 3] $N=200$일 때 샘플문자는 G이고 보통검사의 샘플링방식(주 샘플링 표)에서 AQL$=1.5\%$에서 "$n=32$, $A_c=1$, $R_e=2$"를 찾는다.

부적합품수가 0개이므로 로트는 "합격"이고 전환스코어(SS)는 $A_c \leq 1$이고, 로트 합격이므로 이전의 전환스코어 3에다 2를 더하여 "5"가 된다.

전환스코어 값이 30점 미만이므로 "보통검사"가 된다.

[로트번호 4] $N=800$일 때 샘플문자는 J이고 AQL$=1.5\%$에서 "$N=80$, $A_c=3$, $R_e=4$"를 찾는다.

부적합품수가 2개이므로 로트는 "합격"이고 전환스코어는 $A_c \geq 2$이고 로트 합격이므로 한 단계 낮은 AQL 수준, 즉 AQL$=1.0\%$에서 "$A_c=2$, $R_e=3$"을 찾는다. 이 경우에도 합격이므로 이전의 전환스코어 5에다 3을 더하여 "8"이 된다. 그리고 "보통검사"를 실시한다.

[로트번호 6] $N=500$일 때 샘플문자는 H이고 AQL$=1.5\%$에서 "$n=50$, $A_c=2$, $R_e=3$"을 찾는다. 부적합품수가 2개이므로 로트는 "합격"이고 전환스코어는 $A_c \geq 2$이고 로트 합격이므로 한 단계 낮은 AQL$=1.0\%$에서 "$A_c=1$, $R_e=2$"를 찾

는다. 이 경우에는 불합격 되므로 전환스코어를 "0"으로 한다. 그리고 "보통 검사"를 실시한다.

[로트번호 7] $N=2,500$일 때 샘플문자는 K이고 $AQL=1.5\%$에서 "$n=125$, $A_c=5$, $R_e=6$"을 찾는다. 부적합품수가 1개이므로 로트는 "합격"이고 한 단계 낮은 $AQL=1.0\%$에서 "$A_c=3$, $R_e=4$"이므로 이전의 전환스코어에다 3을 더한 "3"이 된다.

[로트번호 9] $N=1,200$일 때 샘플문자는 J이고 $AQL=1.5\%$에서 "$n=80$, $A_c=3$, $R_e=4$"을 찾는다. 부적합품수가 4개이므로 로트는 "불합격"이 되고 전환 스코어는 "0"으로 되돌린다.

[로트번호 10] $N=1,500$일 때 샘플문자는 K이고 $AQL=1.5\%$에서 "$n=125$, $A_c=5$, $R_e=6$"을 찾는다. 부적합품수가 2개이므로 로트는 "합격"이고 $AQL=1.0\%$에서 "$A_c=3$, $R_e=4$"에서도 합격되므로 이전의 전환 스코어 0에다 3을 더한 "3"이 된다. 그리고 "보통검사"를 실시한다.

5) 샘플링 형식 결정

1회, 2회 및 다회라는 3종류 형식의 샘플링 방식이 있다. 1회, 2회 및 다회(5회) 샘플링 형식 중에서 샘플링 형식을 정한다. 주어진 AQL과 샘플 문자의 조합에 대해서 몇 개의 샘플링 방식이 사용 가능할 때에는 어느 것을 사용해도 좋다.

6) 검사로트(LOT)의 구성 및 크기, 검사단위체 결정

같은 생산조건에서 제조된 제품을 모아서 검사로트(LOT)와 크기를 정한다.

보기   제품(품목별, 표준별, 종류별, 1일 생산량), 재료(납품자별, 표준별, 종류별 1회 입하량)

합리적인 검사로트(LOT)를 구성하기 위해서는 다음 사항을 고려한다.

• 다른 원료, 부품으로 만든 제품을 동일한 로트(LOT)로 구성하지 않는다.
• 다른 생산라인, 다른 설비의 라인에서 나온 제품을 동일한 로트(LOT)로 구성하지

않는다.
- 다른 작업시간 또는 방법 등으로 제조된 제품을 동일한 로트(LOT)로 구성하지 않는다.
- 다른 작업 또는 작업그룹이 제조한 제품은 동일한 로트(LOT)로 구성하지 않는다.

검사로트(LOT)를 구성한 후에 검사단위체를 결정한다. 검사단위체란 제품을 적합품, 부적합품으로 구분할 수 있는 최소 단위를 말한다. 예를 들면 1개의 나사, 1자루의 연필, 1개의 전구는 검사단위이다. 연속체, 분체, 액체의 검사 단위는 일정한 길이, 양, 용적을 검사단위로 한다. 예를 들면 1코일의 전선, 50kg 포장의 시멘트, 1통의 기름 등이다.

7) 샘플링 방식 결정

로트의 크기(N)와 합격품질수준(AQL)을 바탕으로 샘플의 크기(n)과 합격판정개수(A_c)와 불합격판정개수(R_e)를 구한다.
샘플링 방식을 구하는 방법은 다음과 같다.

(i) **샘플문자를 읽는다.**
부표 1 샘플문자에서 지정된 로트의 크기(N)를 포함하는 행과 지정된 검사수준의 열이 만나는 란에서 샘플(크기) 문자를 읽는다.
(ii) **해당되는 주 샘플링표로부터 샘플링방식을 구한다**(부표 2-A 2-B, 2-C 참조).
선정된 주 샘플링표에서 찾은 샘플문자가 있는 행에서 샘플의 크기(n)를 구하고, 이 샘플문자의 행과 합격품질수준(AQL)이 만나는 란으로부터 합격판정개수(A_c)와 불합격판정개수(R_e)를 읽는다. 단, 합격판정개수(A_c), 불합격판정개수(R_e)란에 화살표가 있는 경우에는 샘플문자와 샘플의 크기도 달라짐에 유의하여야 한다.
(iii) **샘플링 검사방식의 설계결과를 〈표 3.15〉와 같이 정리한다.**

표 3.15 샘플링검사방식의 설계결과

로트 크기(N)	샘플의 크기(n)	합격판정개수(A_c)	불합격판정개수(R_e)

8) 샘플링

샘플링 방식에서 결정된 샘플(n)을 로트(LOT)로부터 랜덤하게 채취한다.

9) 샘플 시험

정해진 시험방법 및 절차에 따라 샘플의 품질특성을 조사한다.

10) 판정기준에 의한 검사로트의 합격 또는 불합격 판정

샘플 시험결과를 판정기준과 비교하여 로트가 합격일 때는 그대로 받아들이고 불합격일 때에는 폐기, 선별, 재평가 등 소관권한자가 결정한다. 그리고 합격 로트라 하더라도 샘플 중 발견된 부적합품은 적합품으로 대체한다.

11) 검사결과 기록

해당 검사성적서에 검사결과를 기록하여 보관한다.

(3) 적용 사례

다음은 어떤 제품의 인수검사에 KS Q ISO 2859−1을 적용하기 위하여 합격품질수준(AQL), 검사수준(일반검사수준 또는 특별검사수준), 로트의 크기(n), 샘플링형식을 아래 〈표 3.16〉과 같이 정하고 보통검사, 까다로운 검사, 수월한 검사, 주 샘플링표의 합격판정개수(A_c), 불합격판정개수(R_e)란에 화살표가 있는 경우에 대한 샘플링검사 방식을 설계한 사례이다.

표 3.16 합격품질수준(AQL), 검사수준, 로트의 크기, 샘플링형식

- 합격품질수준(AQL): 2.5%
- 검사수준: 통상검사수준 Ⅱ
- 로트의 크기: 1,000
- 샘플링형식: 1회

보기 1　보통검사를 적용하고자 하는 경우

　　　　(i) 샘플링 문자표에서 지정된 로트의 크기(N) = 1,000을 포함하는 행(501~1,200)
　　　　　　과 통상검사수준 Ⅱ가 있는 열이 교차되는 란에서 샘플문자 J를 확인한다.

　　　　(ⅱ) 1회 샘플링 보통검사이므로 보통검사의 1회 샘플링 방식(주 샘플링표)에서
　　　　　　샘플문자 J열로부터 샘플의 크기(n) = 80을 읽고, 샘플문자 J행과 합격품질
　　　　　　수준(AQL) = 2.5%인 열과 교차되는 란에서 합격판정개수(A_c) = 5, 불합격판
　　　　　　정개수(R_e) = 6을 읽는다.

　　　　(ⅲ) 이를 정리하면 보통검사의 샘플링 검사방식 설계결과는 〈표 3.17〉과 같다.

표 3.17 보통검사의 샘플링검사방식 설계결과

로트 크기(N)	샘플의 크기(n)	합격판정개수(A_c)	불합격판정개수(R_e)
1,000	80	5	6

보기 2　까다로운 검사를 적용하고자 하는 경우

　　　　(i) 보통검사와 같이 샘플문자는 J가 되며, 1회 샘플링 까다로운 검사이므로
　　　　　　까다로운 검사의 1회 샘플링 방식(주 샘플링표)에서 샘플문자 J 옆으로부터
　　　　　　샘플의 크기(n) = 80을, 샘플문자 J행과 합격품질수준(AQL) = 2.5%의 열이
　　　　　　만나는 란으로부터 합격판개수(A_c) = 3, 불합격판정개수(R_e) = 4를 읽는다.

　　　　(ⅱ) 이를 정리하면 까다로운 검사의 샘플링 검사방식 설계결과는 〈표 3.18〉과
　　　　　　같다.

표 3.18 까다로운 검사의 샘플링검사방식 설계결과

로트 크기(N)	샘플의 크기(n)	합격판정개수(A_c)	불합격판정개수(R_e)
1,000	80	3	4

보기 3　수월한 검사를 적용하고자 하는 경우

　　　　(i) 보통검사와 마찬가지로 샘플문자는 J가 되며, 1회 샘플링 수월한 검사이므
　　　　　　로 수월한 검사의 1회 샘플링 방식(주 샘플링표)에서 샘플문자 J 옆으로부터
　　　　　　샘플의 크기(n) = 32를, 이 샘플문자 J행과 합격품질수준(AQL) = 2.5%의 열이

교차되는 란으로부터 합격판정개수(A_c)=3, 불합격판정개수(R_e)=4를 읽는다.

(ii) 이를 정리하면 수월한 검사의 샘플링 검사방식 설계결과는 〈표 3.19〉와 같다.

표 3.19 수월한 검사의 샘플링 검사방식 설계결과

로트 크기(N)	샘플의 크기(n)	합격판정개수(A_c)	불합격판정개수(R_e)
1,000	32	3	4

보기 4 주 샘플링표의 합격판정개수(A_c), 불합격판정개수(R_e)란에 화살표가 있는 경우

표 3.20 합격품질수준(AQL), 검사수준, 로트의 크기, 샘플링형식

- 합격품질수준(AQL): 0.4%
- 검사수준: 통상검사수준 Ⅱ
- 로트의 크기: 1,000
- 샘플링형식: 1회

(i) 샘플링 문자표에서 지정된 로트의 크기 N=1,000을 포함하는 행(501~1,200)과 통상검사수준 Ⅱ가 있는 열이 교차되는 란에서 샘플문자 J를 알아낸다.

(ii) 1회 샘플링 보통검사이므로 보통검사의 1회 샘플링 방식(주 샘플링표)에서 샘플문자 J열로부터 샘플의 크기(n)=80을 읽고, 샘플문자 J행과 합격품질수준(AQL)=0.4%인 열과 교차되는 합격판정개수(A_c), 불합격판정개수(R_e)란을 읽으면 화살표(↓)가 있다. 화살표(↓)를 따라 내려가서 합격판정개수(A_c)=1, 불합격판정개수(R_e)=2를 읽는다. 이때 최초 샘플문자는 J였으나, K로 바뀌어 시료의 크기(n)=80이 아니라 시료의 크기(n)=125로 달라짐에 유의하여야 한다.

(iii) 이를 정리하면 보통검사의 샘플링 검사방식 설계결과는 〈표 3.21〉과 같다.

표 3.21 A_c, R_e란에 화살표가 있는 경우 검사방식 설계결과

로트 크기(N)	샘플의 크기(n)	합격판정개수(A_c)	불합격판정개수(R_e)
1,000	125	1	2

(4) Web Sampling을 이용한 분석

[예제 1]

어떤 부품의 인수검사를 위하여 KS Q ISO 2859－1 계수 조정형 샘플링검사를 사용
하기로 하였다. 다음 〈표 3.22〉의 설계조건을 만족하는 샘플링검사를 설계하시오.

표 3.22 설계조건

- 로트의 크기: 1,000
- 합격품질수준(AQL): 1.5%
- 검사수준: 통상검사수준 Ⅱ
- 검사 엄격도: 보통검사
- 샘플링 형식: 1회

Web Sampling을 이용한 분석방법은 다음과 같다.

① www.sqcweb.com에 접속한다.

② Web Sampling에서 KS Q ISO 2859－1를 클릭한다.

③ 입력요소를 입력한다.

KS Q ISO 2859-1 샘플링검사 설계	
로트크기(N)	501 ~ 1,200
검사수준	Ⅱ
합격품질한계(AQL)	1.5
엄격도	보통 검사
샘플링형식	1회

④ 설계결과를 출력한다.

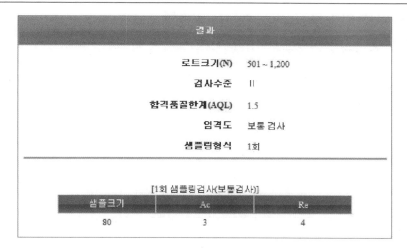

결과	
로트크기(N)	501 ~ 1,200
검사수준	II
합격품질한계(AQL)	1.5
엄격도	보통검사
샘플링형식	1회

[1회 샘플링검사(보통검사)]

샘플크기	Ac	Re
80	3	4

⑤ 결과를 해석한다.

　로트 크기 1,000개인 로트에서 80개의 샘플을 랜덤하게 추출하여 부적합품수를 구한 다음 부적합품수가 3개 이하이면 로트를 합격으로 판정한다.

[예제 2]

어떤 부품의 인수검사를 위하여 KS Q ISO 2859−1 계수 조정형 샘플링검사를 사용하기로 하였다. 다음 〈표 3.23〉의 설계조건을 만족하는 샘플링검사를 설계하시오.

표 3.23 설계조건

- 로트의 크기: 1,000
- 합격품질수준(AQL): 1.5%
- 검사수준: 통상검사수준 II
- 검사 엄격도: 보통검사
- 샘플링 형식: 2회

Web Sampling을 이용한 분석방법은 다음과 같다.

① www.sqcweb.com에 접속한다.

② Web Sampling에서 KS Q ISO 2859−1를 클릭한다.

③ 입력요소를 입력한다.

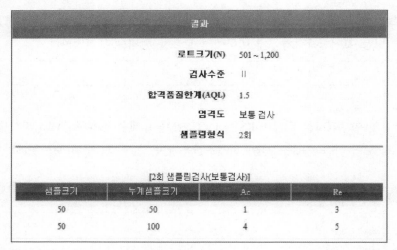

④ 설계결과를 출력한다.

결과

로트크기(N)	501 ~ 1,200
검사수준	II
합격품질한계(AQL)	1.5
엄격도	보통 검사
샘플링형식	2회

[2회 샘플링검사(보통검사)]

샘플크기	누계샘플크기	Ac	Re
50	50	1	3
50	100	4	5

⑤ 결과를 해석한다.

로트 크기 1,000개인 로트에서 50개의 샘플을 랜덤하게 추출하여 부적합품수를 구한 다음 부적합품수가 1개 이하이면 로트를 합격으로 판정한다. 부적합품수가 3개 이상이면 로트를 불합격으로 판정한다. 부적합품수가 2개이면 추가로 50개의 샘플을 추출(총 샘플수=100개)하여, 총 부적합품수가 4개 이하이면 로트를 합격으로 판정하고, 5개 이상이면 불합격으로 판정한다.

[예제 3]

어떤 부품의 인수검사를 위하여 KS Q ISO 2859−1 계수 조정형 샘플링검사를 사용하고 있다. 보통검사에서 출발하였으나, 연속 5로트 중에 2로트가 불합격하여 까다로운 검사로 엄격도가 조정되었다. 다음 〈표 3.24〉의 설계조건을 만족하는 샘플링검사를 설계하시오.

표 3.24 설계조건

- 로트의 크기: 1,000
- 합격품질수준(AQL): 1.5%
- 검사수준: 일반검사수준 II
- 검사 엄격도: 까다로운 검사
- 샘플링 형식: 1회

Web Sampling을 이용한 분석방법은 다음과 같다.

① www.sqcweb.com에 접속한다.

② Web Sampling에서 KS Q ISO 2859−1를 클릭한다.

③ 입력요소를 입력한다.

KS Q ISO 2859-1 샘플링검사 설계	
로트크기(N)	501 ~ 1,200
검사수준	II
합격품질한계(AQL)	1.5
엄격도	까다로운 검사
샘플링형식	1회

④ 설계결과를 출력한다.

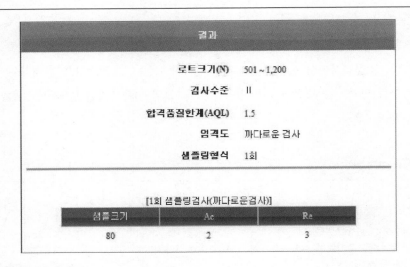

⑤ 결과를 해석한다.

로트 크기 1,000개인 로트에서 80개의 샘플을 랜덤하게 추출하여 부적합품수를 구한 다음 부적합품수가 2개 이하이면 로트를 합격으로 판정한다. 보통검사에 비하여 합격판정개수가 작아졌음을 알 수 있다.

■ 참고: KS Q ISO 2859-1 부표

KS Q ISO 2859−1 주 샘플링검사표의 구성상 특징은 다음과 같다.

(ⅰ) 검사의 엄격도 조정에 의해 품질향상에 자극을 준다.
(ⅱ) 구입자가 공급자를 선택할 수 있다.
(ⅲ) 장기적으로 품질을 보증한다.
(ⅳ) 불합격 로트의 처리 방법이 정해져 있다.
(ⅴ) 로트 크기와 시료크기와의 관계가 분명히 정해져 있다. 불합격 로트는 원칙적으로 공급자에게 그대로 반환하고 수입측에서는 일체 선별을 하지 않는다.
(ⅵ) 로트의 크기에 따라 α(생산자 위험)가 일정치 않다. α(생산자 위험)값은 보통검사의 경우 0.12~0.01까지의 범위 안에 있다. 이것은 큰 로트일수록 좋은 로트와 나쁜 로트의 판별력을 높여 β(소비자 위험)를 작게 하려는 조처이다.
(ⅶ) 3종류의 샘플링 형식이 정해져 있다. 1회, 2회 및 다회(5회) 샘플링의 3종류가

있다.

(viii) 검사수준이 여러 개 있다. 제품가격과 검사비용 등 경제적 조건을 고려하여 일
반검사에는 3종류(I, II, III), 특별검사의 경우에는 4종류(S-1, S-2, S-3, S-4)의 검
사수준이 정해져 있다.

(ix) AQL과 시료크기에는 등비수열이 채택되어 있다.

$$\left(10^{\frac{1}{5}} = 1.585\right)$$

[부표 1] 샘플문자(10.1 및 10.2 참조)

로트크기	특별 검사수준				보통 검사수준		
	S-1	S-2	S-3	S-4	I	II	III
2~ 8	A	A	A	A	A	A	B
9~ 15	A	A	A	A	A	B	C
16~ 25	A	A	B	B	B	C	D
26~ 50	A	B	B	C	C	D	E
51~ 90	B	B	C	C	C	E	F
91~ 150	B	B	C	D	D	F	G
151~ 280	B	C	D	E	E	G	H
281~ 500	B	C	D	E	F	H	J
501~ 1200	C	C	E	F	G	J	K
1201~ 3200	C	D	E	G	H	K	L
3201~ 10000	C	D	F	G	J	L	M
1001~ 35000	C	D	F	H	K	M	N
35001~150000	D	E	G	J	L	N	P
15001~500000	D	E	G	J	M	P	Q
500001 이상	D	E	H	K	N	Q	R

[부표 2-A] 보통검사의 1회 샘플링검사 방식(주 샘플링표)

합격 품질 수준, AQL, 부적합품 퍼센트 및 1000아이템당 부적합수

각 셀의 값은 "Ac Re"를 나타낸다. (↓ / ↑ 는 화살표 방향의 최초 샘플링 방식 사용)

샘플 문자	샘플 크기	0.010	0.015	0.025	0.040	0.065	0.10	0.15	0.25	0.40	0.65	1.0	1.5	2.5	4.0	6.5	10	15	25	40	65	100	150	250	400	650	1000
A	2	↓	↓	↓	↓	↓	↓	↓	↓	↓	↓	↓	↓	↓	↓	↓	↓	0 1	1 2	2 3	3 4	5 6	7 8	10 11	14 15	21 22	30 31
B	3	↓	↓	↓	↓	↓	↓	↓	↓	↓	↓	↓	↓	↓	↓	↓	0 1	1 2	2 3	3 4	5 6	7 8	10 11	14 15	21 22	30 31	44 45
C	5	↓	↓	↓	↓	↓	↓	↓	↓	↓	↓	↓	↓	↓	↓	0 1	1 2	2 3	3 4	5 6	7 8	10 11	14 15	21 22	30 31	44 45	↑
D	8	↓	↓	↓	↓	↓	↓	↓	↓	↓	↓	↓	↓	↓	0 1	1 2	2 3	3 4	5 6	7 8	10 11	14 15	21 22	30 31	44 45	↑	↑
E	13	↓	↓	↓	↓	↓	↓	↓	↓	↓	↓	↓	↓	0 1	1 2	2 3	3 4	5 6	7 8	10 11	14 15	21 22	30 31	44 45	↑	↑	↑
F	20	↓	↓	↓	↓	↓	↓	↓	↓	↓	↓	↓	0 1	1 2	2 3	3 4	5 6	7 8	10 11	14 15	21 22	30 31	44 45	↑	↑	↑	↑
G	32	↓	↓	↓	↓	↓	↓	↓	↓	↓	↓	0 1	1 2	2 3	3 4	5 6	7 8	10 11	14 15	21 22	30 31	44 45	↑	↑	↑	↑	↑
H	50	↓	↓	↓	↓	↓	↓	↓	↓	↓	0 1	1 2	2 3	3 4	5 6	7 8	10 11	14 15	21 22	30 31	44 45	↑	↑	↑	↑	↑	↑
J	80	↓	↓	↓	↓	↓	↓	↓	↓	0 1	1 2	2 3	3 4	5 6	7 8	10 11	14 15	21 22	30 31	44 45	↑	↑	↑	↑	↑	↑	↑
K	125	↓	↓	↓	↓	↓	↓	↓	0 1	1 2	2 3	3 4	5 6	7 8	10 11	14 15	21 22	30 31	44 45	↑	↑	↑	↑	↑	↑	↑	↑
L	200	↓	↓	↓	↓	↓	↓	0 1	1 2	2 3	3 4	5 6	7 8	10 11	14 15	21 22	30 31	44 45	↑	↑	↑	↑	↑	↑	↑	↑	↑
M	315	↓	↓	↓	↓	↓	0 1	1 2	2 3	3 4	5 6	7 8	10 11	14 15	21 22	30 31	44 45	↑	↑	↑	↑	↑	↑	↑	↑	↑	↑
N	500	↓	↓	↓	↓	0 1	1 2	2 3	3 4	5 6	7 8	10 11	14 15	21 22	30 31	44 45	↑	↑	↑	↑	↑	↑	↑	↑	↑	↑	↑
P	800	↓	↓	↓	0 1	1 2	2 3	3 4	5 6	7 8	10 11	14 15	21 22	30 31	44 45	↑	↑	↑	↑	↑	↑	↑	↑	↑	↑	↑	↑
Q	1250	↓	↓	0 1	1 2	2 3	3 4	5 6	7 8	10 11	14 15	21 22	30 31	44 45	↑	↑	↑	↑	↑	↑	↑	↑	↑	↑	↑	↑	↑
R	2000	↓	0 1	1 2	2 3	3 4	5 6	7 8	10 11	14 15	21 22	30 31	44 45	↑	↑	↑	↑	↑	↑	↑	↑	↑	↑	↑	↑	↑	↑

비고 ↓ 화살표 아래의 최초의 샘플링 방식을 사용한다. 만약 샘플 크기가 로트 크기 이상이면 전수 검사한다.

↑ 화살표 위의 최초의 샘플링 방식을 사용한다.

Ac 합격 판정 개수

Re 불합격 판정 개수

[부표 2-B] 까다로운 검사의 1회 샘플링검사 방식(주 샘플링표)

합격 품질 수준, AQL, 부적합품 퍼센트 및 1000아이템당 부적합수

각 칸의 값은 Ac Re(합격 판정 개수, 불합격 판정 개수)를 나타낸다.

샘플 문자	샘플 크기	0.010	0.015	0.025	0.040	0.065	0.10	0.15	0.25	0.40	0.65	1.0	1.5	2.5	4.0	6.5	10	15	25	40	65	100	150	250	400	650	1000
A	2	↓	↓	↓	↓	↓	↓	↓	↓	↓	↓	↓	↓	↓	↓	↓	↓	↓	0 1	1 2	2 3	3 4	5 6	8 9	12 13	18 19	27 28
B	3	↓	↓	↓	↓	↓	↓	↓	↓	↓	↓	↓	↓	↓	↓	↓	↓	0 1	1 2	2 3	3 4	5 6	8 9	12 13	18 19	27 28	41 42
C	5	↓	↓	↓	↓	↓	↓	↓	↓	↓	↓	↓	↓	↓	↓	↓	0 1	1 2	2 3	3 4	5 6	8 9	12 13	18 19	27 28	41 42	↑
D	8	↓	↓	↓	↓	↓	↓	↓	↓	↓	↓	↓	↓	↓	↓	0 1	1 2	2 3	3 4	5 6	8 9	12 13	18 19	27 28	41 42	↑	↑
E	13	↓	↓	↓	↓	↓	↓	↓	↓	↓	↓	↓	↓	↓	0 1	1 2	2 3	3 4	5 6	8 9	12 13	18 19	27 28	41 42	↑	↑	↑
F	20	↓	↓	↓	↓	↓	↓	↓	↓	↓	↓	↓	↓	0 1	1 2	2 3	3 4	5 6	8 9	12 13	18 19	27 28	41 42	↑	↑	↑	↑
G	32	↓	↓	↓	↓	↓	↓	↓	↓	↓	↓	↓	0 1	1 2	2 3	3 4	5 6	8 9	12 13	18 19	27 28	41 42	↑	↑	↑	↑	↑
H	50	↓	↓	↓	↓	↓	↓	↓	↓	↓	↓	0 1	1 2	2 3	3 4	5 6	8 9	12 13	18 19	27 28	41 42	↑	↑	↑	↑	↑	↑
J	80	↓	↓	↓	↓	↓	↓	↓	↓	↓	0 1	1 2	2 3	3 4	5 6	8 9	12 13	18 19	27 28	41 42	↑	↑	↑	↑	↑	↑	↑
K	125	↓	↓	↓	↓	↓	↓	↓	↓	0 1	1 2	2 3	3 4	5 6	8 9	12 13	18 19	27 28	41 42	↑	↑	↑	↑	↑	↑	↑	↑
L	200	↓	↓	↓	↓	↓	↓	↓	0 1	1 2	2 3	3 4	5 6	8 9	12 13	18 19	27 28	41 42	↑	↑	↑	↑	↑	↑	↑	↑	↑
M	315	↓	↓	↓	↓	↓	↓	0 1	1 2	2 3	3 4	5 6	8 9	12 13	18 19	27 28	41 42	↑	↑	↑	↑	↑	↑	↑	↑	↑	↑
N	500	↓	↓	↓	↓	↓	0 1	1 2	2 3	3 4	5 6	8 9	12 13	18 19	27 28	41 42	↑	↑	↑	↑	↑	↑	↑	↑	↑	↑	↑
P	800	↓	↓	↓	↓	0 1	1 2	2 3	3 4	5 6	8 9	12 13	18 19	27 28	41 42	↑	↑	↑	↑	↑	↑	↑	↑	↑	↑	↑	↑
Q	1250	↓	↓	↓	0 1	1 2	2 3	3 4	5 6	8 9	12 13	18 19	27 28	41 42	↑	↑	↑	↑	↑	↑	↑	↑	↑	↑	↑	↑	↑
R	2000	↓	↓	0 1	1 2	2 3	3 4	5 6	8 9	12 13	18 19	27 28	41 42	↑	↑	↑	↑	↑	↑	↑	↑	↑	↑	↑	↑	↑	↑
S	3150	↓	0 1	1 2	2 3	3 4	5 6	8 9	12 13	18 19	27 28	41 42	↑	↑	↑	↑	↑	↑	↑	↑	↑	↑	↑	↑	↑	↑	↑

비고
↓ 화살표 아래의 최초의 샘플링 방식을 사용한다. 만약 샘플 크기가 로트 크기 이상이면 전수 검사한다.
↑ 화살표 위의 최초의 샘플링 방식을 사용한다.
Ac 합격 판정 개수
Re 불합격 판정 개수

[부표 2-C] 수월한 검사의 1회 샘플링검사 방식(주 샘플링표)

합격 품질 수준, AQL, 부적합품 퍼센트 및 1000아이템당 부적합수

샘플 문자	샘플 크기	0.010 Ac Re	0.015 Ac Re	0.025 Ac Re	0.040 Ac Re	0.065 Ac Re	0.10 Ac Re	0.15 Ac Re	0.25 Ac Re	0.40 Ac Re	0.65 Ac Re	1.0 Ac Re	1.5 Ac Re	2.5 Ac Re	4.0 Ac Re	6.5 Ac Re	10 Ac Re	15 Ac Re	25 Ac Re	40 Ac Re	65 Ac Re	100 Ac Re	150 Ac Re	250 Ac Re	400 Ac Re	650 Ac Re	1000 Ac Re
A	2	↓														0 1			1 2	2 3	3 4	5 6	7 8	10 11	14 15	21 22	30 31
B	2														0 1	1 2			1 2	2 3	3 4	5 6	7 8	10 11	14 15	21 22	30 31
C	2													0 1	1 2	2 3			2 3	3 4	4 5	6 7	8 9	10 11	14 15	21 22	
D	3												0 1	1 2	2 3	3 4	1 2	2 3	3 4	4 5	6 7	8 9	10 11	14 15	21 22		
E	5											0 1	1 2	2 3	3 4	4 5	2 3	3 4	4 5	6 7	8 9	10 11	14 15	21 22			
F	8										0 1	1 2	2 3	3 4	4 5	6 7	3 4	4 5	6 7	8 9	10 11						
G	13									0 1	1 2	2 3	3 4	4 5	6 7	8 9	4 5	6 7	8 9	10 11							
H	20								0 1	1 2	2 3	3 4	4 5	6 7	8 9	10 11	6 7	8 9	10 11								
J	32							0 1	1 2	2 3	3 4	4 5	6 7	8 9	10 11		8 9	10 11									
K	50						0 1	1 2	2 3	3 4	4 5	6 7	8 9	10 11			10 11										
L	80					0 1	1 2	2 3	3 4	4 5	6 7	8 9	10 11														
M	125				0 1	1 2	2 3	3 4	4 5	6 7	8 9	10 11															
N	200			0 1	1 2	2 3	3 4	4 5	6 7	8 9	10 11																
P	315		0 1	1 2	2 3	3 4	4 5	6 7	8 9	10 11																	
Q	500	0 1	1 2	2 3	3 4	4 5	6 7	8 9	10 11																		
R	800	1 2	2 3	3 4	4 5	6 7	8 9	10 11																			

비고: ↓ 화살표 아래의 최초의 샘플링 방식을 사용한다. 만약 샘플 크기가 로트 크기 이상이면 전수 검사한다.
↑ 화살표 위의 최초의 샘플링 방식을 사용한다.

Ac = 합격 판정 개수
Re = 불합격 판정 개수

7 계량 조정형 샘플링검사(KS Q ISO 3951)

(1) 개요

계량 조정형 샘플링검사(KS Q ISO 3951) 표준은 〈표 3.25〉와 같이 1부, 2부, 3부로 구성되어 있다.

표 3.25 계량 조정형 샘플링검사(KS Q ISO 3951)의 종류

KS Q ISO 3951-1 계량형 샘플링 검사 절차-제1부: 단일 품질특성 및 단일 AQL에 대한 로트별 검사를 위한 합격품질한계(AQL) 지표형 1회 샘플링검사 규격	KS Q ISO 3951-1 및 KS Q ISO 3951-2는 KS Q ISO 2859-1에 보충하여 사용할 수 있다. 이 두 표준은 2가지 검사절차를 규정하고 있다. 즉 공정 표준편차가 알려져 있지 않은 경우의 s 방법과 공정 표준편차가 알려져 있는 경우의 σ 방법을 규정하고 있다.
KS Q ISO 3951-2 독립 품질특성의 로트별(AQL) 지표형 1회 샘플링검사 규격	KS Q 3951-1은 품질특성치가 1개인 단변량인 경우의 샘플링검사 절차를 규정하고 있고, KS Q 3951-2는 품질특성치가 1개인 단변량인 경우와 품질특성치가 2개 이상의 다변량인 경우의 샘플링검사 절차를 규정하고 있다.
KS Q ISO 3951-3 로트별 검사를 위한 합격품질한계(AQL) 지표형 2회 샘플링검사 스킴	이 표준은 KS Q ISO 2859-1의 2회 샘플링 방식 및 절차를 보완하는 것이다. 2회 샘플링 검사 방식의 장점은 평균 샘플링 양이 줄어든다는 것이다. 단점은 1회 샘플링 방식보다 2배의 시간이 필요할 수 있다는 점이다.

본 도서에서는 KS Q ISO 3951 제1부 및 제2부에 대하여 소개한다. KS Q ISO 3951 제1부 및 제2부는 로트(N)의 크기, 합격품질수준(AQL), 검사수준(일반검사수준: Ⅰ, Ⅱ, Ⅲ, 특별검사수준: S-1, S-2, S-3, S-4), 검사의 엄격도(보통 검사, 까다로운 검사, 수월한 검사)를 정하고, 이 표준에 규정된 샘플문자와 검사수준(p.175, 표 A.1 참조) 및 샘플문자와 검사방식에 대한 샘플크기(p.175, 표 A.2 참조)에서 결정된 샘플을 채취하여 샘플의 평균과 표준편차를 바탕으로 품질통계량을 계산하고, 이 값과 기준이 되는 합격판정계수 k와 비교하여 로트 합격·불합격을 판정하거나 규격을 벗어나는 비율(로트 부적합품률)을 추정하고, 이 값과 기준이 되는 합격판정 부적합품률 p^*와 비교하여 로트 합격·불합격을 판정하는 계량조정형 샘플링검사 절차이다.

품질특성치가 1개인 단변량인 경우의 샘플링검사 절차는 KS Q 3951-제1부와 KS

Q 3951-제2부에서 동일하다. 품질특성치가 2개 이상의 다변량인 KS Q 3951-제1부에는 없고, KS Q 3951-제2부에만 있다. 즉, KS Q 3951-제2부는 KS Q 3951-제1부을 포함하면서 다변량인 경우의 절차가 추가되어 있다. 따라서 계량조정형 KS Q 3951-제2부만 참조하면 된다.

KS Q 3951(계량형 샘플링검사 절차) 제2부는 KS Q ISO 2859-제1부를 보완한다. KS Q 3951-제2부와 KS Q ISO 2859-제1부의 유사성은 다음과 같다.

(i) 두 표준 모두 샘플링검사 방식 지정에 AQL을 이용하고 있으며 이 표준에서 사용하는 표준 값들은 KS Q ISO 2859-제1부에서 부적합품률에 주어진 것들과 동일하다(즉 0.01%에서 10%).

(ii) 두 표준 모두에서 로트 크기와 검사수준(다른 지시가 없는 한 검사수준 II)이 샘플문자를 결정한다. 그러면 전체 표로부터 샘플문자와 AQL에 따라 합격기준이 정해진다. "s" 및 "σ" 방법, 그리고 보통, 까다로운 및 수월한 검사에 대해 각각 별개의 샘플링검사표가 주어진다.

(iii) 전환규칙은 근본적으로 동일하다.

(iv) 부적합의 심각성 정도에 따라 A, B, C 등의 등급으로 분류하는 것에는 변화가 없다.

일반적으로 적용할 수 있는 KS Q 3951(계량형 샘플링검사 절차) 제2부는 다음 조건하에서 적용될 수 있다.

(i) 한 생산자가 한 생산 공정을 통해 생산하는 모든 이산형 제품의 연속적인 로트 검사에 적용되는 경우

(ii) 이이템의 품질특성이 연속적 척도로 측정되어야 하는 경우

(iii) 표준편차가 공정 표준편차의 10%를 넘지 않는 경우

(iv) 품질특성치가 정규분포 또는 정규분포와 근사한 분포를 따른 경우

(v) 다수 품질특성이 존재하는 경우에 품질특성이 적어도 근사적으로 서로 독립인 경우

(vi) 계약 또는 기준에 의해 규격상한 U, 규격하한 L 또는 둘 다가 각 품질특성에 대해 정의되어 있는 경우

KS Q 3951(계량형 샘플링검사 절차) 제2부의 검사절차에는 공정 표준편차가 알려져 있지 않은 경우의 s 방법과 공정 표준편차가 알려져 있는 경우의 σ 방법이 있다.

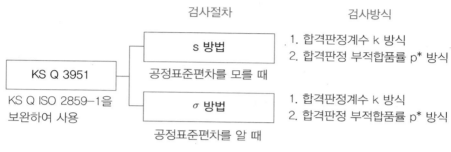

그림 3.5 KS Q ISO 3951의 검사절차와 검사방식

그리고 s 방법과 σ 방법에는 합격판정계수 k 방식과 합격판정 부적합품률 p^* 방식의 2가지 방식이 있다.

합격판정계수 k 방식은 샘플의 평균과 표준편차를 계산하여 품질통계량을 계산하고, 이 값과 기준이 되는 합격판정계수 k와 비교하여 로트 합격·불합격을 판정하는 방식이다. 즉 품질통계량이 합격판정계수보다 크거나 같으면 합격시키는 방식이다.

합격판정 부적합품률 p^* 방식은 샘플의 평균과 표준편차를 계산하여 규격을 벗어나는 비율(로트 부적합품률)을 추정하고, 이 값이 기준이 되는 합격판정 부적합품률 p^*와 비교하여 로트 합격·불합격을 판정하는 방식이다. 즉 로트 부적합품률이 합격판정 부적합품률 p^*보다 작으면 로트를 합격시키는 방식이다.

- k방식은 한쪽규격인 경우와 양쪽규격인 경우의 분리관리(규격하한쪽 AQL과 규격상한쪽 AQL이 따로 주어진 경우)에만 적용이 가능하다.
- p^*방식은 한쪽규격 또는 양쪽규격의 결합관리, 분리관리, 복합관리 방식에 모두 적용이 가능하다.

■ 참고: 결합관리, 분리관리, 복합관리란?

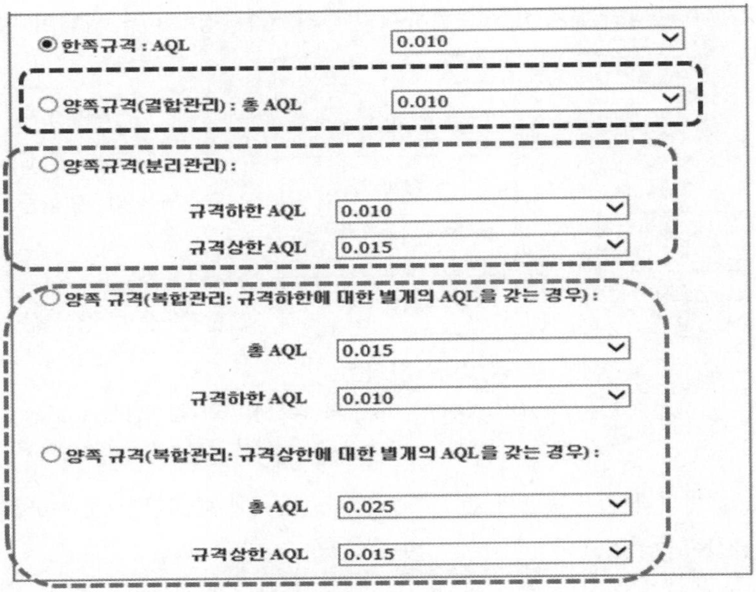

그림 3.6 결합관리, 분리관리, 복합관리

(i) **결합관리**: 단일 품질특성에 규격하한쪽 AQL과 규격상한쪽 AQL이 동일하게 주어진 경우, 즉 단일 AQL을 적용하는 한 등급의 부적합 내에서 pL+pU의 합을 관리하는 방법이다.

(ii) **분리관리**: 단일 품질특성에 규격하한쪽 AQL과 규격상한쪽 AQL이 따로 주어진 경우, 즉 한 AQL을 적용하는 한 등급의 부적합 내에서 pL을 관리하는 방법을 찾고, 두 번째 AQL을 적용하는 다른 등급 내에서 pU를 따로 관리하는 방법이다.

(iii) **복합관리**: 결합관리＋분리관리의 경우, 즉 단일 AQL을 적용하는 한 등급의 부적합 내에서 pL+pU의 합을 관리하는 방법을 찾고, 더 낮은 AQL을 적용하는 다른 등급 내에서 pU 또는 pL을 따로 관리하는 방법이다.

본 도서에서는 품질특성치가 1개인 단변량 합격판정계수 k방식과 일반적으로 적용할 수 있는 단변량 합격판정 부적합품률 p^* 방식의 검사절차에 대하여 소개한다.

(2) 공정 표준편차가 알려져 있지 않은 경우의 s 방법

1) 단변량 합격판정계수 k방식

k방식은 한쪽규격인 경우와 양쪽규격인 경우의 분리관리(규격하한쪽 AQL과 규격상한쪽 AQL이 따로 주어진 경우)에만 적용이 가능하다.

순서	검사절차
1	주어진 검사수준과 로트 KS Q 3951-제2부의 [표 A.1]로부터 샘플크기 코드 문자를 찾는다.
2	한쪽 규격한계의 경우, 이 샘플문자와 AQL로 표 B.1, B.2 또는 B.3을 적절히 이용하여 샘플크기 n과 k 형식 합격판정계수를 구한다. 양쪽 규격에 대한 분리관리의 경우, 양쪽 규격에 대해 이와 동일하게 적용한다.
3	크기 n인 임의의 샘플을 추출하여 각 아이템에서 특성치 x를 측정하고 샘플 평균, 샘플 표준편차 s를 계산한다. 만일 x가 규격한계 밖에 떨어진다면 s값을 계산할 필요 없이 로트는 불합격 처리된다. 그러나 기록의 목적으로 s를 계산할 필요는 있다.
4	다음 식에 따라 품질통계량을 계산한다. $Q_U = (U - \overline{x})/s$ $Q_L = (\overline{x} - L)/s$
5	합부 판정을 한다. 품질통계량(Q_U 또는 Q_L)을 까다로운 검사인지 수월한 검사인지에 따라 각각 표 B.1, B.2 또는 B.3으로부터 획득한 k 형식 합격판정계수와 비교한다. 만일 품질 통계량이 합격판정계수보다 크거나 같으면 로트는 합격이 된다. 만일 작으면 로트는 합격될 수 없다. 따라서 규격상한 U만 주어졌을 때, $Q_U \geq k$이면 로트는 합격이고 $Q_U < k$이면 로트는 합격될 수 없다. 또는 규격하한 L만 주어졌을 때, $Q_L \geq k$이면 로트는 합격이고 $Q_L < k$이면 로트는 합격될 수 없다. 양쪽 규격한계의 분리관리하에서 L과 U에서 k 형식 합격판정계수는 다를 수 있다. 각각 k_L과 k_U로 표시된다. 이 경우, 로트는 $Q_U \geq k_U$ 및 $Q_L \geq k_L$이면 합격이고 $Q_U < k_U$ 및/또는 $Q_L < k_L$이면 합격될 수 없다.

[예제] 어떤 장치를 위한 가동 최고 온도는 60℃이다. 100아이템이 들어 있는 로트가 검사된다. 검사수준 II, AQL=2.5%의 보통 검사가 사용된다. p.175의 표 A.1에서, 샘플문자는 F이다. p.176의 표 B.1에서 샘플크기는 13이 요구되고 합격판정계수 k는 1.405가 됨을 알 수 있다. 측정치가 다음과 같다고 가정하자. 53℃, 57℃, 49℃, 58℃, 59℃, 54℃, 58℃, 56℃, 50℃, 50℃, 55℃, 54℃, 57℃. 합격 판단기준을 마련해야 한다.

[풀이]

필요 정보	구한 값
샘플 크기: n	13
샘플평균: $\bar{x}=\frac{1}{n}\sum_{i=1}^{n}x_i$	54.615℃
샘플 표준편차: $s=\sqrt{\frac{S}{n-1}}$ 여기서 $S=\sum_{i=1}^{n}(x_i-\bar{x})^2$	3.330℃
규격한계(상한): U	60℃
상한 품질통계량: $Q_U=(U-\bar{x})/s$	1.617
k 형식 합격판정계수: k(표 B.1 참조)	1.405
합격판단기준: $Q_U \geq k$	보기(1.647 > 1.405)
로트는 합격판단기준에 부합하므로 합격될 수 있다.	

2) 단변량 합격판정 부적합품률 p^* 방식

p^* 방식은 한쪽규격 또는 양쪽규격의 결합관리, 분리관리, 복합관리 방식에 모두 적용이 가능하다.

단변량 합격판정 부적합품률 p^* 방식은 베타분포의 표가 없거나 대응하는 컴퓨터 소프트웨어가 없는 경우에는 샘플크기에 따라 다음 셋 중 한 절차를 사용하여야 한다.

① $n=3$인 경우 "s" 방법에 대한 결합관리
② $n=4$인 경우 "s" 방법에 대한 결합관리
③ $n \geq 5$인 경우 "s" 방법에 대한 결합관리

☞ ① $n=3$인 경우 "s" 방법에 대한 결합관리

순서	검사절차
1	주어진 검사수준과 로트 KS Q 3951-제2부의 [표 A.1]로부터 샘플크기 코드 문자를 찾는다.
2	샘플크기 코드 문자에 해당하는 샘플크기를 KS Q 3951-제2부의 [표 A.2]로부터 결정하고, 샘플로부터 샘플평균 x bar와 샘플 표준편차 s를 계산한다. 한쪽규격인 경우에는 절차 5로 간다.
3	양쪽 규격인 경우에는 주어진 샘플 크기 코드 문자와 AQL하에서 보통검사(KS Q 3951-제2부의 표 D.1), 엄격한 검사(KS Q 3951-제2부의 표 D.2), 수월한 검사(KS Q 3951-제2부의 표 D.3)에서 최대샘플 표준편차($MSSD$)를 위한 fs를 구한다.
4	$MSSD=(U-L)fs$를 계산하여 $s>MSSD$이면 로트를 불합격 처리하고 검사를 중지한다.
5	그렇지 않으면 $Q_U=(U-\overline{x})/s$와 $Q_L=(\overline{x}-L)/s$의 값을 구한다. Q_U와 Q_L에 $\sqrt{n}/(n-1)=\sqrt{3}/2$ (즉, 약 0.866)을 곱하고 p.182의 표 F.1을 이용하여 공정 중 규격상한과 하한을 초과하는 아이템 비율의 추정치 $\hat{p}=\widehat{P_U}+\widehat{P_L}$을 구하기 위해 더해져야 한다.
6	한쪽 규격 혹은 양쪽 규격의 결합관리를 위한 단일 AQL하에서 보통검사(KS Q 3951-제2부의 표 G.1), 엄격한 검사(KS Q 3951-제2부의 표 G.2), 수월한 검사(KS Q 3951-제2부의 표 G.3)에서 합격판정 공정부적합품률 P^*를 구한다. 양쪽 규격의 분리관리 혹은 복합관리인 경우에는 규격 하한쪽 공정부적합품률 P_L^*과 규격상한쪽 합격판정 공정부적합품률 P_U^*를 구한다.

7	기준이 되는 합격판정 공정부적합품률 P^*와 비교하여 로트의 합·부를 판정한다.
	① 한쪽 규격 혹은 양쪽 규격의 결합관리인 경우: $\hat{p}\leqq P^*$이면 로트를 합격으로 판정한다.
	② 양쪽 규격의 분리관리인 경우: $\widehat{P_L}\leqq P_L^*$이고 $\widehat{P_U}\leqq P_U^*$이면 로트를 합격으로 판정한다.
	③ 양쪽 규격의 복합관리인 경우:
	  – 규격하한에 대한 별개의 AQL을 갖는 경우: $\hat{p}\leqq P^*$이고 $\widehat{P_L}\leqq P_L^*$이면 로트를 합격으로 판정한다.
	  – 규격상한에 대한 별개의 AQL을 갖는 경우: $\hat{p}\leqq P^*$이고 $\widehat{P_U}\leqq P_U^*$이면 로트를 합격으로 판정한다.
	    * 규격하한 L만 주어진 경우(망대특성): 공정부적합품률의 추정값 $\hat{p}=\widehat{P_L}$
	    * 규격상한 U만 주어진 경우(망소특성): 공정부적합품률의 추정값 $\hat{p}=\widehat{P_U}$
	    * 양쪽규격(L, U)인 경우(망목특성): 결합 공정부적합품률의 추정값 $\hat{p}=\widehat{P_L}+\widehat{P_U}$

[예제]   샘플크기가 3이고 양쪽 규격에 대한 결합관리의 경우 합격 여부를 결정해야 한다.

한 배치에 100개 들어 있는 어뢰에 대한 정확성을 수평면에서 검사하려 한다. 양각 또는 음각 오차 모두 받아들여질 수 없기 때문에 양쪽 규격에 대

한 결합관리를 적용한다. AQL 4%이고, 1km 거리에 있는 목표에 대해 양방향 10m가 규격이다. 파괴시험이 필요하고 시험 비용이 아주 비싸기 때문에 생산자와 소관권한자 S−2를 사용하기로 동의되었다. 표 A.1에서 샘플문자는 B이다. 표 A.2에서, 크기 3의 샘플이 요구된다는 것을 알 수 있다. 어뢰 3발이 시험 발사되었고 −5.0m, 6.7m, 8.8m의 오차가 기록되었다. 보통 검사에서 합격 판단 기준을 설정해야 한다.

[풀이]

필요 정보	구한 값
샘플 크기: n	3
샘플평균: $\bar{x}=\dfrac{1}{n}\sum_{i=1}^{n}x_i$	3.5m
샘플 표준편차: $s=\sqrt{\dfrac{S}{n-1}}$ 여기서 $S=\sum_{i=1}^{n}(x_i-\bar{x})^2$	7.436m
$MSSD$에 대한 fs의 값(표 D.1)	0.474
$MSSD=S_{\max}=(U-L)fs=[10-(-10)]\times0.474$	9.48
$s=7.436<S_{\max}=9.48$이므로 로트는 합격될 수도 있다. 따라서 계속 계산한다.	
$Q_U=(U-\bar{x})/s=(10-3.5)/7.436$	0.874 1
$Q_L=(\bar{x}-L)/s=(3.5+10)/7.436$	1.815
$\sqrt{3}\,Q_U/2$	0.757
$\sqrt{3}\,Q_L/2$	1.572
$\widehat{P_U}$(표 F.1에서)	0.226 7
$\widehat{P_L}$(표 F.1에서)	0.000 0
$\hat{p}=\widehat{P_U}+\widehat{P_L}$	0.226 7
P^*(표 G.1, 보통검사에서)	0.190 5
따라서 로트는 합격될 수 없다.	

☞ ② $n=4$인 경우 "s" 방법에 대한 결합관리

순서	검사절차
1	주어진 검사수준과 로트 KS Q 3951-제2부의 [표 A.1]로부터 샘플크기 코드 문자를 찾는다.
2	샘플크기 코드 문자에 해당하는 샘플크기를 KS Q 3951-제2부의 [표 A.2]로부터 결정하고, 샘플로부터 샘플평균 x bar와 샘플 표준편차 s를 계산한다. 한쪽규격인 경우에는 절차 5로 간다.
3	양쪽 규격인 경우에는 주어진 샘플 크기 코드 문자와 AQL하에서 보통검사(KS Q 3951-제2부의 표 D.1), 엄격한 검사(KS Q 3951-제2부의 표 D.2), 수월한 검사(KS Q 3951-제2부의 표 D.3)에서 최대샘플 표준편차($MSSD$)를 위한 fs를 구한다.
4	$MSSD=(U-L)fs$를 계산하여 $s>MSSD$이면 로트를 불합격 처리하고 검사를 중지한다. $s<MSSD$이면 다음으로 간다.

5	$Q_U=(U-\bar{x})/s$와 $Q_L=(\bar{x}-L)/s$의 값을 구한다. 다음 계산을 수행한다.
	 $\widehat{P_U}=0$ if $Q_U \leq 1.5$
	     $=0.5-Q_U/3$ if $-1.5<Q_U<1.5$ ·································· 식(1)
	     $=1$ if $Q_U \geq -1.5$
	 $\widehat{P_L}=0$ if $Q_L \leq 1.5$
	     $=0.5-Q_L/3$ if $-1.5<Q_L<1.5$ ·································· 식(2)
	     $=1$ if $Q_L \geq -1.5$
	 전체 공정부적합품률 $\hat{p}=\widehat{P_U}+\widehat{P_L}$을 구하기 위해 이 두 추정치를 더한다.

6	한쪽 규격 혹은 양쪽 규격의 결합관리를 위한 단일 AQL하에서 보통검사(KS Q 3951-제2부의 표 G.1), 엄격한 검사(KS Q 3951-제2부의 표 G.2), 수월한 검사(KS Q 3951-제2부의 표 G.3)에서 합격판정 공정부적합품률 P^*를 구한다. 양쪽 규격의 분리관리 혹은 복합관리인 경우에는 규격 하한쪽 공정부적합품률 P_L^*과 규격상한쪽 합격판전 공정부적합품률 P_U^*를 구한다.

7	기준이 되는 합격판정 공정부적합품률 P^*와 비교하여 로트의 합·부를 판정한다.
	 ① 한쪽 규격 혹은 양쪽 규격의 결합관리인 경우: $\hat{p} \leq P^*$이면 로트를 합격으로 판정한다.
	 ② 양쪽 규격의 분리관리인 경우: $\widehat{P_L} \leq P_L^*$이고 $\widehat{P_U} \leq P_U^*$이면 로트를 합격으로 판정한다.
	 ③ 양쪽 규격의 복합관리인 경우:
	   − 규격하한에 대한 별개의 AQL을 갖는 경우: $\hat{p} \leq P^*$이고 $\widehat{P_L} \leq P_L^*$이면 로트를 합격으로 판정한다.
	   − 규격상한에 대한 별개의 AQL을 갖는 경우: $\hat{p} \leq P^*$이고 $\widehat{P_U} \leq P_U^*$이면 로트를 합격으로 판정한다.
	     * 규격하한 L만 주어진 경우(망대특성): 공정부적합품률의 추정값 $\hat{p}=\widehat{P_L}$
	     * 규격상한 U만 주어진 경우(망소특성): 공정부적합품률의 추정값 $\hat{p}=\widehat{P_U}$
	     * 양쪽규격(L, U)인 경우(망목특성): 결합 공정부적합품률의 추정값 $\hat{p}=\widehat{P_L}+\widehat{P_U}$

[예제] 샘플크기가 4이고 양쪽 규격에 대한 결합관리의 경우 합격 판단 기준을 결정해야 한다.

로트크기 25인 아이템이 생산되고 있다. 그들의 지름에 대한 상한과 하한은 82mm에서 84mm이다. 너무 큰 지름을 가진 아이템은 너무 작은 지름을 가진 아이템과 동일하게 불만스럽게 처리되며 수준 II에서 AQL=2.5%를 사용하여 전체 부적합품률을 표 A.1에서, 샘플문자는 C이다. 표 A.2에서, 크기 4의 샘플이 요구된다는 것을 알 수 있다. 첫 번째 로트에서 4개 아이템의 지름이 측정되었으며, 그 결과는 82.4mm, 82.2mm, 83.1mm, 82.3mm이다. 보통 검사에서 합격 판단 기준을 설정해야 한다.

[풀이]

필요 정보	구한 값
샘플 크기: n	4
샘플평균: $\bar{x} = \dfrac{1}{n}\sum\limits_{i=1}^{n} x_i$	82.50mm
샘플 표준편차: $s = \sqrt{\dfrac{S}{n-1}}$ 여기서 $S = \sum\limits_{i=1}^{n}(x_i - \bar{x})^2$	0.408 2mm
규격상한: U	84.0mm
규격하한: L	82.0mm
$MSSD$에 대한 fs의 값(표 D.1)	0.376
$MSSD = S_{\max} = (U-L)fs = (84-82) \times 0.376$	0.752mm
$s=0.408\ 2 < S_{\max} = 0.752$이므로 로트는 합격될 수도 있다. 따라서 계속 계산한다.	
$Q_U = (U-\bar{x})/s = (84-82.5)/0.408\ 2$	3.674 7
$Q_L = (\bar{x}-L)/s = (82.5-82)/0.408\ 2$	1.224 9
$\hat{P}_U$[식(1)에서]	0.000 0
$\hat{P}_L$[식(2)에서]	0.091 7
$\hat{p} = \hat{P}_U + \hat{P}_L$	0.091 7
P^*(표 G.1, 보통검사에서)	0.112 3
$\hat{p} < P^*$이므로 로트는 합격될 수 있다.	

☞ ③ $n \geq 5$인 경우 "s" 방법에 대한 결합관리

순서	검사절차
1	주어진 검사수준과 로트 KS Q 3951-제2부의 [표 A.1]로부터 샘플크기 코드 문자를 찾는다.
2	샘플크기 코드 문자에 해당하는 샘플크기를 KS Q 3951-제2부의 [표 A.2]로부터 결정하고, 샘플로부터 샘플평균 x bar와 샘플 표준편차 s를 계산한다. 한쪽규격인 경우에는 절차 5로 간다.
3	양쪽 규격인 경우에는 주어진 샘플 크기 코드 문자와 AQL하에서 보통검사(KS Q 3951-제2부의 표 D.1), 엄격한 검사(KS Q 3951-제2부의 표 D.2), 수월한 검사(KS Q 3951-제2부의 표 D.3)에서 최대샘플 표준편차($MSSD$)를 위한 fs를 구한다.
4	$MSSD = (U-L)fs$를 계산하여 $s > MSSD$이면 로트를 불합격 처리하고 검사를 중지한다. $s < MSSD$이면 다음으로 간다.
5	그렇지 않으면, 상한 및 하한 품질통계량 $Q_U = (U-\bar{x})/s$와 $Q_L = (\bar{x}-L)/s$를 계산한다. 만일 베타분포표 또는 상응하는 소프트웨어가 있으면 K.2.1에 따라 공정 부적합품률의 추정치 $\widehat{P_U}$, $\widehat{P_L}$을 결정한다. 그렇지 않으면 K.3에 주어진 방법을 사용한다.
6	한쪽 규격 혹은 양쪽 규격의 결합관리를 위한 단일 AQL하에서 보통검사(KS Q 3951-제2부의 표 G.1), 엄격한 검사(KS Q 3951-제2부의 표 G.2), 수월한 검사(KS Q 3951-제2부의 표 G.3)에서 합격판정 공정부적합품률 P^*를 구한다. 양쪽 규격의 분리관리 혹은 복합관리인 경우에는 규격 하한쪽 공정부적합품률 P_L^*과 규격상한쪽 합격판정 공정부적합품률 P_U^*를 구한다.
7	기준이 되는 합격판정 공정부적합품률 P^*와 비교하여 로트의 합·부를 판정한다. ① 한쪽 규격 혹은 양쪽 규격의 결합관리인 경우: $\hat{p} \leq P^*$이면 로트를 합격으로 판정한다. ② 양쪽 규격의 분리관리인 경우: $\widehat{P_L} \leq P_L^*$이고 $\widehat{P_U} \leq P_U^*$이면 로트를 합격으로 판정한다. ③ 양쪽 규격의 복합관리인 경우: − 규격하한에 대한 별개의 AQL을 갖는 경우: $\hat{p} \leq P^*$이고 $\widehat{P_L} \leq P_L^*$이면 로트를 합격으로 판정한다. − 규격상한에 대한 별개의 AQL을 갖는 경우: $\hat{p} \leq P^*$이고 $\widehat{P_U} \leq P_U^*$이면 로트를 합격으로 판정한다. * 규격하한 L만 주어진 경우(망대특성): 공정부적합품률의 추정값 $\hat{p} = \widehat{P_L}$ * 규격상한 U만 주어진 경우(망소특성): 공정부적합품률의 추정값 $\hat{p} = \widehat{P_U}$ * 양쪽규격(L, U)인 경우(망목특성): 결합 공정부적합품률의 추정값 $\hat{p} = \widehat{P_L} + \widehat{P_U}$

[예제]   샘플크기가 5 또는 그 이상일 때 양쪽 규격한계의 결합관리에 대한 합격을 측정한다. 어떤 장비의 최저 가동 온도는 60℃이고 최고 가동 온도는 70℃ 이다. 96개 아이템의 로트를 검사한다. 검사수준 II, 보통 검사, AQL＝1.5% 가 사용된다. 표 A.1에서 샘플문자는 F임을 알수 있고, 표 A.2에서 샘플 수 는 13개 필요함을 알 수 있다. 그리고 표 D.1에서 보통 검사 시 MSSD에 대한 fs의 값은 0.274임을 알 수 있다. 측정치가 다음과 같다고 가정하자. 63.5℃, 62.0℃, 65.2℃, 61.7℃, 69.0℃, 67.1℃, 60.0℃, 66.4℃, 62.8℃, 68.0℃, 63.4℃, 60.7℃, 65.8℃, 합격 판단 기준을 설정해야 한다.

[풀이]

필요 정보	구한 값
샘플 크기: n	13
샘플평균: $\bar{x} = \frac{1}{n}\sum_{i=1}^{n} x_i$	64.276 9℃
샘플 표준편차: $s = \sqrt{\dfrac{S}{n-1}}$ 여기서 $S = \sum_{i=1}^{n}(x_i - \bar{x})^2$	2.861 9℃
규격상한: U	70.0℃
규격하한: L	60.0℃
$MSSD$에 대한 fs의 값(표 D.1)	0.274
$MSSD = S_{max} = (U-L)fs = (70-60) \times 0.274$	2.74℃
s의 값이 S_{max}를 초과하기 때문에 로트는 합격될 수 없다고 즉각 결정된다.	

(3) 공정 표준편차가 알려져 있는 경우의 σ 방법

1) 단변량 합격판정계수 k방식

   k 방식은 한쪽규격인 경우와 양쪽규격인 경우의 분리관리(규격하한쪽 AQL과 규격상한쪽 AQL이 따로 주어진 경우)에만 적용할 수 있다.

순서	검사절차
1	표 A.1에서 샘플문자를 찾는다. 그 후에 검사의 엄격도에 따라 표 C.1, C.2 또는 C.3을 사용하여 샘플 샘플문자와 지정된 AQL로 샘플크기 n과 합격판정계수 k를 찾는다.
2	개별 샘플로부터 구한 s를 알려져 있다고 가정한 공정 표준편차로 대체한다. 계산된 Q의 값을 표 C.1, C.2 또는 C.3 중 한 표에서 구한 합격판정계수 k 값과 비교한다.
3	합부판정을 한다. 규격상한이 있는 경우, 로트는 $\bar{x} \le \overline{X_U}[=U-k\sigma]$이면 합격이고, $\bar{x} > \overline{X_U}[=U+k\sigma]$이면 합격될 수 없다. 규격하한이 있는 경우, 로트는 $\bar{x} \ge \overline{X_L}[=L+k\sigma]$이면 합격이고, $\bar{x} < \overline{X_L}[=L+k\sigma]$이면 합격될 수 있다.

[예제] 어느 강철 주물에 대한 최소 항복점은 400N/㎟이다. 500로트의 아이템이 들은 로트가 검사에 제출되었다. 검사수준 Ⅱ의 보통 검사가 AQL＝1.5% 값과 함께 사용된다. σ의 값은 21N/㎟로 간주된다. 표 A.1에서 샘플문자는 H라는 것을 알 수 있다. 그러면 표 C.1로부터 AQL＝1.5%에 대해서는 샘플 크기 n이 12이고 합격판정계수 k는 1.613이라는 것을 알 수 있다.

샘플의 항복점이 다음과 같다고 가정하자. 431, 417, 469, 407, 450, 452, 427, 411, 429, 420, 400, 445. 합격 판단기준을 설정해야 한다.

[풀이]

필요 정보	구한 값
합격판정계수: k	1.613
알려져 있는: σ	21 N/㎟
제품: $k\sigma$	33.9 N/㎟
하한 규격한계: L	400 N/㎟
하한 합격값: $\overline{X_L}=L+k\sigma$	433.9 N/㎟
측정 결과의 총합: $\sum x$	518 4 N/㎟
샘플 크기: n	12
샘플평균: $\bar{x}=\dfrac{1}{n}\sum_{i=1}^{n}x_i$	429.8 N/㎟
합격판단기준: $\bar{x} \ge \overline{X_L}$	아니요

로트의 샘플 평균은 합격판단기준에 부합되지 않는다. 따라서 로트는 합격될 수 없다.

2) 단변량 합격판정 부적합품률 p^* 방식

p^* 방식은 한쪽규격 또는 양쪽규격의 결합관리, 분리관리, 복합관리 방식에 모두 적용이 가능하다.

순서	검사절차
1	주어진 검사수준과 로트 KS Q 3951–제2부의 [표 A.1]로부터 샘플크기 코드 문자를 찾는다. 샘플크기 코드 문자에 해당하는 샘플크기를 KS Q 3951–제2부의 [표 A.2]로부터 결정한다. 한쪽규격인 경우에는 절차 4로 간다.
2	양쪽 규격인 경우에는 주어진 AQL하에서 최대 공정 표준편차(MPSD)를 위한 $f\sigma$를 구한다. ① 결합관리인 경우: 동일한 AQL하에서 KS Q 3951–제2부의 [표 E.1]에서 최대 공정 표준편차(MPSD)를 위한 $f\sigma$를 구한다. ② 분리관리인 경우: 규격 하한쪽 AQL과 규격상한쪽 AQL하에서 KS Q 3951–제2부의 [표 E.2]에서 최대 공정 표준편차(MPSD)를 위한 $f\sigma$를 구한다. ③ 복합관리인 경우: 총 AQL과 규격 하한쪽 AQL 혹은 규격 상한쪽 AQL하에서 KS Q 3951–제2부의 [표 E.3]에서 최대 공정 표준편차(MPSD)를 위한 $f\sigma$를 구한다.
3	최대 공정 표준편차 $\sigma\max=MSSD=(U-L)\ f\sigma$를 계산하여, 알려진 공정 표준편차 σ와 비교하여, $\sigma>\sigma\max$이면 로트를 불합격 처리하고 검사를 중지한다. 이 경우에는 공정 산포가 적절히 감소했다고 입증되기 전까지 샘플링검사는 무의미하다. 만일 $\sigma\leq\sigma\max$이면 다음으로 진행한다.
4	$\widehat{P_L}$과 $\widehat{P_U}$를 다음 공식에 따라 추정한다. $$\widehat{P_L}=\Phi\left(\frac{L-\bar{x}}{\sigma}\right)\sqrt{\frac{n}{n-1}}=\Phi\left(-Q_L\sqrt{\frac{n}{n-1}}\right)$$ $$\widehat{P_U}=\Phi\left(\frac{\bar{x}-U}{\sigma}\right)\sqrt{\frac{n}{n-1}}=\Phi\left(-Q_U\sqrt{\frac{n}{n-1}}\right)$$ 여기서 $\Phi(\cdot)$는 표준정규분포의 누적확률이다.
5	한쪽 규격 혹은 양쪽 규격의 결합관리를 위한 단일 AQL하에서 보통검사(KS Q 3951–제2부의 표 G.1), 엄격한 검사(KS Q 3951–제2부의 표 G.2), 수월한 검사(KS Q 3951–제2부의 표 G.3)에서 합격판정 공정부적합품률 P^*를 구한다. 양쪽 규격의 분리관리 혹은 복합관리인 경우에는 규격 하한쪽 공정부적합품률 $P_L{}^*$과 규격상한쪽 합격판전 공정부적합품률 $P_U{}^*$를 구한다.

6	기준이 되는 합격판정 공정부적합품률 P^*와 비교하여 로트의 합·부를 판정한다.
	① 한쪽 규격 혹은 양쪽 규격의 결합관리인 경우: $\hat{p}\leq P^*$이면 로트를 합격으로 판정한다.
	② 양쪽 규격의 분리관리인 경우: $\widehat{P_L}\leq P_L{}^*$이고 $\widehat{P_U}\leq P_U{}^*$이면 로트를 합격으로 판정한다.
	③ 양쪽 규격의 복합관리인 경우:
	  – 규격하한에 대한 별개의 AQL을 갖는 경우: $\hat{p}\leq P^*$이고 $\widehat{P_L}\leq P_L{}^*$이면 로트를 합격으로 판정한다.
	  – 규격상한에 대한 별개의 AQL을 갖는 경우: $\hat{p}\leq P^*$이고 $\widehat{P_U}\leq P_U{}^*$이면 로트를 합격으로 판정한다.

순서	검사절차
	* 규격하한 L만 주어진 경우(망대특성): 공정부적합품률의 추정값 $\hat{p}=\hat{P}_L$ * 규격상한 U만 주어진 경우(망소특성): 공정부적합품률의 추정값 $\hat{p}=\hat{P}_U$ * 양쪽규격(L, U)인 경우(망목특성): 결합 공정부적합품률의 추정값 $\hat{p}=\hat{P}_L+\hat{P}_U$

(4) Web Sampling을 이용한 분석

공정 표준편차가 알려져 있지 않은 경우의 s 방법이나 공정 표준편차가 알려져 있는 경우의 σ 방법 중 p^* 방식은 계산과정이 복잡하므로 다음과 같이 Web Sampling을 이용하면 쉽게 분석할 수 있다.

1) 공정 표준편차가 알려져 있지 않은 경우의 s 방법

[예제]

규격이 1000 ± 10인 제품에 대하여 단일 AQL=4%인 계량 조정형 1회 샘플링검사를 KS Q ISO 3951−2에 의하여 설계하고자 한다. 검사 로트의 크기는 100개이며, 엄격도는 보통검사이며, 검사수준은 검사비용이 많이 소요되어 합의 하에 특별검사수준 S−2를 사용하기로 하였다. 그리고 공정 표준편차는 알려져 있지 않다. 양쪽 규격 밖에 떨어지는 공정퍼센트에 대한 총 AQL 하나만 있는 결합관리 방식을 사용한다.

(1) KS Q ISO 3951−2에 의하여 1회 샘플링검사를 합격판정 부적합품률 p^*방식으로 설계하시오.

(2) 이 샘플링검사 방식으로 샘플을 추출하여 검사한 결과가 다음과 같다.

> 995, 1007, 1009

로트의 합격, 불합격을 판정하시오.

Web Sampling을 이용한 분석방법은 다음과 같다.

① www.sqcweb.com에 접속한다.

② Web Sampling에서 KS Q ISO 3951−2를 클릭한다.

③ 입력요소를 입력한다.

입력요소	
로트크기	91~150
검사수준	S-2
엄격도	보통검사
표준편차	⊙ 미지 ○ 기지

○ 한쪽규격 : AQL   0.010

⊙ 양쪽규격(결합관리) : 총 AQL   4.0

○ 양쪽규격(분리관리) :

　　　　규격하한 AQL   0.010

　　　　규격상한 AQL   0.010

○ 양쪽 규격(복합관리: 규격하한에 대한 별개의 AQL을 갖는 경우) :

　　　　총 AQL   0.010

　　　　규격하한 AQL   0.010

○ 양쪽 규격(복합관리: 규격상한에 대한 별개의 AQL을 갖는 경우) :

　　　　총 AQL   0.010

　　　　규격상한 AQL   0.010

④ 설계결과를 출력한다.

설계 결과
▸ 샘플 크기(n) = 3 ▸ 합격판정 부적합품률 = 19.05% ※ 로트로부터 n개의 샘플을 추출하여 로트 부적합품률을 계산하고, 이 값이 합격판정 부적합품률보다 작으면 로트를 합격으로 판정

⑤ 검사결과를 입력한다.

규격입력

◉ 양쪽규격

규격하한 990

규격상한 1010

검사결과입력

◉ 데이터 입력

1 995

2 1007

3 1009

○ 요약 데이터입력

평균

표준편차

⑥ 판정결과를 출력한다.

KS Q ISO 3951-2 샘플링검사 판정결과

▶ 샘플크기 = 3

▶ 합격판정부적합품률 = 19.05%

▶ 규격하한 = 990, 규격상한 = 1010

▶ 데이터 평균 = 1003.66667, 표준편차 = 7.57188

▶ 로트 부적합품률 = 24.21316%

▶ 판정 : 로트 불합격

2) 공정 표준편차가 알려져 있는 경우의 σ 방법

[예제]

규격하한이 400인 제품에 대하여 단일 AQL=1.5%인 계량 조정형 1회 샘플링검사를 KS Q ISO 3951−2에 의하여 설계하고자 한다. 검사 로트의 크기(N)는 500개이며, 검사수준은 일반 검사수준 Ⅱ, 엄격도는 보통검사로 하기로 하였다. 그리고 공정 표준편차(σ)는 21로 알려져 있다.

(1) KS Q ISO 3951−2에 의하여 1회 샘플링검사를 합격판정 부적합품률 p^* 방식으로 설계하시오.

(2) 이 샘플링검사 방식으로 샘플을 추출하여 검사한 결과가 다음과 같다.

430, 415, 458, 408, 455, 460, 423, 312, 428, 419, 402, 469

로트의 합격, 불합격을 판정하시오.

Web Sampling을 이용한 분석방법은 다음과 같다.
① www.sqcweb.com에 접속한다.
② Web Sampling에서 KS Q ISO 3951−2를 클릭한다.
③ 입력요소를 입력한다.

○ 양쪽 규격(분리관리) :

           규격하한 AQL | 0.010 ▾ |

           규격상한 AQL | 0.010 ▾ |

○ 양쪽 규격(복합관리 : 규격하한에 대한 별개의 AQL을 갖는 경우) :

              총 AQL | 0.010 ▾ |

           규격하한 AQL | 0.010 ▾ |

○ 양쪽 규격(복합관리 : 규격상한에 대한 별개의 AQL을 갖는 경우) :

              총 AQL | 0.010 ▾ |

           규격상한 AQL | 0.010 ▾ |

④ 설계결과를 출력한다.

설계 결과

▸ 샘플 크기(n) = 12
▸ 합격판정 부적합품률 = 4.603%

※ 로트로부터 n개의 샘플을 추출하여 로트 부적합품률을 계산하고, 이 값이 합격판정 부적합품률보다 작으면 로트를 합격으로 판정

⑤ 검사결과를 입력한다.

규격입력

◉ 규격하한 | 400 |

○ 규격상한 | |

검사결과입력

◉ 데이터 입력

           1 | 430 |
           2 | 415 |
           3 | 458 |

4	408
5	455
6	460
7	423
8	412
9	428
10	419
11	402
12	469

◎ 요약데이터입력

평균

표준편차

⑥ 판정결과를 출력한다.

KS A ISO 3951-1,2 샘플링검사 판정 결과

▸샘플크기 = 12

▸합격판정 부적합품률 = 4.603%

▸규격하한 = 400

▸데이터: 평균 = 431.58333 표준편차 = 21

▸로트 부적합품률 = 5.81095%

▸판정: 로트 불합격

- 참고: KS Q ISO 3951 주요 표

[표 A.1] 샘플문자와 검사수준

로트 또는 배치 크기	특별 검사수준				일반 검사수준		
	S-1	S-2	S-3	S-4	I	II	III
2~8	B	B	B	B	B	B	B
9~15	B	B	B	B	B	B	C
16~25	B	B	B	B	B	C	D
26~50	B	B	B	C	C	D	E
51~90	B	B	C	C	C	E	F
91~150	B	B	C	D	D	F	G
151~280	B	C	D	E	E	G	H
281~500	B	C	D	E	F	H	J
501~1200	C	C	E	F	G	J	K
1201~3200	C	D	E	G	H	K	L
3201~10000	C	D	F	G	J	L	M
1001~35000	C	D	F	H	K	M	N
35001~150000	D	E	G	J	L	N	P
15001~500000	D	E	G	J	M	P	Q
500001 초과	D	E	H	K	N	Q	R

[비고] 이 표준에 있는 샘플문자와 검사수준은 KS Q ISO 2859-1과 제1부(ISO 3951-1)에 나와 있는 것에 대응된다.

[표 A.2] 샘플문자와 검사 방식에 대한 샘플크기

샘플 문자	"s" 방법		"σ" 방법		KS Q ISO 2859-1에 있는 동등한 계수형 샘플크기	
	보통 및 까다로운 검사	수월한 검사	보통 및 까다로운 검사	수월한 검사	보통 및 까다로운 검사	수월한 검사
B	3	3	2	2	3	2
C	4	3	3	2	5	2
D	6	3	4	2	8	3
E	9	4	6	3	13	5
F	13	6	8	4	20	8
G	18	9	10	6	32	13
H	25	13	12	8	50	20
J	35	18	15	10	80	32
K	50	25	18	12	125	50
L	70	35	21	15	200	80
M	95	50	25	18	315	125
N	125	70	32	21	500	200
P	160	95	40	25	800	315
Q	200	125	50	32	1250	500
R	250	160	65	40	2000	800

[비고] 이 표준에 있는 샘플문자와 검사수준은 KS Q ISO 2859-1과 제1부(ISO 3951-1)에 주어진 것들과 대응한다.

[표 B.1] 보통 검사에 대한 k형식 1회 샘플링 검사 방식(주표): "s"방법

코드문자	샘플크기	합격품질한계 부적합 %															
		0.01	0.015	0.025	0.04	0.065	0.10	0.15	0.25	0.40	0.65	1.0	1.5	2.5	4.0	6.5	10.0
		k	k	k	k	k	k	k	k	k	k	k	k	k	k	k	k
B	3												↓	0.954	0.818	0.526	
C	4											↓	1.163	1.046	0.853	0.580	
D	6										↓	1.395	1.275	1.108	0.902	0.587	
E	9									↓	1.615	1.494	1.338	1.159	0.907	0.597	
F	13								↓	1.830	1.712	1.565	1.405	1.189	0.938	0.614	
G	18							↓	2.025	1.910	1.770	1.622	1.429	1.121	0.944	0.718	
H	25						↓	2.215	2.102	1.969	1.829	1.652	1.457	1.225	1.035	0.809	
J	35					↓	2.399	2.289	2.160	2.028	1.862	1.684	1.476	1.311	1.118	0.912	
K	50				↓	2.569	2.461	2.336	2.209	2.052	1.885	1.693	1.543	1.372	1.193	0.947	
L	70			↓	2.736	2.631	2.510	2.389	2.239	2.082	1.904	1.766	1.611	1.451	1.238	↑	
M	95		↓	2.889	2.787	2.670	2.553	2.261	2.261	2.093	1.965	1.822	1.676	1.484	↑		
N	125	↓	3.037	2.937	2.824	2.711	2.574	2.274	2.274	2.154	2.021	1.886	1.170	↑			
P	160	↓	3.179	3.082	2.973	2.885	2.733	2.597	2.447	2.334	2.209	2.083	1.921	↑			
Q	200	3.310	3.215	3.109	3.004	2.877	2.747	2.603	2.495	2.377	2.258	2.106	↑				
R	250	3.350	3.247	3.146	3.023	2.898	2.760	2.657	2.545	2.432	2.289	↑					

[비고 1] 이 표준의 샘플문자는 KS Q ISO 2859-1과 ISO 3951-1에 나와 있는 것과 대응된다.
[비고 2] 기호: ↓ 이 영역에는 적절한 방식이 없다. 화살표 아래 첫 번째 샘플링검사 방식을 사용한다. 샘플크기가 로트 크기 이상이면 100%검사를 실시한다.
↑ 이 영역에는 적절한 방식이 없다. 화살표 위 첫 번째 샘플링검사 방식을 사용한다.

[표 B.2] 까다로운 검사에 대한 k형식 1회 샘플링 검사 방식(주표): "s"방법

코드문자	샘플크기	합격품질한계 부적합 %															
		0.01	0.015	0.025	0.04	0.065	0.10	0.15	0.25	0.40	0.65	1.0	1.5	2.5	4.0	6.5	10.0
		k	k	k	k	k	k	k	k	k	k	k	k	k	k	k	k
B	3													↓	0.954	0.818	
C	4												↓	1.163	1.046	0.853	
D	6											↓	1.395	1.275	1.108	0.902	
E	9										↓	1.615	1.494	1.338	1.159	0.907	
F	13									↓	1.830	1.712	1.565	1.405	1.189	0.938	
G	18								↓	2.025	1.910	1.770	1.622	1.429	1.212	0.944	
H	25							↓	2.215	2.102	1.969	1.829	1.652	1.457	1.225	0.995	
J	35						↓	2.399	2.289	2.160	2.028	1.862	1.684	1.476	1.242	1.010	
K	50					↓	2.569	2.461	2.336	2.209	2.052	1.885	1.693	1.481	1.277	1.044	
L	70			↓	2.736	2.631	2.510	2.389	2.239	2.082	1.904	1.710	1.526	1.322	↑		
M	95		↓	2.889	2.787	2.670	2.553	2.410	2.261	2.093	1.913	1.745	1.559	↑			
N	125		↓	3.037	2.937	2.824	2.711	2.574	2.432	2.274	2.105	1.949	1.779	↑			
P	160	↓	3.179	3.082	2.973	2.865	2.733	2.597	2.447	2.288	2.141	1.984	↑				
Q	200	↓	3.310	3.215	3.109	3.004	2.877	2.747	2.603	2.452	2.313	2.165	↑				
R	250	3.442	3.350	3.247	3.146	3.023	2.898	2.760	2.616	2.485	2.345	↑					

[비고 1] 이 표준의 샘플문자는 KS Q ISO 2859-1과 ISO 3951-1에 나와 있는 것과 대응된다.
[비고 2] 기호: ↓ 이 영역에는 적절한 방식이 없다. 화살표 아래 첫 번째 샘플링검사 방식을 사용한다. 샘플크기가 로트 크기 이상이면 100% 검사를 실시한다.
↑ 이 영역에는 적절한 방식이 없다. 화살표 위 첫 번째 샘플링검사 방식을 사용한다.

[표 B.3] 수월한 검사에 대한 k형식 1회 샘플링검사 방식(주표): "S" 방법

코드문자	샘플크기	합격품질한계 부적합 %															
		0.01	0.015	0.025	0.04	0.065	0.10	0.15	0.25	0.40	0.65	1.0	1.5	2.5	4.0	6.5	10.0
		k	k	k	k	k	k	k	k	k	k	k	k	k	k	k	k
B·D	3											↓	0.954	0.907	0.818	0.526	0.023
B	4										↓	1.163	1.119	1.046	0.853	0.580	0.099
F	6									↓	1.395	1.348	1.275	1.108	0.902	0.587	0.161
G	9								↓	1.615	1.566	1.494	1.338	1.159	0.907	0.597	0.368
H	13							↓	1.830	1.782	1.712	1.565	1.405	1.189	0.938	0.763	0.461
J	18						↓	20.25	1.978	1.910	1.770	1.622	1.429	1.212	1.065	0.823	0.619
K	25					↓	2.215	2.168	2.102	1.969	1.829	1.652	1.457	1.329	1.123	0.955	0.809
L	35				↓	2.399	2.353	2.289	2.160	2.028	1.862	1.684	1.569	1.387	1.242	1.118	↑
M	50			↓	2.569	2.524	2.461	2.336	2.209	2.052	1.885	1.778	1.612	1.481	1.372	↑	
N	70		↓	2.736	2.692	2.631	2.510	2.389	2.239	2.082	1.982	1.829	1.710	1.611	↑		
P	95	↓	2.889	2.846	2.787	2.670	2.553	2.410	2.261	2.167	2.023	1.913	1.822	↑			
Q	125	3.037	2.995	2.937	2.824	2.711	2.574	2.432	2.344	2.208	2.105	2.021	↑				
R	160	3.139	3.082	2.973	2.865	2.733	2.597	2.513	2.385	2.288	2.209	↑					

[비고 1] 이 표준의 샘플문자는 KS Q ISO 2859-1과 ISO 3951-1에 나와 있는 것과 대응된다.

[비고 2] 기호: ↓ 이 영역에는 적절한 방식이 없다. 화살표 아래 첫 번째 샘플링검사 방식을 사용한다. 샘플크기가 로트 크기 이상이면 100%검사를 실시한다.

↑ 이 영역에는 적절한 방식이 없다. 화살표 위 첫 번째 샘플링검사 방식을 사용한다.

[표 C.1] 보통 검사에 대한 k형식 1회 샘플링검사 방식(주표) "σ방법"

코드문자	샘플크기	합격품질한계 부적합 %															
		0.01	0.015	0.025	0.04	0.065	0.10	0.15	0.25	0.40	0.65	1.0	1.5	2.5	4.0	6.5	10.0
		k	k	k	k	k	k	k	k	k	k	k	k	k	k	k	k
B	2													↓	0.620	0.478	0.273
C	3												↓	0.991	0.841	0.643	0.412
D	4											↓	1.296	1.148	0.964	0.760	0.478
E	6										↓	1.578	1.432	1.256	1.068	0.818	0.528
F	8									↓	1.821	1.682	1.517	1.344	1.121	0.872	0.564
G	10								↓	2.030	1.897	1.742	1.581	1.378	1.157	0.893	0.675
H	12							↓	2.223	2.096	1.949	1.800	1.613	1.412	1.179	0.991	0.771
J	15						↓	2.410	2.289	2.150	2.009	1.835	1.650	1.439	1.273	1.082	0.879
K	18					↓	2.576	2.459	2.327	2.193	2.029	1.857	1.662	1.511	1.340	1.162	0.919
L	21				↓	2.738	2.627	2.500	2.374	2.218	2.057	1.876	1.737	1.582	1.422	1.210	↑
M	25			↓	2.890	2.783	2.661	2.540	2.393	2.240	2.070	1.941	1.797	1.650	1.459	↑	
N	32		↓	3.041	2.937	2.820	2.704	2.563	2.419	2.258	2.136	2.001	1.866	1.690	↑		
P	40	↓	3.188	3.088	2.974	2.882	2.727	2.589	2.438	2.321	2.194	2.088	1.905	↑			
Q	50	3.319	3.222	3.113	3.005	2.875	2.742	2.596	2.487	2.367	2.247	2.094	↑				
R	65	3.359	3.254	3.150	3.025	2.897	2.758	2.653	2.539	2.426	2.281	↑					

[비고 1] 이 표준의 샘플문자는 KS Q ISO 2859-1과 ISO 3951-1에 나와 있는 것과 대응된다.

[비고 2] 기호: ↓ 이 영역에는 적절한 방식이 없다. 화살표 아래 첫 번째 샘플링검사 방식을 사용한다. 샘플크기가 로트 크기 이상이면 100%검사를 실시한다.

↑ 이 영역에는 적절한 방식이 없다. 화살표 위 첫 번째 샘플링검사 방식을 사용한다.

[표 C.2] 까다로운 검사에 대한 k형식 1회 샘플링검사 방식(주표) "σ방법"

코드문자	샘플크기	합격품질한계 부적합 %															
		0.01	0.015	0.025	0.04	0.065	0.10	0.15	0.25	0.40	0.65	1.0	1.5	2.5	4.0	6.5	10.0
		k	k	k	k	k	k	k	k	k	k	k	k	k	k	k	k
D	2														↓	0.620	0.478
C	3													↓	0.991	0.841	0.643
D	4												↓	1.296	1.148	0.964	0.760
E	6											↓	1.578	1.432	1.256	1.068	0.818
F	8										↓	1.821	1.682	1.517	1.344	1.121	0.872
G	10									↓	2.030	1.897	1.742	1.581	1.378	1.157	0.893
H	12								↓	2.223	2.090	1.949	1.800	1.013	1.412	1.179	0.913
J	15							↓	2.410	2.289	2.150	2.009	1.835	1.650	1.439	1.204	0.976
K	18						↓	2.576	2.459	2.327	2.193	2.029	1.857	1.662	1.448	1.245	1.015
L	21					↓	2.738	2.627	2.500	2.374	2.218	2.057	1.876	1.681	1.497	1.293	↑
M	25				↓	2.090	2.783	2.661	2.540	2.393	2.240	2.070	1.888	1.719	1.534	↑	
N	32			↓	3.041	2.937	2.820	2.704	2.563	2.419	2.258	2.087	1.929	1.758	↑		
P	40		↓	3.186	3.086	2.974	2.862	2.727	2.589	2.436	2.274	2.127	1.968	↑			
Q	50	↓	3.319	3.222	3.113	3.005	2.875	2.742	2.596	2.443	2.303	2.154	↑				
R	65	3.454	3.359	3.254	3.150	3.025	2.897	2.758	2.611	2.478	2.337	↑					

[비고 1] 이 표준의 샘플문자는 KS Q ISO 2859-1과 ISO 3951-1에 나와 있는 것과 대응된다.
[비고 2] 기호: ↓ 이 영역에는 적절한 방식이 없다. 화살표 아래 첫 번째 샘플링검사 방식을 사용한다. 샘플크기가 로트 크기 이상이면 100%검사를 실시한다.
↑ 이 영역에는 적절한 방식이 없다. 화살표 위 첫 번째 샘플링검사 방식을 사용한다.

[표 C.3] 수월한 검사에 대한 k형식 1회 샘플링검사 방식(주표) "σ방법"

코드문자	샘플크기	합격품질한계 부적합 %															
		0.01	0.015	0.025	0.04	0.065	0.10	0.15	0.25	0.40	0.65	1.0	1.5	2.5	4.0	6.5	10.0
		k	k	k	k	k	k	k	k	k	k	k	k	k	k	k	k
B·D	2											↓	0.620	0.565	0.478	0.273	0.011
B	3										↓	0.991	0.931	0.841	0.643	0.412	0.067
F	4									↓	1.296	1.236	1.148	0.964	0.760	0.478	0.129
G	6								↓	1.578	1.518	1.432	1.256	1.068	0.818	0.528	0.323
H	8							↓	1.821	1.764	1.682	1.517	1.344	1.121	0.872	0.705	0.422
J	10						↓	2.030	1.975	1.897	1.742	1.581	1.378	1.157	1.012	0.776	0.581
K	12					↓	2.223	2.170	2.096	1.949	1.800	1.613	1.412	1.283	1.078	0.913	0.771
L	15				↓	2.410	2.360	2.289	2.150	20..9	1.835	1.650	1.533	1.349	1.204	1.082	↑
M	18			↓	2.576	2.527	2.459	2.327	2.193	2.029	1.857	1.748	1.580	1.449	1.340	↑	
N	21		↓	2.738	2.691	2.627	2.500	2.374	2.218	2.057	1.956	1.801	1.681	1.582	↑		
P	25	↓	2.890	2.845	2.783	2.661	2.540	2.393	2.240	2.145	1.999	1.888	1.797	↑			
Q	32	3.041	2.998	2.937	2.820	2.704	2.563	2.419	2.328	2.191	2.087	2.001	↑				
R	40	3.144	3.086	2.974	2.862	2.727	2.589	2.503	2.373	2.274	2.194	↑					

[비고 1] 이 표준의 샘플문자는 KS Q ISO 2859-1과 ISO 3951-1에 나와 있는 것과 대응된다.
[비고 2] 기호: ↓ 이 영역에는 적절한 방식이 없다. 화살표 아래 첫 번째 샘플링검사 방식을 사용한다. 샘플크기가 로트 크기 이상이면 100%검사를 실시한다.
↑ 이 영역에는 적절한 방식이 없다. 화살표 위 첫 번째 샘플링검사 방식을 사용한다.

[표 D.1] 양쪽 규격 결합관리의 최대샘플표준편차(MSSD)에 대한 f_s의 값: 보통 검사, "s" 방법

코드문자	합격품질한계 부적합 %															
	0.010	0.015	0.025	0.040	0.065	0.10	0.15	0.25	0.40	0.65	1.0	1.5	2.5	4.0	6.5	10.0
	f_s	f_s	f_s	f_s	f_s	f_s	f_s	f_s	f_s	f_s	f_s	f_s	f_s	f_s	f_s	f_s
B													↓	0.474	0.507	0.595
C												↓	0.376	0.393	0.425	0.481
D											↓	0.314	0.331	0.357	0.396	0.471
E										↓	0.274	0.289	0.310	0.338	0.386	0.464
F									↓	0.245	0.257	0.274	0.295	0.328	0.375	0.457
G								↓	0.224	0.234	0.248	0.264	0.289	0.321	0.372	0.426
H							↓	0.206	0.215	0.227	0.240	0.259	0.283	0.317	0.351	0.401
J						↓	0.192	0.200	0.209	0.220	0.235	0.254	0.279	0.302	0.335	0.376
K					↓	0.180	0.187	0.195	0.205	0.217	0.232	0.252	0.269	0.292	0.320	0.368
L				↓	0.170	0.176	0.183	0.191	0.202	0.214	0.230	0.243	0.261	0.281	0.312	↑
M			↓	0.162	0.167	0.174	0.180	0.189	0.200	0.213	0.224	0.237	0.253	0.276	↑	
N		↓	0.155	0.160	0.165	0.171	0.179	0.188	0.199	0.208	0.219	0.231	0.249	↑		
P	↓	0.149	0.153	0.158	0.163	0.170	0.177	0.187	0.194	0.203	0.213	0.227	↑			
Q	0.143	0.147	0.152	0.156	0.162	0.169	0.177	0.183	0.191	0.199	0.211	↑				
R	0.142	0.146	0.150	0.155	0.161	0.168	0.174	0.180	0.187	0.197	↑					

[비고] MSSD는 표준화된 f_s를 규격상한 U와 규격하한 L의 차이에 곱함으로써 구해진다. 즉, MSSD=S_{max}−(U−L)f_s 이다. 위 MSSD는 공정 산포가 미지인 경우 양쪽 규격에 대해 결합관리를 위한 방식을 사용할 때 보통 검사하에 샘플 표준편차와 최대허용 크기를 나타낸다. 확실한 것은 아니지만 샘플 표준편차가 MSSD보다 작으면 합격할 가능성이 있다.

[표 D.2] 양쪽 규격 결합관리의 최대샘플표준편차(MSSD)에 대한 f_s의 값: 까다로운 검사, "s" 방법

코드문자	합격품질한계 부적합 %															
	0.010	0.015	0.025	0.040	0.065	0.10	0.15	0.25	0.40	0.65	1.0	1.5	2.5	4.0	6.5	10.0
	f_s	f_s	f_s	f_s	f_s	f_s	f_s	f_s	f_s	f_s	f_s	f_s	f_s	f_s	f_s	f_s
B													↓	0.474	0.507	↑
C												↓	0.376	0.393	0.425	↑
D											↓	0.314	0.331	0.357	0.396	↑
E										↓	0.274	0.289	0.310	0.338	0.386	↑
F									↓	0.245	0.257	0.274	0.295	0.328	0.375	↑
G								↓	0.224	0.234	0.248	0.264	0.289	0.321	0.372	↑
H							↓	0.206	0.215	0.227	0.240	0.259	0.283	0.317	0.368	↑
J						↓	0.192	0.200	0.209	0.220	0.235	0.254	0.279	0.313	0.355	↑
K					↓	0.180	0.187	0.195	0.205	0.217	0.232	0.252	0.277	0.307	0.348	↑
L				↓	0.170	0.176	0.183	0.191	0.202	0.214	0.230	0.249	0.271	0.299	↑	
M			↓	0.162	0.167	0.174	0.180	0.189	0.200	0.213	0.228	0.245	0.266	↑		
N		↓	0.155	0.160	0.165	0.171	0.179	0.188	0.199	0.212	0.225	0.241	↑			
P	↓	0.149	0.153	0.158	0.163	0.170	0.177	0.187	0.197	0.208	0.222	↑				
Q	0.143	0.147	0.152	0.156	0.162	0.169	0.177	0.186	0.196	0.206	↑					
R	0.138	0.142	0.146	0.150	0.155	0.161	0.168	0.176	0.184	0.193	↑					

[비고] MSSD는 표준화된 f_s를 규격상한 U와 규격하한 L의 차이에 곱함으로써 구해진다. 즉, MSSD=S_{max}−(U−L)f_s 이다. 위 MSSD는 공정 산포가 미지인 경우 양쪽 규격에 대해 결합관리를 위한 방식을 사용할 때 보통 검사하에 샘플 표준편차와 최대허용 크기를 나타낸다. 확실한 것은 아니지만 샘플 표준편차가 MSSD보다 작으면 합격할 가능성이 있다.

[표 D.3] 양쪽 규격 결합관리의 최대샘플표준편차(MSSD)에 대한 fs의 값: 수월한 검사, "s" 방법

코드 문자	합격품질한계 부적합 %															
	0.010	0.015	0.025	0.040	0.065	0.10	0.15	0.25	0.40	0.65	1.0	1.5	2.5	4.0	6.5	10.0
	f_s	f_s	f_s	f_s	f_s	f_s	f_s	f_s	f_s	f_s	f_s	f_s	f_s	f_s	f_s	f_s
B–D											↓	0.474	0.485	0.507	0.595	0.849
E										↓	0.376	0.382	0.393	0.425	0.481	0.625
F									↓	0.314	0.320	0.331	0.357	0.396	0.471	0.623
G								↓	0.274	0.280	0.289	0.310	0.338	0.386	0.464	0.542
H							↓	0.245	0.250	0.257	0.274	0.295	0.328	0.375	0.461	0.507
J						↓	0.224	0.228	0.234	0.248	0.264	0.289	0.321	0.347	0.399	0.455
K					↓	0.206	0.210	0.215	0.227	0.240	0.259	0.283	0.301	0.335	0.368	0.401
L				↓	0.192	0.195	0.200	0.209	0.220	0.235	0.254	0.267	0.291	0.313	0.335	↑
M			↓	0.180	0.183	0.187	0.195	0.205	0.217	0.232	0.243	0.261	0.277	0.292	↑	
N		↓	0.170	0.173	0.176	0.183	0.191	0.202	0.214	0.223	0.237	0.249	0.261	↑		
P	↓	0.162	0.164	0.167	0.174	0.180	0.189	0.200	0.207	0.219	0.228	0.237	↑			
Q	0.155	0.157	0.160	0.165	0.171	0.179	0.188	0.194	0.203	0.212	0.219	↑				
R	0.150	0.153	0.158	0.163	0.170	0.177	0.183	0.191	0.197	0.203	↑					

[비고] MSSD는 표준화된 fs를 규격상한 U와 규격하한 L의 차이에 곱함으로써 구해진다. 즉, MSSD=S_{max}=(U–L)fs 이다. 위 MSSD는 공정 산포가 미지인 경우 양쪽 규격에 대해 결합관리를 위한 방식을 사용할 때 보통 검사하에 샘플 표준편차와 최대허용 크기를 나타낸다. 확실한 것은 아니지만 샘플 표준편차가 MSSD보다 작으면 합격할 가능성이 있다.

[표 E.1] 양쪽 규격 결합관리의 최대심플표준편차(MSSD)에 대한 f_σ의 값: 보통 검사, "σ"방법

합격품질한계	f_σ
0.010	0.125
0.015	0.129
0.025	0.132
0.040	0.137
0.065	0.141
0.10	0.147
0.15	0.152
0.25	0.157
0.40	0.165
0.65	0.174
10.	0.184
1.5	0.194
2.5	0.206
4.0	0.223
6.5	0.243
10.0	0.271

[비고] MPSD는 표준화된 f_σ를 규격상한 U와 규격하한 L과의 차이를 곱함으로써 구해진다. 즉, MPSD=σ_{max}=(U–L)f_σ NPSD는 공정 산포가 알려져 있는 경우, 양쪽 규격의 결합관리에 관한 방식을 사용할 때 최대 허용 가능한 공정 표준편차의 크기를 나타낸다. 만일 공정 표준편차가 MPSD보다 작다면 로트가 합격할 가능성이 있다. 그러나 반드시 합격이 보장되는 것은 아니다.

[표 E.2] 양쪽 규격 분리관리의 최대샘플표준편차(MPSD)에 대한 f_σ의 값: "σ"방법

AQL% (하한)	부적합 퍼센트로 표기된 합격품질한계(상한)															
	0.010 f_σ	0.015 f_σ	0.025 f_σ	0.040 f_σ	0.065 f_σ	0.10 f_σ	0.15 f_σ	0.25 f_σ	0.40 f_σ	0.65 f_σ	1.0 f_σ	1.5 f_σ	2.5 f_σ	4.0 f_σ	6.5 f_σ	10.0 f_σ
0.010	0.131	0.133	0.134	0.137	0.139	0.142	0.145	0.147	0.151	0.154	0.158	0.163	0.167	0.173	0.179	0.187
0.015	0.133	0.134	0.136	0.139	0.141	0.144	0.147	0.150	0.153	0.157	0.161	0.165	0.170	0.176	0.183	0.191
0.025	0.134	0.136	0.138	0.141	0.144	0.146	0.149	0.152	0.156	0.160	0.164	0.168	0.173	0.179	0.186	0.195
0.040	0.137	0.139	0.141	0.144	0.146	0.149	0.152	0.155	0.159	0.163	0.168	0.172	0.177	0.184	0.191	0.200
0.065	0.139	0.141	0.144	0.146	0.149	0.152	0.155	0.158	0.162	0.167	0.171	0.176	0.181	0.188	0.196	0.205
0.10	0.142	0.144	0.146	0.149	0.152	0.155	0.159	0.162	0.166	0.170	0.175	0.180	0.186	0.193	0.201	0.211
0.15	0.145	0.147	0.149	0.152	0.155	0.159	0.162	0.165	0.170	0.174	0.179	0.185	0.190	0.198	0.207	0.217
0.25	0.147	0.150	0.152	0.155	0.158	0.162	0.165	0.168	0.173	0.178	0.183	0.189	0.195	0.203	0.212	0.223
0.40	0.151	0.153	0.156	0.159	0.162	0.166	0.170	0.173	0.178	0.183	0.189	0.195	0.201	0.210	0.219	0.231
0.65	0.154	0.157	0.160	0.163	0.167	0.170	0.174	0.178	0.183	0.189	0.195	0.201	0.207	0.217	0.227	0.240
1.0	0.158	0.161	0.164	0.168	0.171	0.175	0.179	0.183	0.189	0.195	0.201	0.208	0.215	0.225	0.236	0.250
1.5	0.163	0.165	0.168	0.172	0.176	0.180	0.185	0.189	0.195	0.201	0.208	0.215	0.222	0.233	0.245	0.260
2.5	0.167	0.170	0.173	0.177	0.181	0.186	0.190	0.195	0.201	0.207	0.215	0.222	0.230	0.242	0.255	0.271
4.0	0.173	0.176	0.179	0.184	0.188	0.193	0.198	0.203	0.210	0.217	0.225	0.233	0.242	0.255	0.269	0.288
6.5	0.179	0.183	0.186	0.191	0.196	0.201	0.207	0.212	0.219	0.227	0.236	0.245	0.255	0.269	0.286	0.306
10.0	0.187	0.191	0.195	0.200	0.205	0.211	0.217	0.223	0.231	0.240	0.250	0.260	0.271	0.288	0.306	0.330

[비고] MSSD는 표준화된 fs를 규격상한 U와 규격하한 L의 차이에 곱함으로써 구해진다. 즉, MSSD=σ_{max}−(U−L)fs이다. 위 MSSD는 공정 산포가 미지인 경우 양쪽 규격에 대해 결합관리를 위한 방식을 사용할 때 보통 검사하에 샘플 표준 편차와 최대허용 크기를 나타낸다. 확실한 것은 아니지만 샘플 표준편차가 MSSD보다 작으면 합격할 가능성이 있다.

[표 E.3] 양쪽 규격 분리관리의 최대샘플표준편차(MPSD)에 대한 f_σ의 값: "σ"방법

AQL% (하한)	부적합 퍼센트로 표기된 합격품질한계(상한)														
	0.015 f_σ	0.025 f_σ	0.040 f_σ	0.065 f_σ	0.10 f_σ	0.15 f_σ	0.25 f_σ	0.40 f_σ	0.65 f_σ	1.0 f_σ	1.5 f_σ	2.5 f_σ	4.0 f_σ	6.5 f_σ	10.0 f_σ
0.010	0.129	0.132	0.135	0.138	0.141	0.144	0.147	0.151	0.154	0.158	0.162	0.167	0.173	0.179	0.187
0.015		0.132	0.136	0.140	0.143	0.146	0.149	0.153	0.157	0.161	0.165	0.170	0.176	0.183	0.191
0.025			0.137	0.141	0.145	0.148	0.151	0.155	0.159	0.164	0.168	0.173	0.179	0.186	0.195
0.040				0.141	0.146	0.150	0.154	0.158	0.162	0.167	0.172	0.177	0.184	0.191	0.200
0.065					0.147	0.152	0.156	0.161	0.166	0.171	0.176	0.181	0.188	0.196	0.205
0.10						0.152	0.157	0.163	0.169	0.174	0.180	0.185	0.193	0.201	0.211
0.15							0.157	0.165	0.171	0.178	0.183	0.189	0.197	0.206	0.217
0.25								0.165	0.173	0.180	0.187	0.193	0.202	0.211	0.223
0.40									0.174	0.183	0.191	0.198	0.208	0.218	0.230
0.65										0.184	0.194	0.202	0.213	0.225	0.238
1.0											0.194	0.205	0.219	0.232	0.247
1.5												0.206	0.222	0.238	0.255
2.5													0.223	0.242	0.262
4.0														0.243	0.269
6.5															0.271

[비고] MSSD는 표준화된 fs를 규격상한 U와 규격하한 L의 차이에 곱함으로써 구해진다. 즉, MSSD=σ_{max}−(U−L)fs이다. 위 MSSD는 공정 산포가 미지인 경우 양쪽 규격에 대해 결합관리를 위한 방식을 사용할 때 보통 검사하에 샘플 표준편차와 최대허용 크기를 나타낸다. 확실한 것은 아니지만 샘플 표준편차가 MSSD보다 작으면 합격할 가능성이 있다.

[표 F.1] 품질통계량 Q의 함수로서 긍정 부적합률의 추정치 p

$Q\sqrt{3}/2$의 소수 둘째 자리까지의 값	$Q\sqrt{3}/2$의 소수 셋째 자리 값									
	0.000	0.001	0.002	0.003	0.004	0.005	0.006	0.007	0.008	0.009
	p	p	p	p	p	p	p	p	p	p
0.00	0.5000	0.4997	0.4994	0.4990	0.4987	0.4984	0.4981	0.4978	0.4975	0.4971
0.01	0.4968	0.4965	0.4962	0.4959	0.4955	0.4952	0.4949	0.4946	0.4943	0.4940
0.02	0.4936	0.4933	0.4930	0.4927	0.4924	0.4920	0.4917	0.4914	0.4911	0.4908
0.03	0.4904	0.4901	0.4898	0.4895	0.4892	0.4889	0.4885	0.4882	0.4879	0.4876
0.04	0.4873	0.4869	0.4866	0.4863	0.4860	0.4857	0.4854	0.4850	0.4847	0.4844
0.05	0.4841	0.4838	0.4834	0.4831	0.4828	0.4825	0.4822	0.4818	0.4815	0.4812
0.06	0.4809	0.4806	0.4803	0.4799	0.4796	0.4793	0.4790	0.4787	0.4783	0.4780
0.07	0.4777	0.4774	0.4771	0.4767	0.4764	0.4761	0.4758	0.4755	0.4751	0.4748
0.08	0.4745	0.4742	0.4739	0.4735	0.4732	0.4729	0.4726	0.4723	0.4720	0.4716
0.09	0.4713	0.1410	0.4707	0.4704	0.4700	0.4697	0.4694	0.4691	0.4688	0.4684
0.10	0.4681	0.4678	0.4675	0.4672	0.4668	0.4665	0.4662	0.4659	0.4656	0.4652
0.11	0.4649	0.4646	0.4643	0.4640	0.4636	0.4633	0.4630	0.4627	0.462	0.4620
0.12	0.4617	0.4614	0.4611	0.4607	0.4604	0.4601	0.4598	0.4595	0.4591	0.4588
0.13	0.4585	0.4582	0.4579	0.4575	0.4572	0.4569	0.4566	0.4563	0.4559	0.4556
0.14	0.4553	0.4550	0.4546	0.4543	0.4540	0.4537	0.4534	0.4530	0.4527	0.4524
0.15	0.4521	064518	0.4514	0.4511	0.4508	0.4505	0.4501	0.4498	0.4495	0.4492
0.16	0.4489	0.4485	0.4482	0.4479	0.4476	0.4472	0.4469	0.4466	0.4463	0.4459
0.17	0.4456	0.4453	0.4450	0.4447	0.4443	0.4440	0.4437	0.4434	0.4430	0.4427
0.18	0.4424	0.4421	0.4417	0.4414	0.4411	0.4408	0.4404	0.4401	0.4398	0.4395
0.19	0.4392	0.4388	0.4385	0.4382	0.4379	0.4375	0.4372	0.4369	0.4366	0.4362
0.20	0.4359	0.4356	0.4353	0.4349	0.4346	0.4343	0.4340	0.4336	0.4333	0.4330
0.21	0.4327	0.4323	0.4320	0.4317	0.4314	0.4310	0.4307	0.4304	0.4300	0.4297
0.22	0.4294	0.4291	0.4287	0.4284	0.4281	0.4278	0.4274	0.4271	0.4268	0.4265
0.23	0.4261	0.4258	0.4255	0.4251	0.4248	0.4245	0.4242	0.4238	0.4235	0.4232
0.24	0.4229	0.4225	0.4222	0.4219	0.4215	0.4212	0.4209	0.4206	0.4169	0.4166
0.25	0.4196	0.4192	0.4189	0.4186	0.4183	0.4179	0.4176	0.4173	0.4169	0.4166
0.26	0.4163	0.4159	0.4156	0.4153	0.4150	0.1416	0.1413	0.1410	0.4136	0.4133
0.27	0.1430	0.4126	0.4123	0.4120	0.4117	0.4113	0.4110	0.4107	0.4103	0.4100
0.28	0.4097	0.4093	0.4090	0.4087	0.4083	0.4080	0.4077	0.4073	0.4070	0.4067
0.29	0.4063	0.4060	0.4057	0.4053	0.4050	0.4047	0.4043	0.4040	0.4037	0.4033
0.30	0.4030	0.4027	0.4023	0.4020	0.4017	0.4013	0.4010	0.4007	0.4003	0.4000
0.31	0.3997	0.3993	0.3990	0.3987	0.3983	0.3980	0.3977	0.3973	0.3970	0.3967
0.32	0.3963	0.3960	0.3956	0.3953	0.3950	0.3946	0.3943	0.3940	0.3936	0.3933
0.33	0.3930	0.3926	0.3923	0.3919	0.3916	0.3913	0.3909	0.3906	0.3902	0.3899
0.34	0.3986	0.3892	0.3889	0.3886	0.3882	0.3879	0.3895	0.3872	0.3869	0.3865
0.35	0.3862	0.3858	0.3855	0.3852	0.3848	0.3845	0.3841	0.3838	0.3835	0.3831
0.36	0.3828	0.3824	0.3821	0.3818	0.3814	0.3811	0.3807	0.3804	0.3800	0.3797
0.37	0.3794	0.3790	0.3787	0.3783	0.3780	0.3776	0.3773	0.3770	0.3766	0.3763
0.38	0.3759	0.3756	0.3752	0.3749	0.3745	0.3742	0.3739	0.3735	0.3732	0.3728
0.39	0.3725	0.3721	0.3718	0.3714	0.3711	0.3707	0.3704	0.3701	0.3697	0.3694
0.40	0.3690	0.3687	0.3683	0.358	0.3676	0.3673	0.3669	0.3666	0.3662	0.3659
0.41	0.3655	0.3652	0.3648	0.3645	0.3641	0.3638	0.3684	0.3631	0.3627	0.3624
0.42	0.3620	0.3617	0.3613	0.3610	0.3606	0.3603	0.3599	0.3596	0.3592	0.3589
0.43	0.3585	0.3582	0.3578	0.3575	0.3571	0.3567	0.3564	0.356	0.3557	0.3553

$Q\sqrt{3}/2$의 소수 둘째 자리까지의 값	$Q\sqrt{3}/2$의 소수 셋째 자리 값									
	0.000	0.001	0.002	0.003	0.004	0.005	0.006	0.007	0.008	0.009
	$\dot{p}$	$\dot{p}$	$\dot{p}$	$\dot{p}$	$\dot{p}$	$\dot{p}$	$\dot{p}$	$\dot{p}$	$\dot{p}$	$\dot{p}$
0.44	0.3550	0.3546	0.3543	0.3539	0.3536	0.3532	0.3528	0.3525	0.3521	0.3518
0.45	0.3514	0.3511	0.3507	0.3504	0.3500	0.3496	0.3493	0.3489	0.3486	0.3482
0.46	0.3478	0.3475	0.3471	0.3468	0.3464	0.3461	0.3457	0.3453	0.3450	0.3446
0.47	0.3443	0.3439	0.3435	0.3432	0.3428	0.3424	0.3421	0.3417	0.3414	0.3410
0.48	0.3406	0.3403	0.3399	0.3395	0.3392	0.3388	0.3385	0.3381	0.3377	0.3374
0.49	0.3370	0.3366	0.3363	0.3359	0.3355	0.3352	0.3348	0.3344	0.3341	0.3337
0.50	0.3333	0.3330	0.3326	0.3322	0.3319	0.3315	0.3311	0.3308	0.3304	0.3300
0.51	0.3296	0.3293	0.3289	0.3285	0.3282	0.3278	0.3274	0.3270	0.3267	0.3263
0.52	0.3259	0.3256	0.3252	0.3248	0.3244	0.3241	0.3237	0.3233	0.3229	0.3226
0.53	0.3222	0.3218	0.3214	0.3211	0.3207	0.3203	0.3199	0.3196	0.3192	0.3188
0.54	0.3184	0.3180	0.3177	0.3173	0.3169	0.3165	0.3161	0.3158	0.3154	0.3150
0.55	0.3146	0.3142	0.3139	0.3135	0.3131	0.3127	0.3123	0.3120	0.3116	0.3112
0.56	0.3108	0.3104	0.3100	0.3096	0.3093	0.3089	0.3085	0.3081	0.3077	0.3073
0.57	0.3069	0.3066	0.3062	0.3058	0.3054	0.3050	0.3046	0.3042	0.3038	0.3034
0.58	0.3031	0.3027	0.3023	0.3019	0.3015	0.3011	0.3007	0.3003	0.2999	0.2995
0.59	0.2991	0.2987	0.2983	0.2979	0.2975	0.2972	0.2968	0.2964	0.2960	0.2956
0.60	0.2952	0.2948	0.2944	0.2940	0.2936	0.2932	0.2928	0.2924	0.2920	0.2916
0.61	0.2912	0.2908	0.2904	0.2900	0.2896	0.2892	0.2888	0.2883	0.2879	0.2875
0.62	0.2871	0.2867	0.2863	0.2859	0.2855	0.2851	0.2847	0.2843	0.2839	0.2835
0.63	0.2831	0.2826	0.2822	0.2818	0.2814	0.2810	0.2806	0.2802	0.2798	0.2793
0.64	0.2789	0.2785	0.2781	0.2777	0.2773	0.2769	0.2764	0.2760	0.2798	0.2793
0.65	0.2748	0.2473	0.2739	0.2735	0.2731	0.2727	0.2722	0.2718	0.2714	0.2710
0.66	0.2706	0.2701	0.2697	0.2693	0.2689	0.2684	0.2680	0.2676	0.2672	0.2667
0.67	0.2663	0.2659	0.2654	0.2650	0.2646	0.2641	0.2637	0.2633	0.2628	0.2624
0.68	0.2620	0.2615	0.2611	0.2607	0.2602	0.2598	0.2594	0.2589	0.2585	0.2624
0.69	0.2620	0.2615	0.2611	0.2607	0.2602	0.2598	0.2594	0.2589	0.2585	0.2580
0.70	0.2532	0.2527	0.2523	0.2518	0.2514	0.2509	0.2505	0.2500	0.2496	0.2491
0.71	0.2487	0.2482	0.2478	0.2473	0.2469	0.2464	0.2460	0.2455	0.2451	0.2446
0.72	0.2441	0.2437	0.2432	0.2428	0.2423	0.2418	0.2414	0.2409	0.2405	0.2400
0.73	0.2395	0.2391	0.2386	0.2381	0.2377	0.2372	0.2367	0.2362	0.2358	0.2343
0.74	0.2348	0.2344	0.2339	0.2334	0.2329	0.2324	0.2320	0.2315	0.2310	0.2305
0.75	0.2301	0.2296	0.2291	0.2286	0.2281	0.2276	0.2272	0.2267	0.2262	0.2257
0.76	0.2252	0.2247	0.2242	0.2237	0.2232	0.2227	0.2222	0.2217	02213	0.2208
0.77	0.2203	0.2198	0.2193	0.2188	0.2183	0.2177	0.2172	0.2167	0.2162	0.2157
0.78	0.2152	0.2147	0.2142	0.2137	0.2132	0.2127	0.2121	0.2116	0.2111	0.2106
0.79	0.2101	0.2096	0.2090	0.2085	0.2080	0.2075	0.2069	0.2064	0.2059	0.2054
0.80	0.2048	0.2043	0.2038	0.2032	0.2027	0.2022	0.2016	0.2011	0.2006	0.2000
0.81	0.1995	0.1989	0.1984	0.1978	0.1973	0.1967	0.1962	0.1956	0.1951	0.1945
0.82	0.1940	0.1934	0.1929	0.1923	0.1917	0.1912	0.1906	0.900	0.1895	0.1889
0.83	0.1883	0.1878	0.1872	0.1866	0.1860	0.1855	0.1849	0.1843	0.1837	0.1831
0.84	0.1826	0.1820	0.1814	0.1808	0.1802	0.1796	0.1790	0.1784	0.1778	0.1772
0.85	0.1766	0.1760	0.1754	0.1748	0.1742	0.1736	0.1729	0.1723	0.1717	0.1711
0.86	0.1705	0.1698	0.1692	0.1686	0.1680	0.1673	0.1667	0.1660	0.1654	0.1648
0.87	0.1641	0.1635	0.1628	0.1622	0.1615	0.1609	0.1602	0.1595	0.1589	0.1582
0.88	0.1575	0.1569	0.1562	0.1555	0.1548	0.1542	0.1535	0.1528	0.1521	0.1514

Q√3/2의 소수 둘째 자리까지의 값	Q√3/2의 소수 셋째 자리 값									
	0.000	0.001	0.002	0.003	0.004	0.005	0.006	0.007	0.008	0.009
	$\dot{p}$	$\dot{p}$	$\dot{p}$	$\dot{p}$	$\dot{p}$	$\dot{p}$	$\dot{p}$	$\dot{p}$	$\dot{p}$	$\dot{p}$
0.89	0.1507	0.1500	0.1493	0.1486	0.1479	0.1472	0.1465	0.1457	0.1450	0.1443
0.90	0.1436	0.1428	0.1421	0.1414	0.1406	0.1399	0.1391	0.1384	0.1376	0.1368
0.91	0.1361	0.1353	0.1345	0.1338	0.1330	0.1322	0.1314	0.1306	0.1298	0.1290
0.92	0.1282	0.1274	0.1266	0.1257	0.1249	0.1241	0.1232	0.1224	0.1215	0.1207
0.93	0.1198	0.1189	0.1181	0.1172	0.1163	0.1154	0.1145	0.1136	0.1127	0.1118
0.94	0.1108	0.1099	0.1089	0.1080	0.1070	0.1061	0.1051	0.1041	0.1031	0.1021
0.95	0.1011	0.1001	0.0990	0.0980	0.0969	0.0959	0.0948	0.0937	0.0926	0.0915
0.96	0.0903	0.0892	0.0880	0.0869	0.0857	0.0845	0.0832	0.0820	0.0807	0.0795
0.97	0.0782	0.0768	0.0755	0.0741	0.0727	0.0713	0.0699	0.0684	0.0669	0.0653
0.98	0.0638	0.0621	0.0605	0.0588	0.0570	0.0552	0.0533	0.0514	0.0494	0.0473
0.99	0.0451	0.0427	0.0403	0.0377	0.0349	0.0318	0.0285	0.0247	0.0201	0.0142
1.00	0.0000	0.0000	0.0000	0.0000	0.0000	0.0000	0.0000	0.0000	0.0000	0.0000

[비고] Q의 값이 음수이면 Q√3/2 값의 절대값을 표에 넣고 결과를 1.0에서 뺀다.

[표 G.1] 보통 검사에 대한 p^* 형식 1회 샘플링검사 방식(주표): "s"와 "σ"방법

코드 문자	샘플크기 ns	nσ	합격품질한계 부적합 %															
			0.01	0.015	0.025	0.04	0.065	0.10	0.15	0.25	0.40	0.65	1.0	1.5	2.5	4.0	6.5	10.0
			$100p^*$	$100p^*$	$100p^*$	$100p^*$	$100p^*$	$100p^*$	$100p^*$	$100p^*$	$100p^*$	$100p^*$	$100p^*$	$100p^*$	$100p^*$	$100p^*$	$100p^*$	$100p^*$
B	3	2													↓	19.05	24.94	34.95
C	4	3												↓	11.23	15.13	21.57	30.67
D	6	4											↓	6.724	9.246	13.29	19.02	29.03
E	9	6										↓	4.196	5.833	8.437	12.12	18.52	28.13
F	13	8									↓	2.578	3.605	5.245	7.537	11.54	17.54	27.31
G	18	10								↓	1.620	2.275	3.323	4.782	7.315	11.12	17.33	23.84
H	25	12							↓	1.012	1.428	2.084	3.010	4.603	7.010	10.91	15.03	21.03
J	35	15						↓	0.5299	0.8900	1.304	1.880	2.880	4.379	6.820	9.375	13.14	18.13
K	50	18					↓	0.4021	0.5690	0.8335	1.203	1.840	2.800	4.364	6.006	8.406	11.59	17.20
L	70	21				↓	0.2511	0.3553	0.5209	0.7500	1.150	1.750	2.725	3.753	5.255	7.257	10.74	↑
M	95	25			↓	0.1593	0.2254	0.3304	0.4765	0.7298	1.110	1.7321	2.383	3.336	4.607	6.827	↑	
N	125	32		↓	0.1001	0.1421	0.2081	0.3005	0.4602	0.7006	1.090	1.499	2.098	2.898	4.301	↑		
P	160	40	↓	0.06265	0.08893	0.1302	0.1874	0.2875	0.4381	0.6818	0.9368	1.311	1.812	2.685	↑			
Q	200	50	0.03998	0.05689	0.08333	0.1202	0.1842	0.2801	0.4366	0.6007	0.8397	1.161	1.720	↑				
R	250	65	0.03553	0.05209	0.07495	0.1151	0.1151	0.2729	0.3753	0.5245	0.7258	1.076	↑					

[비고 1] 이 표준의 샘플문자는 KS Q ISO 2859-1과 ISO 3951-1에 나와 있는 것과 대응된다.

[비고 2] 기호: ↓ 이 영역에는 적절한 방식이 없다. 화살표 아래 첫 번째 샘플링검사 방식을 사용한다. 샘플크기가 로트 크기 이상이면 100%검사를 실시한다.

↑ 이 영역에는 적절한 방식이 없다. 화살표 위 첫 번째 샘플링검사 방식을 사용한다.

[표 G.2] 까다로운 검사에 대한 p^* 형식 1회 샘플링검사 방식(주표): "s"와 "σ"방법

합격품질한계 부적합 %

코드문자	ns	nσ	0.01	0.015	0.025	0.04	0.065	0.10	0.15	0.25	0.40	0.65	1.0	1.5	2.5	4.0	6.5	10.0
			100p*	100p*	100p*	100p*	100p*	100p*	100p*	100p*	100p*	100p*	100p*	100p*	100p*	100p*	100p*	100p*
B	3	2														↓	19,05	24,94
C	4	3													↓	11,23	15,13	21,57
D	6	4												↓	6,724	9,246	13,29	19,02
E	9	6											↓	4,196	5,833	8,437	12,12	18,52
F	13	8										↓	2,578	3,605	5,245	7,537	11,54	17,54
G	18	10									↓	1,620	2,275	3,323	4,782	7,315	11,12	17,33
H	25	12								↓	1,012	1,428	2,084	3,010	4,603	7,010	10,91	17,02
J	35	15							↓	0,6299	0,8900	1,304	1,880	2,880	4,379	6,820	10,62	15,63
K	50	18						↓	0,4021	0,5690	0,8335	1,203	1,840	2,800	4,364	6,808	10,01	14,82
L	70	21					↓	0,2511	0,3553	0,5209	0,7500	1,150	1,750	2,725	4,251	6,257	9,249	↑
M	95	25				↓	0,1593	0,2254	0,3304	0,4765	0,7298	1,110	1,732	2,699	3,965	5,879	↑	
N	125	32			↓	0,1001	0,1421	0,2081	0,3005	0,4602	0,7006	1,090	1,700	2,498	3,698	↑		
P	160	40		↓	0,06265	0,08893	0,1302	0,1874	0,2875	0,4381	0,6818	1,062	1,565	2,311	↑			
Q	200	50	↓	0,03998	0,05689	0,08333	0,1202	0,1842	0,2801	0,4366	0,6798	1,001	1,481	↑				
R	250	65	0,02501	0,03553	0,05209	0,07495	0,1151	0,1750	0,2729	0,4249	0,6242	0,9242	↑					

[비고 1] 이 표준의 샘플문자는 KS Q ISO 2859-1과 ISO 3951-1에 나와 있는 것과 대응된다.

[비고 2] 기호: ↓ 이 영역에는 적절한 방식이 없다. 화살표 아래 첫 번째 샘플링검사 방식을 사용한다. 샘플크기가 로트 크기 이상이면 100%검사를 실시한다.

↑ 이 영역에는 적절한 방식이 없다. 화살표 위 첫 번째 샘플링검사 방식을 사용한다.

[표 G.3] 수월한 검사에 대한 p^* 형식 1회 샘플링검사 방식(주표): "s"와 "σ"방법

합격품질한계 부적합 %

코드문자	ns	nσ	0.01	0.015	0.025	0.04	0.065	0.10	0.15	0.25	0.40	0.65	1.0	1.5	2.5	4.0	6.5	10.0
			100p*	100p*	100p*	100p*	100p*	100p*	100p*	100p*	100p*	100p*	100p*	100p*	100p*	100p*	100p*	100p*
B–D	3	2											↓	19,05	21,24	24,94	34,95	49,37
E	4	3										↓	11,23	12,70	15,13	21,57	30,67	46,70
F	6	4									↓	6,724	7,671	9,246	13,29	19,02	29,03	44,10
G	9	6								↓	4,196	4,819	5,833	8,437	12,12	18,52	28,13	36,16
H	13	8							↓	2,578	2,967	3,605	5,245	7,537	11,54	17,54	22,56	32,59
J	18	10						↓	1620	1,867	2,275	3,323	4,782	7,315	11,12	14,32	20,68	27,03
K	25	12					↓	1,012	1,171	1,428	2,084	3,010	4,603	7,010	9,014	13,02	17,02	21,03
L	35	15				↓	0,6299	0,7296	0,8900	1,304	1,880	2,880	4,379	5,628	8,125	10,62	13,14	↑
M	50	18			↓	0,4021	0,4656	0,5690	0,8335	0,203	1,840	2,800	3,604	5,201	6,808	8,406	↑	
N	70	21		↓	0,2511	0,2909	0,3553	0,5209	0,7500	1,150	1,750	2,254	3,251	4,251	5,255	↑		
P	95	25	↓	0,1593	0,1847	0,2254	0,3304	0,4765	0,7298	1,110	1,429	2,066	2,699	3,336	↑			
Q	125	32	0,1001	0,1161	0,1421	0,1421	0,3005	0,4602	0,7006	0,8992	1,301	1,700	2,098	↑				
R	160	40	0,07248	0,08893	0,1302	0,1302	0,2875	0,4381	0,5628	0,8129	1,062	1,311	↑					

[비고 1] 이 표준의 샘플문자는 KS Q ISO 2859-1과 ISO 3951-1에 나와 있는 것과 대응된다.

[비고 2] 기호: ↓ 이 영역에는 적절한 방식이 없다. 화살표 아래 첫 번째 샘플링검사 방식을 사용한다. 샘플크기가 로트 크기 이상이면 100%검사를 실시한다.

↑ 이 영역에는 적절한 방식이 없다. 화살표 위 첫 번째 샘플링검사 방식을 사용한다.

8 계수 및 계량 규준형 1회 샘플링검사(KS Q 0001)

(1) 개요

KS Q 0001은 제1부, 제2부, 제3부로 구성되어 있다.

KS Q 0001−제1부 계수 규준형 1회 샘플링검사는 생산자와 소비자의 요구조건을 모두 만족시킬 수 있도록 설계한 것으로 검사 로트로부터 샘플을 1회 샘플링하여 샘플의 크기 n개 중에 포함된 부적합품수가 합격판정개수 c 이하이면 로트를 합격시키고, c를 초과하면 불합격으로 판정하는 샘플링검사이다.

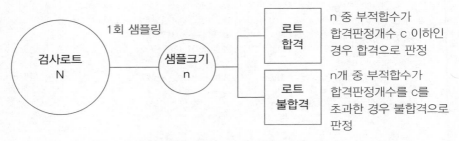

그림 3.7 계수 규준형 1회 샘플링검사

계수 규준형 1회 샘플링검사는 생산자 위험 $\alpha = 0.05$에 대한 합격품질수준 p_0와 소비자 위험 $\beta = 0.10$에 대한 불합격품질수준 p_1을 정하여 샘플링 방식을 결정(설계)한다.

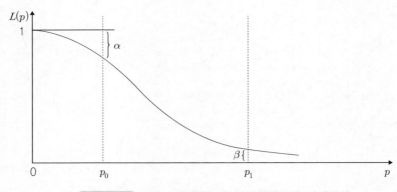

그림 3.8 계수 규준형 1회 샘플링검사의 설계방식

계수 규준형 1회 샘플링검사의 특징은 다음과 같다.

(i) 비교적 거래 횟수가 적을 때도 적용가능(단 1회만 거래시도 가능)

(ii) 단속적인 공정으로부터의 로트의 검사

(iii) 대량의 물품을 일시에 구입할 때

(iv) 파괴검사도 가능

(v) 공급자에 대한 품질정보를 모르더라도 가능

(vi) 불합격로트에 대한 처리규정은 마련되어 있지 않다.

KS Q 0001−제2부 계량 규준형 1회 샘플링검사는 검사단위의 품질특성이 계량형이고, 표준편차를 모를 때 규격상한 혹은 규격하한만 주어진 경우에 로트의 부적합품률을 보증하는 계량규준형 1회 샘플링 검사 방식이다.

로트(N)의 크기, 가급적 합격으로 간주하고 싶은 로트의 부적합품률의 상한 p_0와 생산자 위험 α, 가급적 불합격으로 간주하고 싶은 로트의 부적합품률의 하한 p_1과 소비자 위험 β, 합격판정개수 k, 샘플크기 n을 결정하고, 결정된 n을 샘플링하여 각 샘플의 평균과 표준편차를 구하여 판정기준과 비교하여 합격, 불합격 판정을 하는 샘플링검사이다.

KS Q 0001−제3부 계량 규준형 1회 샘플링검사는 표준편차를 알고 있을 때 로트의 평균치를 보증하는 경우 및 표준편차를 알고 있을 때 로트의 부적합품률을 보증하는 경우의 계량규준형 1회 샘플링검사란 로트의 품질을 로트의 평균치 또는 부적합품률로 나타낸 경우에 생산자 및 소비자가 요구하는 검사 특성을 가지도록 설계한 샘플링검사로서, 1회에 샘플링한 샘플의 특성치의 평균치에 대하여 얻고 있는 표준편차를 사용하여 계산한 합격 판정치를 비교함으로써 로트의 합격·불합격을 판정하는 것이다.

품질보증
- 평균치
  1. 특성치가 높을수록 좋은 경우
  2. 특성치가 낮을수록 좋은 경우
  3. 특성치가 높거나 낮아도 좋지 않은 경우
- 부적합품률
  1. 상한규격치(Su)가 주어진 경우
  2. 하한규격치(SL)가 주어진 경우
  3. 상·하한규격치가 주어진 경우

그림 3.9 계량 규준형 1회 샘플링검사의 품질보증 방법

즉 로트(N)의 크기, 가급적 합격시키고 싶은 로트의 평균값 한계 m_0, 생산자 위험 α, 가급적 불합격시키고 싶은 로트의 평균값 한계 m_1, 소비자 위험 β, 로트의 표준편차 σ, 샘플의 크기 n, 합격판정값을 결정하고, 결정된 n개의 샘플을 단 1회 샘플링하여 각 샘플의 평균값을 판정기준과 비교하여 합격, 불합격 판정을 하는 샘플링검사이다.

이 검사를 적용할 때는

- 검사단위의 품질을 계량치로 나타낼 수 있어야 한다.
- 제품을 로트로 처리할 수 있어야 한다.
- 로트 특성치의 표준편차를 알고 있어야 한다.
- 부적합품률에 따르는 경우는 특성치가 정규분포를 하고 있는 것으로 다루어지고 있고 부적합품률을 어느 한도 내로 보증하는 것이므로, 합격 로트 안에는 어느 정도의 부적합품이 들어가는 것은 피할 수 없다.

KS Q 0001 – 제3부 계량 규준형 1회 샘플링검사는 다음과 같은 두 가지 방식을 제공한다.

(i) 로트의 평균값을 보증하는 경우
(ii) 로트의 부적합품률을 보증하는 경우

(2) KS Q 0001-제1부 계수 규준형 1회 샘플링검사

1) 개요

KS Q 0001 – 제1부 계수 규준형 1회 샘플링검사는 생산자 및 소비자가 요구하는 검사 특성을 갖도록 설계한 것으로서, 로트별 합격, 불합격을 1회 채취한 샘플 속의 부적합 개수에 따라 판정하는 것으로, 단속적인 공정에서의 로트 또는 대량의 물품에 대하여 일시에 구입할 경우에 사용한다.

이 샘플링검사는 판매자에 대한 보호와 구매자에 대한 보호 등 두 가지를 규정하여, 판매자의 요구와 구매자의 요구 양쪽 모두를 만족하도록 편성한 샘플링검사이다. 판매자에 대한 보호란 부적합품률 p_0와 같은 품질이 양호한 로트가, 샘플링검사에서 불합격이 될 확률 α(이것을 생산자 위험이라고 한다)를 일정한 작은 값으로 정해 두는 것이며, 구매자에

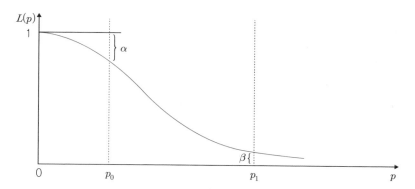

p_0: 가급적 합격으로 간주하고 싶은 로트의 부적합품률의 상한
p_1: 가급적 불합격으로 간주하고 싶은 로트의 부적합품률의 하한
α: 생산자 위험(부적합품률 p_0의 로트가 불합격이 되는 확률)
β: 소비자 위험(부적합품률 p_1의 로트가 합격이 되는 확률)

그림 3.10 KS Q 0001−제1부 샘플링검사 설계 개념도

대한 보호란 부적합품률 p_1과 같은 품질이 나쁜 로트가 합격이 될 확률 β(이것을 소비자 위험이라고 한다)를 일정한 작은 값으로 정하고 있는 것으로서, 일반적으로 $\alpha = 0.05$, $\beta = 0.10$ 으로 정한다.

이것은 가급적 합격으로 간주하고 싶은 로트의 부적합품률의 상한 p_0와 이때에 불합격이 될 비율 α 및 가급적 불합격으로 간주하고 싶은 로트의 부적합품률의 하한 p_1과 이때에 합격이 될 비율 β를 결정하는 것이며, 이 2개조의 값이 주어져 있을 때 연립방정식을 풀어서 샘플의 크기 n과 합격판정개수 c를 구하는 것이다.

실제로 샘플링 방식(n, c)을 설계할 경우에는 KS Q 0001−제1부의 샘플링검사표를 활용하면 된다.

KS Q 0001−제1부 계수 규준형 1회 샘플링검사 실시할 때 주의해야 할 사항은 다음과 같다.

① p_0, p_1값의 결정 방법

p_0, p_1값은 생산 능력, 경제 사정, 품질에 대해 필요한 요구 또는 검사에 드는 비용, 노력, 시간 등 각 거래 실정을 고려하여 결정해야 한다.

$p_0 < p_1$의 경우에는 샘플링검사를 적용할 수 있지만, p_1과 p_0과의 비를 작게 하면 샘플의 크기가 증가한다. 일반적으로 p_0과 p_1의 비를 4에서 10 정도로 정하는 것이 샘플링

방식을 설정하는 데 있어 바람직하다.

　p_0과 p_1이 주어지면 로트의 크기에 관계없이 샘플의 크기와 합격판정개수가 결정되므로, 로트를 형성할 때는 다음 사항을 고려해야 한다.

(ⅰ) 공정이 분명히 안정 상태에 있는 경우에는, 가능한 로트의 크기를 크게 하는 것이 전체적으로 보아 검사 개수가 작아지는 셈이 되므로 바람직하다.

(ⅱ) 공정이 안정 상태가 아닐 경우에는, 로트의 크기를 가능한 한 작게 하는 것이 좋다.

(ⅲ) 공정에 대한 정보를 얻을 수 없는 경우에는, 맨 처음 로트의 크기를 작게 하여 공정에 관한 정보를 얻고 나서 로트의 크기를 재검토하는 것이 좋다.

　이러한 사항은 샘플링검사에 의한 판정의 잘못에 대한 손해를 작게 하는 동시에 검사의 효율화를 고려한 것이다. 그러나 무엇보다도 중요한 것은 동일 생산 조건에서 생산된 로트를 검사 로트로 하는 것이며, 이 가운데에서 로트의 크기를 작게 하거나 크게 하는 것이다.

　2) 검사절차

　계수 규준형 1회 샘플링 검사는 생산자 위험 $\alpha = 0.05$에 대한 합격품질수준 p_0와 소비자 위험 $\beta = 0.10$에 대한 불합격품질수준 p_1을 정하여 샘플링 방식을 결정(설계)하는데 검사순서에 맞추어 샘플링 검사표를 활용하는 방법은 아래와 같다.

순서	내　용	사 용 예
1	품질기준을 정한다: 적합품과 부적합품으로 분류하기 위한 기준을 정한다.	나사의 유효지름을 GO-NO게이지로 측정하여 적합품과 부적합품을 나눈다.
2	p_0와 p_1값을 $\alpha = 0.05$, $\beta = 0.10$을 기준으로 공급자와 구입자가 협의하여 정한다.	$p_0 = 2\%$ $p_1 = 12\%$
3	로트를 형성한다.	검사 로트의 크기를 $N = 1,000$개로 한다.
4	샘플의 크기 n과 합격판정개수 c를 검사표를 이용하여 구한다. ① 〈표 1〉에서 p_0와 p_1이 포함된 행과 열이 교차하는 란을 찾는다. ② 찾는 란에서 좌측의 수치가 n이며, 우측의	n, c는 다음 순서에 의한다. ① 〈표 1〉에서 $p_0 = 2\%$를 포함한 행 (1.81~2.24)과 $p_1 = 12\%$를 포함한 열(11.3~14.0)이 교차되는 란을 찾는다.

순서	내　용	사　용　예
	수치가 c이다. 단, • →(화살표)일 경우는 그 방향을 쫓아가서 만나는 n, c 이용 • *(별표)일 경우는 샘플링 검사 설계보조 〈표 2〉를 이용 • 공란은 검사방식이 없다. ③ n이 로트의 크기를 초과하면 전수검사를 한다. ④ n, c에 대하여 OC곡선을 조사하거나 검사비용 등을 검토하여 필요하면 p_0, p_1을 수정하여 n, c를 다시 구한다.	 ③ $n=40 < N=1,000$이므로 전수검사는 하지 않는다. ④ 검사표를 참조하기 바란다.
5	샘플 n개를 검사로트로부터 샘플링한다.	검사로트 $N=1,000$개에서 샘플 $n=40$개를 랜덤하게 취한다.
6	샘플을 조사한다: 순서 1에 따라 샘플 중의 부적합품수를 센다.	샘플 40개를 GO-NO게이지로 측정한 결과 부적합수가 2개였다.
7	합·불합격 판정을 내린다. • 샘플 중 부적합품수 $\leq c$이면 합격 • 샘플 중 부적합품수 $\geq c+1$이면 불합격	샘플 중 부적합품수 $2 \leq c=2$이므로 로트는 합격시킨다.
8	로트를 조치한다: 미리 사전약속에 따라 처리한다.	예) • 불합격로트는 그대로 반품시킨다. • 선별한 후 부적합품만 반품시킨다. • 특채하되 대금 결제시 할인을 받는다.

[예제]　어느 기업에서 계수규준형 1회 샘플링검사 방식을 적용 하려고 한다. 고객과 협의하여 $P_0=0.10(\%)$, $P_1=2.0(\%)$로 합의하였다. 다음의 표를 이용하여 합격판정개수 c와 시료수 n을 구하시오.

표 3.26 계수 규준형 1회 샘플링검사 샘플링 검사표

$P_0(\%)$ ＼ $P_1(\%)$	0.91~1.12	1.13~1.40	1.41~1.80	1.81~2.24
0.091~0.112	400　1	↓	←	↓
0.113~0.140	↓	300　1	↓	←
0.141~0.180	500　2	↓	250　1	↓
0.181~0.224	*	400　2	↓	200　1

[풀이]　$n=250$, $c=1$

[예제] 어느 기업에서 계수규준형 1회 샘플링검사 방식을 적용 하려고 한다. 고객과 협의하여 $P_0 = 2.85\%$, $P_1 = 5.97\%$로 합의하였다. 다음의 샘플링검사 설계보조표를 이용하여 합격판정개수 c와 시료수 n을 구하시오.

표 3.27 샘플링검사 설계보조표

P_1 / P_0	C	n
3.5~2.8	6	$164/P_0 + 527/P_1$
2.7~2.3	10	$308/P_0 + 770/P_1$
2.2~2.0	15	$502/P_0 + 1065/P_1$
1.99~2.0	20	$704/P_0 + 1350/P_1$

[풀이] $n = 355$, $c = 15$

■ 참고: KS Q 0001-제1부 관련 표

[표 1] KS Q 0001 계수 규준형 1회 샘플링 검사표(부적합 개수인 경우)

p_1(%) ＼ p_0(%)	0.71~0.90	0.91~1.12	1.13~1.40	1.41~1.80	1.81~2.24	2.25~2.80	2.81~3.55	3.56~4.50	4.51~5.60	5.61~7.10	7.11~9.00	9.01~11.2	11.3~14.0	14.1~18.0	18.1~22.4	22.5~28.0	28.1~35.5
0.090~0.112	*	400 1	→	→	→	→	60 0	←	←	←	←	←	←	←	←	←	←
0.113~0.140	*	500 2	300 1	→	→	→	→	50 0	←	←	←	←	←	←	←	←	←
0.141~0.180	*	*	400 2	250 1	→	→	→	→	40 0	←	←	←	←	←	←	←	←
0.181~0.224	*	*	500 3	300 2	200 1	→	→	→	→	30 0	←	←	←	←	←	←	←
0.225~0.280	*	*	*	400 3	250 2	150 1	→	→	→	→	25 0	←	←	←	←	←	←
0.281~0.355	*	*	*	500 4	300 3	200 2	120 1	→	→	→	→	20 0	←	←	←	←	←
0.356~0.450	*	*	*	*	400 4	250 3	150 2	100 1	→	→	→	→	15 0	←	←	←	←
0.451~0.560	*	*	*	*	500 6	300 4	200 3	120 2	80 1	→	→	→	→	10 0	←	←	←
0.561~0.710	*	*	*	*	*	400 6	250 4	150 3	100 2	60 1	→	→	→	→	7 0	←	←
0.711~0.900	*	*	*	*	*	*	300 6	200 4	120 3	80 2	50 1	→	→	→	→	→	←
0.901~1.12	*	*	*	*	*	*	500 10	250 6	150 4	100 3	60 2	40 1	→	→	→	→	5 0
1.13~1.40	*	*	*	*	*	*	*	400 10	200 6	120 4	80 3	50 2	30 1	→	→	→	→
1.41~1.80	*	*	*	*	*	*	*	*	300 10	150 6	100 4	60 3	40 2	25 1	→	→	→
1.81~2.24	*	*	*	*	*	*	*	*	*	200 10	120 6	80 4	50 3	30 2	20 1	→	→
2.25~2.80	*	*	*	*	*	*	*	*	*	*	150 10	100 6	60 4	40 3	25 2	15 1	→
2.81~3.55	*	*	*	*	*	*	*	*	*	*	*	120 10	80 6	50 4	30 3	20 2	10 1
3.56~4.50	*	*	*	*	*	*	*	*	*	*	*	*	100 10	60 6	40 4	25 3	15 2
4.51~5.60	*	*	*	*	*	*	*	*	*	*	*	*	*	80 10	50 6	30 4	20 3
5.61~7.10	*	*	*	*	*	*	*	*	*	*	*	*	*	*	70 10	40 6	25 4
7.11~9.00	*	*	*	*	*	*	*	*	*	*	*	*	*	*	*	60 10	30 6
9.01~11.2	*	*	*	*	*	*	*	*	*	*	*	*	*	*	*	*	50 10

[비고] 화살표는 그 방향의 n, c를 사용한다.

*표는 [표 4-2]에 따른다. 빈칸에 대해서는 샘플링검사 방법이 없다.

[표 2] 샘플링검사 설계보조표

p_1/p_0	c	n
17 이상	0	$2.56/p_0 + 115/p_1$
16~7.9	1	$17.8/p_0 + 194/p_1$
7.8~5.6	2	$40.9/p_0 + 266/p_1$
5.5~4.4	3	$68.3/p_0 + 334/p_1$
4.3~3.6	4	$98.5/p_0 + 400/p_1$
3.5~2.8	6	$164/p_0 + 527/p_1$
2.7~2.3	10	$308/p_0 + 770/p_1$
2.2~2.0	15	$502/p_0 + 1065/p_1$
1.99~1.86	20	$704/p_0 + 1350/p_1$

참고로 설계 보조표를 사용하는 방법을 설명하면 다음과 같다.

예를 들어 p_0, p_1값이 $p_0 = 0.4\%$, $p_1 = 1.2\%$일 때 〈표 1〉에서 이 값이 포함된 행과 열이 교차되는 란을 찾아보면 * 로 되어 있다. 따라서 설계 보조표를 이용한다. 먼저 p_1/p_0를 계산한다. $p_1/p_0 = 1.2/0.4 = 3$을 얻으므로 이 값이 포함된 행은 (3.5~2.8)이므로, 이 행으로부터 $c = 6$을 얻고, 샘플의 크기는 $n = 164/p_0 + 527/p_1 = 164/0.4 + 527/1.2 = 849.2 ≒ 850$이 된다.

(3) KS Q 0001-제2부 계량 규준형 1회 샘플링검사(표준편차를 모를 때)

이 샘플링검사는 검사단위의 품질특성치가 정규분포를 따르고 그 표준편차를 모를 때 사용할 수 있다. 그리고 상한 또는 하한의 한쪽 규격만 주어진 경우에 로트의 부적합품률을 보증하는 경우에 사용한다.

순서	검사절차
1	품질특성의 측정방법을 정한다.
2	p_0, p_1을 지정한다. 물품을 인도하는 측과 받아들이는 측과의 협의에 의하여 p_0, p_1을 정한다. 이 때 $\alpha=0.05$, $\beta=0.10$을 기준으로 한다.
3	로트를 형성한다.
4	로트의 표준편차를 지정한다.

순서	검사절차
5	샘플의 크기와 합격 판정치를 구한다. 구하는 방법은 다음과 같다. 1) (표 2)에서 p_0, p_1에 대응하는 n, k 값을 구한다. 2) 다음 공식에 따라 합격판정치를 구한다. $$\overline{X_U} = S_U - ks$$ $$\overline{X_L} = = S_L + ks$$
6	샘플을 취한다. 순서 5에서 구해진 크기 n의 시료를 취한다.
7	샘플의 특성치 x를 측정하고 평균치($\overline{x}$)와 표준편차(s)를 계산한다.
8	합격, 불합격의 판정을 내린다. 1) 상한규격치(S_U)가 주어진 경우: $\overline{x} \leq \overline{X_U}(=S_U - ks)$ 혹은 $S_U \geq \overline{x} + ks$이면 로트를 합격으로 판정한다. 2) 하한규격치(S_L)가 주어진 경우: $\overline{x} \geq \overline{X_L}(=S_L + ks)$ 혹은 $S_L \leq \overline{x} - ks$이면 로트를 합격으로 판정한다.

참고적으로 이 샘플링검사 절차에 대한 예제와 풀이는 KS Q 0001 – 제3부 계량 규준형 1회 샘플링검사(표준편차를 알 때) 로트의 부적합품률을 보증하는 경우를 참조한다. KS Q 0001 – 제2부 계량 규준형 1회 샘플링검사 절차가 KS Q 0001 – 제3부 계량 규준형 1회 샘플링검사와 다른 점은 샘플의 표준편차를 이용한다는 점이다.

(4) KS Q 0001-제3부 계량 규준형 1회 샘플링검사(표준편차를 알 때)

1) 로트의 평균치를 보증하는 경우

이 검사절차는 로트의 평균치가 바람직한 값이라면 가능한 합격시키고, 바람직하지 않은 값이면 가능한 불합격시킨다는 요구를 만족시키고 싶은 경우에 사용한다.

순서	검사절차
1	측정방법을 정한다. 검사단위 x의 측정방법을 구체적으로 정한다.
2	m_0, m_1을 지정한다. 물품을 인도하는 측과 받아들이는 측과의 협의에 의하여 m_0, m_1을 정한다. m_0: 가급적 합격시키고 싶은 로트의 평균치의 한계 m_1: 가급적 불합격시키고 싶은 로트의 평균치의 한계 이 때 α=0.05, β=0.10을 기준으로 한다.
3	로트를 형성한다.
4	로트의 표준편차를 지정한다.

순서	검사절차
5	샘플의 크기와 합격 판정치를 구한다. 구하는 방법은 다음과 같다. 1) $\dfrac{\|m_0 - m_1\|}{\sigma}$ 를 계산하여 (표 1)을 근거로 n, G_0값을 구한다. 2) 다음 공식에 따라 합격판정치를 구한다. $\overline{X_U} = m_0 + G_0\ \sigma$ $\overline{X_L} = m_0 - G_0\ \sigma$
6	샘플을 취한다. 순서 5에서 구해진 크기 n의 시료를 취한다.
7	샘플의 특성치를 측정하고 평균치($\overline{x}$)를 계산한다.
8	합격, 불합격의 판정을 내린다. 1) 특성치가 낮을수록 좋은 경우: $\overline{x} \leq \overline{X_U}$: 합격, $\overline{x} > \overline{X_U}$: 불합격으로 판정한다. 2) 특성치가 높을수록 좋은 경우: $\overline{x} \geq \overline{X_L}$: 합격, $\overline{x} < \overline{X_L}$: 불합격으로 판정한다. 3) 특성치가 높거나 낮아도 좋지 않은 경우: $\overline{X_L} < \overline{x} < \overline{X_U}$: 합격, $\overline{x} > \overline{X_L}$ 또는 $\overline{x} < \overline{X_U}$이면 불합격으로 판정한다.

[예제 1] 특성치가 낮을수록 좋은 경우

제품에 사용되는 유황의 색도는 낮을수록 좋다고 한다. 그래서 제조자와 협의하여 $m_0 = 3\%$, $m_1 = 6\%$로 하고 표준편차는 5%일 때 n개의 시료를 측정한 결과 평균이 4.620%가 되었다면 이 로트에 대한 판정을 하시오. 단 $\alpha = 0.05$, $\beta = 0.10$이다.

[풀이]

(1) $\dfrac{\|m_0 - m_1\|}{\sigma} = 6 - 3/5 = 0.6$

(표 1)에서 0.6에 해당하는 G_0, n을 구하면 $n = 25$, $G_0 = 0.329$가 된다.

(2) 상한합격판정치를 구한다.

$\overline{X_U} = m_0 + G_0\ \sigma = 3 + 0.329 \times 5 = 4.645\%$

(3) 합격, 불합격 판정을 한다.

$(\overline{x} = 4.62) \leq (\overline{X_U} = 4.645)$이므로 로트를 합격시킨다.

[예제 2] 특성치가 높을수록 좋은 경우

식료품에 대한 인수검사에서 A성분의 평균치가 47% 이상의 로트는 합격시키고 평
균치가 44% 이하인 로트는 불합격시키고자 한다. 종래의 경험으로 이 성분은 정규
분포를 따르며 표준편차는 3%라는 것을 알고 있다. 샘플의 평균치가 45.2%라고 할
때 이 로트에 대하여 판정을 하시오. 단 $\alpha = 0.05$, $\beta = 0.10$이다.

[풀이]

(1) $m_0 = 47$, $m_1 = 44$이므로 $47 - 44/3 = 1$

(표 1)에서 1에 해당하는 G_0, n을 구하면 $n = 9$, $G_0 = 0.548$이 된다.

(2) 하한합격판정치를 구한다.

$\overline{X_L} = m_0 - G_0 \ \sigma = 47 - 0.548 \times 3 = 45.356\%$

(3) 합격, 불합격 판정을 한다.

$(\bar{x} = 45.2) < (\overline{X_L} = 45.356)$이므로 로트를 불합격시킨다.

[예제 3] 특성치가 높거나 낮아도 좋지 않은 경우

조립품의 두께의 기본치수가 5mm이고 두께의 평균치가 기본치수에서 ±0.2mm 이내의
로트는 합격으로 받아들이고 ±0.5mm 이상의 로트는 불합격으로 판정하고자 한다.

[풀이]

m_0', m_1'(상한에 대한 값)과 m_0'', m_1''(하한에 대한 값)을 지정해서, 시료의 크기 n과 합
격판정치를 계산하기 위한 계수 G_0를 구하고,

---

m_0': 가급적 합격시키고 싶은 로트의 평균치의 상한

m_0'': 가급적 합격시키고 싶은 로트의 평균치의 하한

m_1': 가급적 불합격시키고 싶은 로트의 평균치의 상한

m_1'': 가급적 불합격시키고 싶은 로트의 평균치의 하한

다음과 같이 하여 상한 및 하한합격판정치를 구한다.

상한합격판정치 $\overline{X_U} = m_o' + G_0\sigma$

하한합격판정치 $\overline{X_L} = m_o'' + G_0\sigma$

* 단, 이 경우 다음의 조건이 만족되어야 한다.

$$\frac{|m_0' - m_0''|}{\sigma/\sqrt{n}} > 1.7$$

(1) σ 기지의 계량 샘플링검사에서 로트의 평균치를 보증하는 경우로서, 상한 및 하한 합격판정치를 동시에 구하는 경우이다. 여기서 m_0', m_1'은 상한에 대한 값으로 하고, m_0'', m_1''는 하한에 대한 값으로 할 때,

$m_0' = 5.2$, $m_1' = 5.5$이고, $m_0'' = 4.8$, $m_1'' = 4.5$가 되어,

$\dfrac{|m_1' - m_0'|}{\sigma} = \dfrac{|5.5 - 5.2|}{0.3} = 1.0$이므로 KS Q 0001의 (표 1)에서 $n = 9$, $G_0 = 0.548$을 얻게 된다.

(2) 상한 및 하한 합격판정치를 구할 수 있는 조건

$\dfrac{m_0' - m_0''}{\sigma/\sqrt{n}} = \dfrac{5.5 - 5.2}{0.3/\sqrt{9}} = 4.0 > 1.7$을 만족하므로 구하는 샘플링검사 방식은 n, $\overline{X_U}$ 및 $\overline{X_L}$로 결정된다.

$\overline{X_U} = m_o' + G_0\sigma = 5.2 + (0.548)(0.3) = 5.36$

$\overline{X_L} = m_o'' + G_0\sigma = 4.8 - (0.548)(0.3) = 4.64$

따라서 샘플링검사 방식은 $n = 9$, $\overline{X_U} = 5.36$, $\overline{X_L} = 4.64$가 된다. $n = 9$의 시료를 샘플링을 하여 그 평균치 $\bar{x}$를 구했을 때, $4.64 \leq \bar{x} \leq 5.36$이면 합격, $\bar{x} < 4.64$ 또는 $\bar{x} > 5.36$이면 로트를 불합격시킨다.

2) 로트의 부적합품률을 보증하는 경우

이 검사절차는 검사단위의 특성치에 대하여 규격(상한규격, 하한규격)이 주어진 경우에는 로트의 품질을 부적합품률로 나타낼 수 있다. 부적합품률이 낮은 로트는 가능한 합격시키고 부적합품률이 높은 로트는 가능한 불합격시키고 싶다는 요구를 만족하고 싶은 경우에 사용한다.

순서	검사절차
1	측정방법을 정한다. S_U, S_L의 한쪽 또는 양쪽을 규정한다.
2	p_0, p_1을 지정한다. 물품을 인도하는 측과 받아들이는 측과의 협의에 의하여 p_0, p_1을 정한다. 이 때 $\alpha=0.05$, $\beta=0.10$을 기준으로 한다.
3	로트를 형성한다.
4	로트의 표준편차를 지정한다.
5	샘플의 크기와 합격 판정치를 구한다. 구하는 방법은 다음과 같다. 1) (표 2)에서 p_0, p_1에 대응하는 n, k 값을 구한다. 2) 다음 공식에 따라 합격판정치를 구한다. $$\overline{X_U} = S_U - k\sigma$$ $$\overline{X_L} = S_L + k\sigma$$
6	샘플을 취한다. 순서 5에서 구해진 크기 n의 시료를 취한다.
7	샘플의 특성치 x를 측정하고 평균치를 계산한다.
8	합격, 불합격의 판정을 내린다. 1) 상한규격치(S_U)가 주어진 경우: $\bar{x} \leq \overline{X_U}$이면 합격, $\bar{x} > \overline{X_U}$이면 불합격으로 판정한다. 2) 하한규격치(S_L)가 주어진 경우: $\bar{x} \geq \overline{X_L}$이면 합격, $\bar{x} < \overline{X_L}$이면 불합격으로 판정한다. 3) 상·하한규격치가 주어진 경우: $\overline{X_L} \leq \bar{x} \leq \overline{X_U}$이면 로트를 합격, $\bar{x} < \overline{X_L}$ 또는 $\bar{x} > \overline{X_U}$이면 불합격으로 판정한다.

[예제 1] 상한규격치(Su)가 주어진 경우

상한규격치(S_U)=68을 초과하는 것이 0.5% 이하인 로트는 합격으로 하고, 그것이 4% 이상인 로트는 불합격으로 한다. 단 p_0=0.5%, p_1=4%, N=1,000매, 표준편차=3

이다. 시료의 크기와 상한합격판정치 X_u를 구하시오.

[풀이]

(1) (표 2)로부터 $p_0 = 0.5\%$를 갖는 행과 $p_1 = 4\%$를 갖는 열이 교차되는 란을 찾는다. 찾는 란으로부터 시료의 크기 n과 합격판정계수 k를 읽는다. 찾는 란이 *인 경우에는 (표 3)을 사용한다. 여기서 $n = 13$, $k = 2.11$ 따라서 시료의 크기 n은 13개가 된다.

(2) 상한 합격판정치를 구한다.

$$\overline{X_U} = S_U - k\sigma = 68 - 2.11 \times 3 = 61.67$$

(3) 합격, 불합격 판정을 한다.

$\overline{x} \leq \overline{X_U}$이면 합격, $\overline{x} > \overline{X_U}$이면 불합격으로 판정한다.

[예제 2] 하한규격치(SL)가 주어진 경우

강판규격의 하한규격치(S_L)가 2.3mm 이상으로 규정되었을 때, 두께가 2.3mm 이하인 것이 1%인 로트는 합격으로 하고, 그것이 9% 이상인 로트는 불합격으로 한다. 단 $\alpha = 0.05$, $\beta = 0.10$이고 표준편차는 0.2mm이다. n과 하한합격판정치 X_L를 결정하시오.

[풀이]

(1) (표 2)로부터 $p_0 = 1\%$를 갖는 행과 $p_1 = 9\%$를 갖는 열이 교차되는 란을 찾는다. 찾는 란으로부터 시료의 크기 n과 합격판정계수 k를 읽는다. 찾는 란이 *인 경우에는 (표 3)을 사용한다. 여기서 $n = 10$, $k = 1.81$ 따라서 시료의 크기 n은 10개가 된다.

(2) 하한 합격판정치를 구한다.

$$\overline{X_L} = S_L + k\sigma = 2.3 + 1.81 \times 0.2 = 2.66\text{mm}$$

(3) 합격, 불합격 판정을 한다.

$\overline{x} \geq \overline{X_L}$이면 합격, $\overline{x} < \overline{X_L}$이면 불합격으로 판정한다.

CHAPTER 03. 검사 201

[예제 3] 상하한규격치(SU SL)가 주어진 경우

기계부품의 축지름의 기본치수가 10mm이고 허용치가 ±0.05mm로 주어졌을 때, 부적합품률이 1%인 로트는 통과시키고 부적합품률이 10%인 로트는 통과시키지 않는 n 과 X_U, X_L을 구하시오.

단 표준편차는 0.015mm이고 $\alpha = 0.05$, $\beta = 0.10$이다.

[풀이]

(1) 주어진 S_U, S_L 및 표준편차로부터 $\dfrac{|S_U - S_L|}{\sigma}$를 계산하고 이 값이 (표 3)의 값 이상일 때 다음 순서로 들어간다. 여기서 $p_0 = 1\%$, $p_1 = 10\%$, 표준편차$=0.015$mm, $S_U = 10 + 0.05 = 10.05$, $S_L = 10 - 0.05 = $약 6.7이 된다. (표 4)로부터 $p_0 = 1\%$에 대한 값은 6.4이므로 다음 순서로 들어간다.

(2) (표 2)로부터 $p_0 = 1\%$를 갖는 행과 $p_1 = 10\%$를 갖는 열이 교차되는 란을 찾는다. 찾는 란으로부터 시료의 크기 n과 합격판정계수 k를 읽는다. 찾는 란이 *인 경우에는 (표 3)을 사용한다.

여기서 $n = 8$, $k = 1.74$ 따라서 시료의 크기 n은 8개가 된다.

(3) 상하한 합격판정치를 구한다.

$\overline{X_U} = S_U - k\sigma = 10.05 - 1.74 \times 0.015 = 10.024$mm

$\overline{X_L} = S_L + k\sigma = 9.95 + 1.74 \times 0.015 = 9.976$mm

(4) 합격, 불합격 판정을 한다.

$\overline{X_L} \leq \overline{x} \leq \overline{X_U}$이면 로트를 합격, $\overline{x} < \overline{X_L}$ 또는 $\overline{x} > \overline{X_U}$이면 불합격으로 판정한다.

■ 참고: KS Q 0001-제2부 및 제3부 관련 표

[표 1] m_0, m_1을 기준으로 하여 시료의 크기 n과 합격판정치를 계산하기 위한 계수 G_0를 구하는 표($\alpha = 0.05$, $\beta = 0.10$)

$\dfrac{\|m_0 - m_1\|}{\sigma}$	n	G_0
2.069 이상	2	1.163
1.690~2.068	3	0.950
1.463~1.689	4	0.822
1.309~1.462	5	0.736
1.195~1.308	6	0.672
1.106~1.194	7	0.622
1.035~1.105	8	0.582
0.975~1.034	9	0.548
0.925~0.974	10	0.520
0.882~0.924	11	0.496
0.845~0.881	12	0.475
0.812~0.844	13	0.456
0.772~0.811	14	0.440
0.756~0.771	15	0.425
0.732~0.755	16	0.411
0.710~0.731	17	0.399
0.690~0.709	18	0.383
0.671~0.689	19	0.377
0.654~0.670	20	0.368
0.585~0.653	25	0.329
0.534~0.584	30	0.300
0.495~0.533	35	0.278
0.463~0.494	40	0.260
0.436~0.462	45	0.245
0.414~0.435	50	0.233

[표 2] p_0, p_1을 기초로 기료의 크기 n과 합격판정개수 k를 구하는 표

$p_1(\%)$ 대표치		0.80	1.00	1.25	1.60	2.00	2.50	3.15	4.00	5.00	6.30	8.00	10.00
$p_0(\%)$ 범위		0.71	0.91	1.13	1.41	1.81	2.25	2.81	3.56	4.51	5.61	7.11	9.01
대표치 \ 범위		~0.90	~1.12	~1.40	~1.80	~2.24	~2.80	~3.55	~4.50	~5.60	~7.10	~9.00	~11.2
0.100	0.090~0.112	2.71 18	2.66 15	2.61 12	2.56 10	2.51 8	2.45 7	2.40 6	2.34 5	2.28 4	2.21 4	2.14 3	2.08 3
0.125	0.113~0.140	2.68 23	2.63 18	2.58 14	2.53 11	2.48 9	2.43 8	2.37 6	2.31 5	2.25 5	2.19 4	2.11 3	2.05 3
0.160	0.141~0.180	2.64 29	2.60 22	2.55 17	2.50 13	2.45 11	2.39 9	2.35 7	2.28 6	2.22 5	2.15 4	2.09 4	2.01 3
0.200	0.181~0.224	2.61 39	2.57 28	2.52 21	2.47 16	2.42 13	2.36 10	2.30 8	2.25 7	2.19 6	2.12 5	2.05 4	1.98 3
0.250	0.225~0.280	*	2.54 37	2.49 27	2.44 20	3.38 15	2.33 12	2.28 10	2.21 8	2.15 6	2.09 5	2.02 4	1.95 4
0.315	0.281~0.355	*	*	2.46 36	2.40 25	2.35 19	2.30 14	2.24 11	2.18 9	2.12 7	2.06 6	1.99 5	1.92 4
0.400	0.356~0.450	*	*	*	2.37 33	2.32 24	2.26 18	2.21 14	2.15 11	2.08 8	2.02 7	1.95 6	1.89 5
0.500	0.451~0.560	*	*	*	2.33 46	2.28 31	2.23 23	2.17 17	2.11 13	2.05 10	1.99 8	1.92 6	1.85 5
0.630	0.561~0.710	*	*	*	*	2.25 44	2.19 30	2.14 21	2.08 15	2.02 12	1.95 9	1.89 7	1.81 6
0.800	0.711~0.900	*	*	*	*	*	2.16 42	2.10 28	2.04 20	1.98 15	1.91 11	1.84 8	1.78 7
1.00	0.901~1.12		*	*	*	*	*	2.06 39	2.00 26	1.94 18	1.88 14	1.81 10	1.74 8
1.25	1.13~1.40			*	*	*	*	*	1.97 36	1.91 24	1.84 17	1.77 12	1.70 6
1.60	1.41~1.80				*	*	*	*	*	1.86 34	1.80 23	1.73 16	1.66 12
2.00	1.18~2.24					*	*	*	*	*	1.76 31	1.69 20	1.62 14
2.50	2.25~2.80						*	*	*	*	1.72 46	1.65 28	1.58 19
3.16	2.81~3.55							*	*	*	*	2.60 42	1.53 26
4.00	3.56~4.50								*	*	*	*	1.49 39
5.00	4.51~5.60									*	*	*	*
6.30	5.61~7.10										*	*	*
8.00	7.11~9.00											*	*
10.00	9.01~11.2												*

[표 3] p의 대표치에 대한 K_P의 표

$p(\%)$ p_0	p_1	K_P	$p(\%)$ p_0	p_1	K_P
0.100	−	3.09023	3.15	3.15	1.85919
0.125	−	3.02334	4.00	4.00	1.75069
0.160	−	2.94784	5.00	5.00	1.64485
0.200	−	2.87816	6.30	6.30	1.53007
0.250	−	2.80703	8.00	8.00	1.40507
0.315	−	2.73174	10.0	10.0	1.28155
0.400	−	2.65207	−	12.5	1.15035
0.500	−	2.57583	−	16.0	0.99446
0.630	−	2.49488	−	20.0	0.84162
0.800	0.80	4.40892	−	25.0	0.67449
1.00	1.00	2.32635	−	31.5	0.48173
1.25	1.25	2.24140	−	−	−
1.60	1.60	2.14441	−	−	−
2.00	2.00	2.05375	−	−	−
2.50	2.50	1.95996	−	−	−

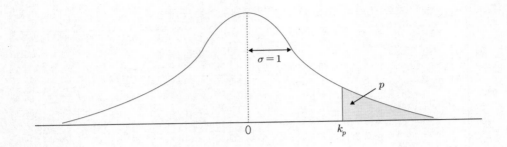

비고　이 표는 표준정규분포에 있어서의 상측 확률 p(%)를 나타내는 점을 표시한 것
으로서 [표 3]에 표시한

$$n = \left(\frac{2.9264}{K_{po} - K_{p1}} \right)^2$$

$$k = 0.5620730 K_{p1} + 0.437927 K_{p0}$$

에 의해 n, k를 계산할 때 사용한다.

[표 4] 상한 및 하한 규격치를 규정한 경우 p_0, p_1을 기초로 하여, 샘플링 검사 방식을 정하는 조
건을 표시한 표($\alpha \fallingdotseq 0.05$, $\beta \fallingdotseq 0.10$)

p_0(%)	$\dfrac{S_U - S_L}{\sigma}$
0.1	7.9
0.1	7.7
0.2	7.5
0.3	7.2
0.5	6.9
0.7	6.6
1.0	6.4
1.5	6.0
2.0	5.8
3.0	5.5
5.0	5.0
7.0	4.7
10.0	4.3
15.0	3.8

(5) KS Q 0001 Web 샘플링 활용 방법

Web Sampling을 이용한 분석방법은 다음과 같다.

① www.sqcweb.com에 접속한다.

② Web Sampling에서 KS Q 0001를 클릭한다.

③ 샘플링검사 방법별 입력요소를 입력한다.

9 검사표준 작성

KS Q ISO 2959−1 및 KS Q ISO 3951을 반영하여 검사표준(인수검사, 중간검사, 최종 검사)을 작성하는 방법은 다음 그림과 같다.

KS Q ISO 2859-1 및 KS Q ISO 3952 검사방법 및 절차에 근거하여 다음 사항을 결정한다.	결정된 사항을 검사표준 구성항목에 반영한다.

• 품질기준
• AQL(품질합격수준)
• 검사수준(일반검사수준/특별검사수준)
• 검사의 엄격도(보통/수월/까다로운)
• 샘플링 형식(1회, 2회, 다회)
• 검사로트(LOT)의 구성 및 검사단위체
• 샘플링 방법(단순, 2단계, 층별, 취락)
• 판정기준(검사단위체/로트)
 	
※ AQL, 검사수준, 검사의 엄격도, 샘플링 형식은 검사방식 및 조건에 반영한다.
	1. 적용범위
	2. 인용표준*
	3. 용어와 정의*
	4. 종류, 등급 및 호칭*
	5. 품질기준
	6. 시험 및 검사
	  6.1 검사로트(LOT) 구성 및 검사단위체
	  6.2 검사항목, **검사방식 및 조건**, 주기
	  6.3 시료채취방법
	  6.4 시험방법
	  6.5 판정기준
	7. 부적합 로트(LOT)의 처리
	8. 포장 및 표시

검사표준 구성항목별 작성방법은 다음과 같다.

(1) 적용범위

① 적용범위는 해당 규정마다 제시되어야 하고, 적용하고 있는 대상과 포함하고 있는 업무의 영역을 기술한다.

② 해당 규정의 주제와 취급될 측면을 명백하게 정의하고, 해당 표준의 적용한계를 나타내어야 한다.

③ 적용범위의 표현 형식은 다음과 같은 어법으로 도입한다.

"이 표준은 …의 치수에 대하여 규정한다."

"이 표준은 …의 방법에 대하여 규정한다."

"이 표준은 …의 특성에 대하여 규정한다."

"이 표준은 …을 위한 체계를 수립한다."

"이 표준은 …을 위한 일반원칙을 수립한다."

"이 표준은 …을 위한 지침을 제공한다."

"이 표준은 …을 위한 용어를 정의한다."

표준의 적용성에 관한 설명은 다음과 같은 어법으로 도입되어야 한다.

"이 표준은 …에 적용 가능하다."

보기   적용범위 기술방법

1 적용범위
이 규정은 표준산업의 합성수지의 인수검사에 대하여 규정한다.

(2) 인용표준

① 해당 규정에 인용한 KS나 ISO 또는 IEC에서 발행한 표준번호와 표준명을 기술한다.

② 인용표준의 목록은 다음의 어법으로 도입한다.

"다음의 인용표준은 이 표준의 적용을 위해 필수적이다. 발행연도가 표기된 인용표준은 인용된 판만을 적용한다. 발행연도가 표기되지 않은 인용표준은 최신판(모든 추록을 포함)을 적용한다."

보기   인용표준 기술방법

> **3 인용표준**
> 다음의 인용표준은 이 표준의 적용을 위해 필수적이다. 발행연도가 표기된 인용표준
> 은 인용된 판만을 적용한다. 발행연도가 표기되지 않은 인용표준은 최신판(모든 추록
> 을 포함)을 적용한다.
> KS Q ISO 2859-1
> KS Q ISO 3951

(3) 용어와 정의

① 해당 규정에 사용된 용어 중 특정 용어를 이해하는 데 필요한 정의를 기술한다.
② 다음의 도입 어법을 해당 표준의 모든 용어와 정의가 표현된 곳에 사용하여야
　한다.
　"이 표준의 목적을 위하여 다음의 용어와 정의를 적용한다."
③ 용어가 하나 혹은 그 이상의 표준에도 적용되는 경우(보기를 들면, 일련의 연관된 표준
　의 제1부가 해당 표준의 일부분 혹은 모든 부에서 사용되는 용어와 정의를 규정하고 있을 경우),
　다음의 도입 어법이 사용되어야 하고, 필요에 따라 변경이 가능하다.
　"이 표준의 목적을 위하여 용어와 정의는 …에서 주어지고 다음을 적용한다."
④ 용어와 정의의 배치는 참조번호 뒤에 행을 바꾸어 용어를 기술하고, 다시 행을
　바꾸어 정의를 기술한다.

보기   용어와 정의 기술방법

> **4 용어와 정의**
> 이 표준의 목적을 위하여 다음의 용어와 정의를 적용한다.

4.1

합성수지

합성고분자물질 중, 천연에서 얻을 수 있는 수지상물질과 성질이 비슷하여, 섬유나 고무로서 이용되는 이외의 것의 총칭

(4) 종류, 등급 및 호칭

적용되는 대상의 종류, 등급, 호칭에 대하여 기술한다.

보기   종류, 등급 및 호칭 기술방법

4 종류, 등급 및 호칭

합성수지의 종류는 다음 표 #와 같이 구분한다.

표 # - 합성수지 종류

종 류	주 용 도(참고)
ABS수지	난연성, 내충격성, 광택
PC/ABS 수지	난연성, 고내충격성(고강도), 고광택

(5) 품질기준

제품의 요구사항은 시험을 통하여 단기간에 검증할 수 있는 품질특성을 성능의 관점에서 한계수치를 포함하여 기술하여야 한다. 그러므로 제품의 요구사항은 잘 정의된 기준으로 명시되어야 한다. "충분히 강한" 또는 "적당한 강도"와 같은 문구는 사용될 수 없다.

① 겉모양

제품, 재료의 외관성 결점 가운데 중결점 위주로 가능한 구체적으로 기술한다.

② 모양 및 치수

기계부품이나 조립품 같은 것은 모양 및 치수가 매우 중요한 품질이다. 치수

는 한계수치를 설정하여 구체적으로 기술한다.

③ 기계적 성질

인장강도, 연신율 등과 같은 기계적 성질과 사용목적을 다하기 위한 효능을 나타내는 성능을 명확하게 규정하고 한계수치를 설정하여 기술한다.

④ 물리적 성질

수분, 비중, 입도 등과 같은 물리적 성질을 명확하게 규정하고 한계수치를 설정하여 기술한다.

⑤ 화학적 성질

화학적 성분을 원자·분자별로 한계수치를 설정하여 기술한다.

⑥ 기타

상기 이외의 품질특성이 있을 경우에는 별도 항을 설정하여 기술한다.

보기   품질기준 기술방법

5 품질기준

합성수지의 품질기준은 표 #에 적합하여야 한다.

표 # - 합성수지 품질기준

품질특성	성능 요구사항	결함 구분
1. 겉모양	잡석, 나무뿌리 등의 사용상 해로운 이물질이 없어야 하고, 황색, 흑색 등의 고유한 색상을 지니고 있어야 한다.	중결함
2. 입도	표준체(NO7) 통과량 95% 이상이어야 한다.	중결함
3. 함수율	20% 이하여야 한다.	경결함
4. 소성수축률	7%에서 13% 이내여야 한다.	경결함
5. 화학성분	SiO_2: 50%에서 75%, Al_2O_3: 10%에서 35%, Fe_2O_3: 10.0% 이하, CaO: 3.0% 이하, MgO: 2.0 % 이하	치명결함

(6) 시험 및 검사

시험 및 검사에 대한 사항을 기술한다. 시험 및 검사방법은 국제표준, KS, 단체표준 등 이미 알려진 시험방법 또는 제품의 특성에 맞는 관련시험에 대한 문서를 참고하여 작성한다. 같은 수준의 신뢰수준으로 파괴 시험방법을 비파괴 시험방법으로 교체 가능한 때에는 비파괴 시험방법을 선택한다.

비고 1   시험이란 시료 또는 시험편에 대하여 그 특성을 조사하는 행위를 말한다.
비고 2   검사란 규정된 방법에 따라 시료를 시험하고 그 결과를 판정기준과 비교하여 개개의 제품에 대해서는 적합, 부적합으로 로트에 대해서는 합격, 불합격 판정을 내리는 행위를 말한다.

시험 및 검사에 대한 사항은 다음과 같이 구성항목을 세분화하여 기술한다.

- 검사 로트(LOT) 구성 및 검사단위체
- 검사항목, 방식 및 조건, 주기
- 시료채취방법
- 시험방법
- 판정기준

1) 검사로트(LOT) 구성 및 검사단위체

검사로트(LOT) 구성은 같은 조건하에 제조된 제품으로 로트(LOT)를 구성하는 것이 좋으며, 제품 품질이 안정되어 있으면 로트(LOT)의 크기를 크게 하고 반대의 경우는 작게 한다.

보기   제품: 품목별, 표준별, 종류별, 1일 생산량
        재료: 납품자별, 표준별, 종류별 1회 입하량

검사단위체란 제품을 적합품, 부적합품으로 구분할 수 있는 최소 단위를 말한다. 연속체, 분체, 액체의 검사단위체는 일정한 길이, 양, 용적을 검사단위체로 한다. 검사를 실시하기 위해 채취하는 검사단위체에 대하여 명확하게 기술한다.

비고 1   이산형 제품은 1개의 나사, 1자루의 연필, 1개의 전구 등이 검사단위체가 된다.
비고 2   벌크(Bulk) 제품은 1코일의 전선, 50kg 포장의 시멘트, 1통의 기름 등이 검사단위체이다.

보기   검사 로트(LOT) 구성 및 검사단위체 기술방법

6 시험 및 검사
6.1 검사 로트(LOT) 구성 및 검사단위체
합성수지 종류별, 납품업체별 1일 입고량을 검사로트(LOT)로 하고, 1포장 단위체를 검사단위체로 한다.

2) 검사항목, 방식 및 조건, 주기

- 검사항목: 제품표준이나 재료표준에 규정한 품질특성을 검사항목으로 정한다.
- 검사방식 및 조건, 주기
  검사방법에는 전수검사와 샘플링검사가 있으며 샘플링검사를 택할 때에는 검사의 타당성 검토, 즉 좋은 품질의 로트(LOT)가 불합격되는 확률과 나쁜 품질의 로트(LOT)가 합격될 확률을 검사특성곡선으로 검토하여 확정한다. 검사방식 및 조건을 설정하기 위한 샘플링검사는 일반적으로 합격품질수준(AQL) 지표형 샘플링검사(KS Q ISO 2859-1)와 계량 조정형 샘플링검사(KS Q ISO 3951-2) 등을 활용한다. 검사 주기는 직접 검사하는 경우와 외부기관(업체포함)과의 사용 계약 또는 외부 공인시험 성적서를 활용하는 경우로 나누어 결정한다.
- 외부기관(업체포함)과의 사용 계약 또는 외부 공인시험성적서 활용여부 결정
  외부기관(업체포함)과의 사용 계약 또는 외부 공인시험성적서 활용이 허용된 검사 설비에 대하여 시험검사 의뢰기관, 시험검사 의뢰내용, 시험검사 주기 등을 결정한다.
- 외부 공인시험기관의 성적서를 활용하는 경우, 다음과 같은 사항을 결정한다.
  - 시험의뢰기관의 자격조건
  - 시험 의뢰 대상 제품의 로트(LOT) 구성방법과 시료채취 방법
  - 통상적인 시험인 경우 최소 1주일 주기마다 시험하되, 해당 심사기준에서 시험주기를 정한 경우에는 해당 시험주기를 적용하고 해당 심사기준에서 시험주기를 규정하지 않는 경우에는 해당시험에 소요되는 기간 및 성적서 발행기간 등을 감안하여 시험주기 설정
  - 시료채취자, 시료채취 보고서, 공시체 제작보고서 작성방법

- 시험의뢰시 시험방법, 불확도 표현여부 등 시험의뢰 내용
- 시험결과의 분석과 활용 방법

보기   검사항목, 방식 및 조건, 주기 기술방법

6.2 검사항목, 방식 및 조건, 주기
검사항목, 방식 및 조건, 주기는 표 #와 같다.

표 # - 검사항목, 방식 및 조건, 주기

NO	검사항목	검사방식 및 조건	주기
1	겉모양	• 검사방식: KS Q ISO 2859-1(계수값에 의한 샘플링검사)	1회/lot
2	입도	• 검사수준: G-Ⅱ(통상검사수준Ⅱ)	
3	함수율	• 검사의 엄격도: 보통검사 • 샘플링 형식: 1회 • 합격품질수준(AQL)=1.0%	
4	소성수축률	• 검사방식: KS Q ISO 3951-2(계량형 샘플링검사 절차) • 검사수준: G-Ⅱ(통상검사수준Ⅱ) • 검사의 엄격도: 보통검사 • 샘플링 형식: 1회 • 합격품질수준(AQL)=0.40%	1회/lot
5	화학성분	납품업체의 외부 공인시험성적서로 대체한다.	

표 # - 샘플링 검사방식 및 조건 설계결과표

로트 크기 (N)	샘플의 크기 (n)	합격판정개수 (Ac)	불합격판정개수 (Re)

3) 시료채취방법

- 전수검사인 경우 시료채취방법은 기술하지 않는다.
- 샘플링검사인 경우 검사방식 및 조건에 규정된 시료로 로트(LOT) 전체를 대표할 수 있도록 랜덤하게 채취할 수 있는 시료채취방법을 설정하여야 한다.
- 시료채취방법의 종류에는 랜덤샘플링, 2단계샘플링, 층별샘플링, 취락샘플링 등이 있다.

- 시료채취방법은 해당 제품표준에 규정된 방법이 있는 경우에는 그 방법을 적용하고, 규정되어 있지 않을 경우에는 다음의 방법을 적용한다.
  - 개개 제품을 식별할 수 있는 이산형 제품은 KS Q ISO 24153(랜덤샘플링 및 랜덤화 절차)를 적용한다.
  - 아스팔트, 기름, 석탄, 모래 등 벌크상태 제품은 KS Q ISO 11648(집합체 샘플링의 통계적 측면)을 적용한다.

보기   시료채취방법 기술방법

6.3 시료채취방법

6.2 검사방식 및 조건에 맞게 KS Q ISO 2859−1 및 KS Q ISO 3951−2의 시료문자표 및 주샘플링표를 활용하여 구한 샘플의 크기(n)를 Q ISO 24153(랜덤샘플링 및 랜덤화 절차)에 의거 1차로 1포장 단위체를 선택한 후 선택된 포장 단위체에서 20kg을 랜덤하게 채취한다.

4) 시험방법

- 채취한 시료로부터 요구하는 데이터를 얻기 위한 조사, 측정, 분석 등의 시험방법을 기술한다.
- 시험항목별로 기술한다.
- 자체 시험표준이나 KS 등 관련표준이 있으면 이를 인용한다.
- 해당되는 경우, 시험방법은 다음의 순서로 세분되어도 된다.
  - 시험원리
  - 시약 및 재료
  - 시험장치
  - 시험시료 및 시편의 준비와 보존
  - 시험절차
  - 계산방법과 시험방법의 정밀도를 포함한 시험결과의 표시
  - 시험성적서

보기   시험방법 기술방법

6.4 시험방법
시험방법은 다음의 표 #와 같다.

표 # - 시험방법

NO	시험항목	시험방법
1	겉모양	육안으로 확인한다.
2	입도	ASTM D123에 따른다.
3	함수율	ASTM D234에 따른다.
4	소성수축률	ASTM D456에 따른다.
5	화학성분	ASTM D678에 따른다.

5) 판정기준

검사단위체 및 로트(LOT)의 판정기준에 대하여 기술한다.

보기   판정기준 기술방법

6.5 판정기준
6.5.1 검사단위체 판정
검사단위체 시험결과가 5 품질기준에 적합하면 적합품, 적합하지 않으면 부적합품으로 판정한다.

6.5.2 검사로트(LOT)의 판정
검사단위체 판정결과가 3.2항의 검사방식 및 조건에 의해 설계된 합격 조건에 해당되면 합격으로 판정하고, 불합격 조건에 해당하면 불합격으로 판정한다.

(7) 불합격 로트(LOT)의 처리

검사결과 불합격인 경우 부적합 로트(LOT)의 조치방법에 대하여 기술한다.

보기 　 불합격 로트(LOT)의 처리 기술방법

7 불합격 로트(LOT)의 처리

합성수지 검사결과 불합격 로트(LOT)는 부적합품관리규정에 따라 처리하여야 한다.

(8) 표기, 라벨링 및 포장

해당되는 경우 표시는 다음 사항을 포함하여 기술한다.

① 적용할 수 있는 경우, 제조자(상호 및 주소) 또는 판매자(상호, 상표 또는 식별표시), 또는 제품 그 자체에 대한 마크(즉, 제조자 또는 판매자의 상표, 모델 또는 형식번호, 호칭), 혹은 서로 다른 크기, 종류, 형식 및 등급의 식별표시를 포함하여 제품의 식별에 사용되는 표기에 대한 내용

② 보기를 들면 팻말(때로는 "명판"이라고 함), 라벨, 날인, 색채, 실(케이블에서의)을 사용하여 제품의 마크를 표현하는 방법

③ 제품 또는 포장에 해당 마크가 부착되어야 할 위치

④ 제품의 라벨링 및 포장에 대한 요구사항(즉, 취급 설명서, 위험 경고사항, 제조일자)

⑤ 요구될 수 있는 그 외의 정보

보기 　 표기, 라벨링 및 포장 기술방법

8 표기, 라벨링 및 포장

8.1 포장

운반 및 보관이 용이하도록 25kg 크라프트지대 또는 500kg Sealing Bag으로 포장한다.

8.2 표시

합성수지 매포장 단위체마다 다음 사항을 표시하여야 한다.

1) 품명

2) 등급(Grade)

3) 색깔(Color)

4) 로트(LOT) 번호(NO) 또는 제조연월일

5) 중량

(9) 검사결과의 활용

검사결과의 활용방법에 대하여 기술한다.

보기   검사결과의 활용 기술방법

9 검사결과의 활용
1) 인수검사의 중요한 품질특성에 대하여 3개월 주기로 ez spc 2.0 소프트웨어를 활용하여 해석용 관리도를 작성하고, 그 결과를 공정 및 품질개선 활동에 반영하여야 한다.
2) 3개월 주기로 합격률, 부적합(품)률, 공정능력지수를 분석하고 그 결과를 토대로 자재공급업체의 변경 또는 제조공정, 제품설계, 작업방법 변경 등에 활용하여야 한다.
3) 분석결과에 대한 개선의 필요한 경우, 시정 및 예방조치절차에 따라 조치하여야 한다.

다음은 KS Q ISO 2959−1 및 KS Q ISO 3951을 반영하여 작성한 인수검사표준 사례이다.

1. 적용범위

이 지침은 주식회사 표준산업에서 점토기와 생산 시 원재료로 사용하는 점토의 품질 및 인수검사에 대하여 규정한다.

2. 품질기준

점토의 품질특성 및 성능 요구사항은 표 1과 같다.

표 1 – 점토의 품질특성 및 성능 요구사항

NO	품질특성	성능 요구사항	결함 구분
1	겉모양	잡석, 나무뿌리 등의 사용상 해로운 이물질이 없어야 하고, 황색, 흑색 등의 고유한 색상을 지니고 있어야 한다.	중결함

NO	품질특성	성능 요구사항	결함 구분
2	입 도	표준체(NO7) 통과량 95% 이상이어야 한다.	중결함
3	함수율	20% 이하여야 한다.	경결함
4	소성수축률	7%에서 13% 이내여야 한다.	경결함
5	화학성분	SiO_2: 50%에서 75%, Al_2O_3: 10%에서 35%, Fe_2O_3: 10.0 % 이하, CaO: 3.0% 이하, MgO: 2.0% 이하	치명결함

3. 시험 및 검사

3.1 검사로트(LOT) 구성 및 검사단위체

산지별 입고 차량대수를 검사로트(LOT)로 하고 점토 1kg을 검사단위체로 한다.

3.2 검사항목, 방식 및 조건, 주기

검사항목, 방식 및 조건, 주기는 표 2와 같다.

표 2 - 검사항목, 방식 및 조건, 주기

NO	검사항목	검사방식 및 조건	주기
1	겉모양	• 검사방식: KS Q ISO 2859-1(계수값에 의한 샘플링검사)	
2	입도	• 검사수준: G-II(통상검사수준II) • 검사의 엄격도: 보통검사	1회/lot
3	함수율	• 샘플링 형식: 1회 • 합격품질수준(AQL)=2.5%	
4	소성수축률	• 검사방식: KS Q ISO 3951-2(계량형 샘플링검사 절차) • 검사수준: G-II(통상검사수준II) • 검사의 엄격도: 보통검사 • 샘플링 형식: 1회 • 합격품질수준(AQL)=2.5%	1회/lot
5	화학성분	• 공급업체의 공인시험기관 성적서로 대체한다.	1회/lot

3.3 시료채취방법

3.2 검사방식 및 조건에 맞게 KS Q ISO 2859-1 및 KS Q ISO 3951-2의 시료문자표 및 주샘플링표를 활용하여 구한 샘플의 크기(n)를 KS Q ISO 11648 "집합체 샘플링의 통계적 측면"에 의거하여 랜덤하게 채취한다.

3.4 시험방법

1) 겉모양: 육안으로 확인한다.

2) 입도: KS F 0000에 따른다.

3) 함수율: KS F 0001에 따른다.

4) 화학성분: KS M 0000에 따른다. 단 공급처의 공인시험성적서로 시험을 대체한다.

5) 소성수축률: KS F 1234에 따른다. 단 공급처의 공인시험성적서로 시험을 대체한다.

3.5 판정기준

3.5.1 검사단위체 판정

검사단위체 시험결과가 2 품질기준에 적합하면 적합품, 적합하지 않으면 부적합품으로 판정한다.

3.5.2 검사로트(LOT)의 판정

검사단위체 판정결과가 3.2항의 검사방식 및 조건에 의해 설계된 합격 조건에 해당되면 합격으로 판정하고, 불합격 조건에 해당되면 불합격으로 판정한다.

4. 불합격 로트(LOT)의 처리

1) 합격 로트(LOT)는 자재관리절차에 따라 입고한다.

2) 불합격 로트(LOT)는 부적합제품관리절차에 따라 처리한다.

5. 포장 및 표시

합격된 점토는 다음 사항을 표시하여야 한다.

1) 품명

2) 로트(LOT) 번호(NO)

3) 중량

6. 기록관리

인수검사기록은 기록관리절차에 따라 관리한다.

7. 관련표준

1) 시험·검사업무절차
2) 자재관리절차
3) 부적합제품관리절차
4) 통계적품질관리절차
5) 개선활동절차
6) 시정 및 예방조치절차

8. 관련양식

1) 인수검사성적서

인수검사 성적서		작 성	검 토	승 인

제품명		검사자	
검사방법		검사일	
로트(LOT) 번호(NO)		수량	

검사항목	판정기준	측 정 치			판 정
		n=1	n=2	n=3	
1. 겉모양	잡석, 나무뿌리 등의 사용상 해로운 이물질이 없어야 하고, 황색, 흑색 등의 고유한 색상을 지니고 있어야 한다.				
2. 입 도	표준체(NO7) 통과량 95% 이상이어야 한다.				
3. 함수율	20% 이하여야 한다.				
4. 소성수축률	7%에서 13% 이내여야 한다.				
5. 화학성분	SiO_2: 50%에서 75%, Al_2O_3: 10%에서 35%, Fe_2O_3: 10.0% 이하, CaO: 3.0% 이하, MgO: 2.0% 이하				

특기사항: 검사기간이 1개월 이상 소요되는 기계적 성질, 화학적 성분 등의 검사항목은 공급처의 검사성적서로 인수검사를 대체할 수 있다.

위의 인수검사표준을 활용한 가상의 샘플링검사를 실시해보자.

위의 인수검사표준을 보면 KS Q ISO 2859−1을 적용하기 점토 차량 1대를 제품으로 간주하고 있으므로, A산지로부터 12대분의 점토가 입고되었으므로 로트의 크기는 $N=12$가 된다. 시료 또한 이산형이 아닌 연속형이므로 점토 1kg을 검사단위체로 정하고 있다. 따라서 인수검사표준서에 따라 로트의 크기는 $N=12$가 되고, 검사조건을 AQL= 2.5%, G−Ⅱ, 보통검사로 설정되어 있으므로 샘플문자는 B가 된다. 보통검사 주 샘플링 검사표에 의거 B에 해당하는 시료크기 (n)=3이 되고, 합격판정개수 (A_c)=0, 불합격판정개수 (R_e)=1로 설계된다. 위의 설계조건에 따라 점토 인수검사를 맡은 홍길동 검사원은 다음과 같은 순서로 검사를 실시하였다.

1. 점토 1kg 검사단위체 $(n=3)$를 KS Q ISO 11648 "집합체 샘플링의 통계적 측면"에 의거하여 랜덤하게 채취하였다.
2. 채취한 시료 n=3의 검사단위체의 겉모양, 입도, 함수율을 시험방법에 따라 시험을 실시하였다.
3. 시험실시 결과 부적합품 검사단위체가 하나도 없었다.

   비고   3개의 검사단위체의 모든 품질특성이 품질기준에 적합한 경우 적합품으로 판정하고, 1개 이상의 품질특성이 적합하지 않으면 부적합품으로 판정한다.
4. 소성수축률에 대한 계량형 샘플링검사 절차를 적용하였더니 역시 합격 조건에 해당하였다.

   그러므로 홍길동 검사원은 A산지에서 입고된 차량 12대분 점토의 검사로트가 합격조건에 해당하므로 합격으로 판정하였다.

검사의 **실시**

04

04 | CHAPTER

검사의 실시

1 측정기의 준비

제품의 적합, 부적합을 판정하기 위해 측정해야 할 품질특성에 맞는 측정기를 준비해야 한다. 측정기는 정밀도가 확보되어 치우침이 없고 신뢰성이 있어야 한다. 특히 샘플링검사에 있어서는 측정기에 치우침이나 산포가 없다는 것을 가정하고 설계해야 한다.

또한 측정기가 유효 기한 내의 측정기인지 아닌지에 대한 확인을 해야 한다. 측정기는 관리방법을 규정한 표준을 준비하여 표준대로 관리해야 한다.

2 검사 로트의 구성

샘플링검사를 실시할 경우에는 검사 로트를 구성해야 한다. 특히 정밀도가 좋게 샘플링검사를 실시하기 위해서는 검사 로트 내의 품질이 균일해야 하며, 다음 각 사항에 대한 주의가 필요하다.

(ⅰ) 다른 원료, 부품으로 제조한 제품은 함께 검사하지 않는다.

(ⅱ) 다른 제조 기계, 제조 방법으로 제조한 제품은 함께 검사하지 않는다.

(ⅲ) 다른 일시, 작업자가 제조한 제품은 함께 검사하지 않는다.

일반적으로 공정이 안정되었을 때는 로트의 크기를 크게 하며, 공정이 불안정할 때에는 로트의 크기를 작게 하는 것이 좋다.

검사 공수의 절감을 위해 로트의 품질에 관계없이 로트의 크기를 크게 하는 일, 또는 다른 제품을 확대하여 로트로 하는 일이 없어야 한다.

3 샘플 선정 방법

샘플링검사에서는 샘플을 시험하고 그 결과에 기초하여 로트의 합격, 불합격을 결정하므로, 샘플이 로트 전체의 대표가 될 수 있도록 샘플링을 하는 것이 무엇보다도 중요하다.

4 시험의 실시

시험은 시험 환경에 적합한 환경 조건(온도, 습도, 소음, 조명 등)에서 실시해야 한다. 환경 조건이 충족되지 못하면 얻어진 측정값을 신뢰할 수 없게 되므로 시험에 앞서 환경 조건을 고려해야 한다.

샘플에 대한 시험은 채취한 모든 샘플에 대하여 시험하는 것이 원칙이다. 그러나 특히 공정 평균을 추정하지 않아도 되는 경우에는, 불합격 판정이 내려진 후의 나머지 샘플에 대해 시험을 생략할 수 있다.

5 합격, 불합격의 판정

크기 N의 검사 로트에서 크기 n의 샘플을 채취하여, 이 샘플 속에서 발견된 부적합품수 또는 결점수가 합격판정개수 이하라면 로트를 합격으로 판정하며, 합격판정개수를 초과했을 경우(또는 불합격판정개수 이상일 때)에는 로트를 불합격으로 한다.

특히 인수검사를 할 때 공급자에 대해 검사할 경우, 다음과 같은 경우도 불합격으로 하는 수가 있다.

(i) 공급자의 검사성적서 등 품질을 보증하는 서류가 구비되어 있지 않다.

(ii) 검사설비가 갖추어져 있지 않다.

(iii) 검사대상 물품과 납품서를 조회한 결과, 품명 또는 수량에 차이가 있다.

(iv) 치명결점이 있다.

6 합격 로트의 처리

규정된 특성값, 치수, 속성(계수값), 성능 등의 요구사항에 적합할 경우 합격 로트로 판정하여 합격 표시(스탬프 도장 또는 스티커 부착 등)하여 자재 창고로 보내도록 자재부서에 통보한다.

7 불합격 로트의 처리

검사에서 불합격된 로트는 어느 검사항목이 불합격되었는지를 명확히 하는 것은 물론, 불합격 로트임을 표시하여 합격 로트와 혼합되지 않도록 보관하는 장소를 구별해야 한다.

불합격 로트의 처리에는 다음과 같은 방법이 있다.

(i) 부적합품에 대하여 적합품으로 교체하는 방법

(ii) 인수 검사의 경우 로트를 반품하거나, 부적합품에 대하여 추가 입고를 요청하는 방법

(iii) 폐기 처분하는 방법

(iv) 다른 용도로 전환하여 사용하는 방법

(v) 할인 판매(저등급화로 분류)하는 방법

(vi) 로트를 특별채용하는 방법 등

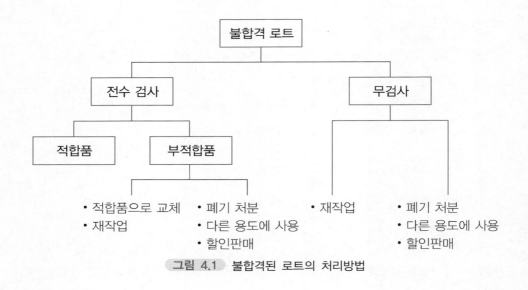

그림 4.1 불합격된 로트의 처리방법

훌륭한 제품표준, 기술표준을 정하여 공정을 관리해도 규격에 맞지 않아 부적합품이 발생하는데, 이를 모두 스크랩(scrap) 처리하는 것이 반드시 합리적이라고 할 수는 없다. 규격이 필요 이상으로 까다로운 것도 있고, 부적합에 따라서는 품질을 다소 저하시켜도 영향이 없을 때도 있다. 이 경우 규격에 맞지 않는 것에 대한 조치가 중요한데, 검토 결과 '이번 것에 한하여 합격으로 한다'는 결정을 하는 수가 있다. 이를 특별채용(특채)이라고 한다.

특채가 생기는 이유는 다음과 같다.
• 재제작할 시간이 없다.
• 재제작·재수입한다면 현저하게 코스트가 든다.
• 사내기준으로는 부적합품이나 스크랩하는 것은 손해이다. 실용적으로 그렇게 영향이 없다.

특채 결정자는 항상 분명하게 정해져 있어야 한다. 공장의 특채 결정자로는 제조부문의 책임자, 검사부문의 책임자, 기술 또는 설계부문의 책임자 등이 있으나 사내의 책임·권한, 제품의 종류 등에 따라 다르다.

특채할 때 주의 사항은 다음과 같다.

- 특채 결정자는 직무 권한으로서 명확하게 결정되어야 한다.
- 특채 결정을 할 때 결정자는 실제 사용에 주는 영향을 확인하여 정확한 판단을 한다.
- 특채 결정자는 대상이 되는 품질 문제점을 정확하게 판단하기 위하여 제품의 특성을 확인하고 결정한다.
- 특채의 선례를 넓게 해석하여 품질 문제를 말단에서 처리하는 일이 없도록 한다.

특채 한 후에 제품을 방치하지 않고 적절한 활용대책을 세우면 운영상 나쁜 제도는 아니다. 다만, 제조부문에서 품질을 경시하거나, 품질표준 등이 사문화되는 단점이 있을 수 있으므로 이러한 단점을 보완할 필요가 있다. 그리고 중요한 것은 특채하는 제품의 로트에 대해 당면 조치(응급조치)와 원인을 조사하여 재발방지 등 이후의 조치를 고려하는 것이다.

재발방지 대책은 다음과 같다.
(i) 제품을 연구하여 품질표준을 합리화한다.
(ii) 제조방법에 문제가 있으면 이것을 개선하여 품질향상을 도모한다.
(iii) 검사방법에 문제가 있으면 원재료, 중간검사의 방식 등을 개선하여 사전에 방지할 수 있는 방법을 강구한다.
(iv) 특채의 영향을 경제적으로 검토하여 페널티 제도를 실시하는 등 여러 가지의 문제점을 명확하게 하여 합리화하거나 개선해 나가는 노력이 필요하다.

다음의 〈그림 4.2〉는 특채 결정 순서를 나타낸 것이다.

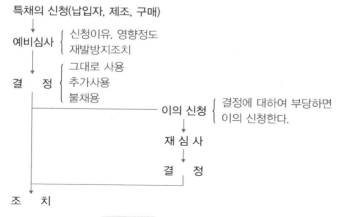

그림 4.2 특채 결정 순서

8 재검사

불합격되어 되돌려 보내진 로트를 재검사하기 위한 전제 조건으로, 전수 선별을 실시하여 부적합품 또는 결점은 적합품으로 바꾸든지, 수리해 둘 필요가 있다. 이를 위해 인수검사인 경우에도 납입자가 전수 선별을 실시했다고 하는 서류를 제출하도록 하는 경우도 있다.

재검사 실시에 있어서는 다음과 같은 점에 주의하여야 한다.

(i) 재제출 로트인 것을 명시하여, 다른 로트와 혼합되지 않도록 한다.

(ii) 불합격된 검사항목을 명시한다.

(iii) 재검사의 샘플링검사 방식을 사전에 정해 둔다.

검사의 관리

05

05 | CHAPTER
검사의 관리

1 검사 표준화

검사는 누가 실시해도 같은 결과가 나오도록, 사람에 따라 검사 결과의 차이가 나지 않도록 하는 것이 중요하다. 이를 위해 검사 표준화의 추진이 검사 부문에 있어 가장 중요한 과제이다.

검사표준화의 포인트는 다음과 같다.

(i) 누가 보더라도 쉽게 이해할 수 있어야 한다.
(ii) 뒤의 공정, 소비자의 입장에서 작성되어야 한다.
(iii) 검사비용, 공정능력, 소비자의 요구에 대해 균형이 잘 잡혀 있어야 한다.

고객의 요구 품질을 보증하기 위하여 도면, 고객 규격 등을 이용하여 검사의 기준으로 설정하여 검사 특성에 대한 기준을 규정하는 것이다. 검사표준서에는 인수검사표준서, 공정검사표준서 최종(완성)검사 및 출하검사표준서 등이 있다.

일반적으로 검사표준화의 수행순서는 다음과 같다.

① 검사항목 결정

외관, 치수, 구조, 물리적·화학적 성질 등 검사해야 할 품질특성을 검사항목으로 결정한다.

② 검사순서 결정

- 평소 부적합품률이 높은 것부터 검사한다.
- 검사 시간이 별로 걸리지 않는 항목부터 검사한다.
- 수정할 수 있는 항목부터 검사한다.

③ 검사로트의 형성

- 다른 원부 자재·부품으로 제조된 물품은 함께 하지 않는다.
- 다른 제조 설비, 제조 방법에 따라 제조된 물품을 함께 하지 않는다.

④ 검사방식 결정

전수검사로 할 것인지, 샘플링검사로 할 것인지를 결정한다.

⑤ 샘플링 방법

전수검사는 전체 검사를 실시하고, 샘플링검사는 샘플링검사 기준서에 따라 샘플수를 결정하여 랜덤하게 채취한다.

⑥ 검사방식 결정

- 데이터가 시험 조작에 의해서 산포를 일으키지 않도록 상세히 기술한다.
- 구입처나 공급처와 동일한 시험방법을 사용한다.
- 시험설비 및 기계의 정도 관리를 실시한다.
- 외부시험기관을 활용할 때에는 시험방법에 대한 협정을 맺는다.
- 시험표준을 작성한다.

⑦ 합부판정기준

- 부자재·부품 표준과 비교하여 판정한다.
- 제품표준과 비교하여 판정한다.
- 관능검사의 경우에는 한도견본과 비교하여 판정한다.

⑧ 검사 후의 조치

- 적합품과 부적합품의 구분한다.
- 부적합품에 대해 조치(폐기, 수리, 반품 등)한다.

2 검사 이력 관리

(1) 검사 결과 표시 방법

검사원은 입고, 공정, 출하검사 공정에서 검사 결과에 대하여 검사성적에 검사내용과 결과를 기록하여 종합판정을 한다.

1) 적합품·부적합품의 구별에 의한 표시 방법

물품의 성질을 검사기준 또는 검사표준과 비교해서 적합품·부적합품의 어느 쪽인가로 구별하는 표시 방법을 말한다. 검사항목이 많은 경우에는 적합품 판정은 모든 검사항목이 양호한 경우만 하고, 하나 이상 검사항목에 대하여 부적합인 경우에는 부적합품 판정을 한다. 검사항목에 따라 치명 부적합품·중부적합품·경부적합품 등으로 나누기도 한다.

2) 부적합수에 의한 표시 방법

부적합이나 요구조건과 합치되지 않은 것을 개수로 표시하는 방법으로 검사단위에 대한 어떤 것을 부적합으로 보는가는 검사표준에 미리 정해 놓는다. 이 경우에는 검사단위마다 부적합 수로 표시하는데, 전선·직물 등 연속체나 가전제품 등 많은 부품으로 조립되는 경우에 사용하면 좋다. 부적합에 대하여도 그 중요도에 따라 치명 부적합·중부적합·경부적합 등으로 분류하기도 한다.

3) 특성값에 의한 표시 방법

검사단위의 특성을 측정하여 그 측정값에 의해 품질을 표시하는 방법으로, 치수, 무게, 강도, 열량, 전기적 성질, 성분 함량 등이 있다.

(2) 검사 결과 및 이력카드 기재

생산계획에 따라 협력사에서 입고된 입고품, 사내에서 생산공정 간의 반제품, 최종 생산된 완제품에 대하여 검사기준에 타당한지를 확인한 검사결과를 검사성적서에 기록하여야 한다.

1) 입고검사 이력 관리

생산계획에 따라 해당 원자재 입고 후 원자재가 입고 기준에 타당한지를 확인하는 검사(입고검사규격, 원자재 규격, 구매 시방서 등에 따름)를 하고 그 합격·불합격 결과는 입고검사 성적서에 기록한다.

2) 공정검사 이력 관리

입고검사를 거쳐 납입된 원부 자재 및 부품이 가공 라인에서 조립되어 완제품이 되기 전까지 수행되는 모든 전수검사 결과에 대하여 공정검사성적서에 기록한다.

3) 출하검사 이력 관리

완성 검사품 또는 완제품 창고에 보관 중인 제품에 대한 출하 여부를 검사하는 공정으로 포장 상태, 포장 내용물, 제품의 특성 등을 검사하고 검사 결과에 따라 조치 후 검사 결과에 대하여 출하 검사성적서에 기록한다.

(3) 검사 결과 분석 보고 및 품질개선 활동

(i) 검사 담당자는 품질현황(입고 품질, 주요 공정 품질, 출하 품질 등)을 월, 분기, 반기, 연도별로 분석한 보고서를 작성하여 팀장의 검토를 거쳐 최고 경영자의 승인을 받는다.

(ii) 돌발 또는 만성적인 품질문제에 대하여 품질개선(제안, 분임조, TFT 등)을 구성하여 품질문제를 전 사원이 지속적으로 개선활동을 하도록 한다.

(iii) 고객이 요구하는 제품 공급이 될 수 있도록 품질검사원 교육을 정기적으로 실시한다.

3 검사 정확성의 관리

검사에는 검사 실수가 반드시 존재한다. 주란 박사는 '일반적으로 검사원은 부적합품의 약 80%밖에 검출할 수 없다'라고 지적하고 있다. 이 검사 실수를 어떻게 감소시킬 것인가가 검사 부문에 있어서의 과제이다.

검사 실수는 다음과 같이 분류할 수 있다.

(ⅰ) 판정기준이 불안정하기 때문에 발생하는 검사 실수
(ⅱ) 검사의 표준류가 갖추어져 있지 않기 때문에 발생하는 검사 실수
(ⅲ) 검사 속도가 빨라서, 또는 검사에 따른 피로 때문에 발생하는 검사 실수
(ⅳ) 검사원의 자질 등에 따른 검사 실수

(1) 판정기준이 불안정하기 때문에 발생하는 검사 실수

판정기준이 불안한 검사의 대표적인 것으로 관능검사가 있다. 관능검사는 인간의 오감이 측정기이기 때문에 그 척도가 분명하지 않으며, 품질 판정기준이 정해져 있지 않다는 등의 문제가 있다.

예를 들면, 일반적으로 관능검사는 로트의 품질이 나빠 결점이 발생하였을 때는 품질 판정기준은 느슨해지며, 이와 반대로 로트의 품질이 좋아 거의 결점이 발생하지 않았을 경우에는 품질 판정기준은 엄격해지는 경향이 있다. 이에 대한 대책으로서는 품질 판정기준의 명확화, 측정기의 유지 관리에 충실을 기해야 한다.

관능검사에 있어 품질 판정기준을 명확히 하기 위해서는 검사견본(한도견본)을 작성해야 한다. 검사견본은 통상적으로 실물 견본에 의한 경우가 많으나, 그림, 사진 등을 통한 견본을 이용하는 경우도 있다. 대상의 특성을 검토하여 그 가운데 어느 하나를 채택하면 된다.

다음으로 문제가 되는 것은 검사견본이 노후화된다는 것이다. 이에 따라 검사견본의 정기적인 개선이 필요하다. 또 소비자와의 접촉을 충분히 갖는다. 이것이 불충분하게 되면 최악의 경우, 사내 검사에는 합격, 소비자의 검사에서는 불합격이라고 하는 사태가 발생한다. 직접 소비자와의 접촉이 어려운 경우에는 검사견본을 작성하는 구성원의 선출에 신중을 기해야 한다.

다음으로 측정기(측정자)의 유지 관리에 대해서는 환경 문제, 피로 문제, 잔상 문제가 있다.

환경문제로서는 관찰 검사를 할 때 조명 문제가 있다. 조명에는 조명의 형태, 색, 밝기, 보는 각도, 보는 거리 등이 있다. 어떤 회사에서는 조명을 1,000룩스에서 1,500룩스로 했더니 검사 실수가 38% 감소했다고 하는 보고를 들은 적이 있다. 또 결점을 발견할 수 있는 '보는 거리'를 실험해 해석했다고 하는 보고도 있다. 결국 검사 실수 감소를 위해서는 적정한 조명, 온도, 습도, 소음에 대한 검토가 필수 불가결하다.

잔상에 대한 과제는 관찰 검사를 할 경우에 발생한다. 관찰에 의한 검사는 검사견본을 기억하고, 그 잔상과 물품의 결합과를 비교하여 적합품과 부적합품을 판정한다. 여기서 만일 잔상에 문제가 있으면 판정을 잘못하게 되므로, 잔상을 올바르게 유지하는 일이 중요하며, 잔상과 검사견본이 일치할 수 있도록 정기적으로 검사를 실시해야 한다.

(2) 검사 속도, 피로 등에 의해 발생하는 검사 실수

검사 공정은 제조의 흐름 속에 있으므로 제조 부문의 진척 관리에 있어 검사 공정의 진척은 매우 중요한 요소가 된다. 그러나 관능검사의 경우에는 검사 속도와 부적합품의 검출력에 밀접한 관련이 있으므로 적정한 검사 속도의 설정이 중요하다.

검사 동작에는 외부에서는 보이지 않는 정신적 동작, 예를 들면, 물건을 본다. 생각한다 등의 동작이 있으며, 외견상으로는 판단할 수 없으므로 표준 시간 설정에 있어서는 특히 주의해야 한다. 검사 시간을 아주 짧게 하면 검사를 간략화(묵인)하는 경향이 있다. 따라서 검사표준 설정 시 검출력에 대한 체크를 하는 것이 바람직하다. 또 검사 피로 때문에 발생하는 실수로는 검사 속도와 무리한 자세, 환경 조건(조명, 소음, 온도, 습도 등) 등에 의한 경우가 크다.

(3) 검사원의 정확성 체크

검사원의 정확성 체크에는 검사 작업을 직접 체크하는 방법과 검사한 물품의 결과를 통해 체크하는 두 가지 방법이 있다.

1) 검사 작업을 직접 체크하는 방법

검사 작업을 직접 체크하는 것은 검사원이 실시하고 있는 검사 작업을 관찰하여 체크하는 방법이며, 다음과 같은 내용의 체크리스트를 작성하여 체크하면 좋다.

(i) 검사의 표준류를 지켜보면서 올바로 작업하고 있는가.
(ii) 측정기 등의 취급이 올바른가.
(iii) 랜덤샘플링이 올바르게 이루어지고 있는가.
(iv) 적합, 부적합을 올바르게 판정하고 있는가.
(v) 검사 속도는 적정한가.
(vi) 검사 결과는 올바로 처리되고 있는가.

2) 검사한 물품의 결과를 체크하는 방법

이 방법은 검사원이 검사한 물품을 다시 한 번 체크여 검사원의 정확도를 판정하는 일이다. 예를 들면, 1,000개의 물품을 검사원이 적합품 940개, 부적합품 60개라고 판정을 하였다고 하자. 그 물품을 체크하는 사람이 다시 검사하였더니 적합품 940개 중 10개의 부적합품이 발견되었고, 부적합품 60개 중 8개의 적합품이 발견되었다고 하자. 이것을 정리하면 부적합품 60개 중 8개의 적합품이 발견되었다고 하자. 이 경우, 검사원의 부적합품 검출력은

$$\text{부적합품 검출력} = 60 - 8/60 - 8 + 10 = 0.839$$

이 되어 83.9%이다. 이때 1로트 판정하는 것이 아니라, 몇 개월간의 기간을 통해 조사하고 평가하는 것이 바람직하다.

(4) 검사원의 교육훈련

정확한 검사를 시행할 수 있는 검사원의 양성을 위해서는 검사원의 표준을 정해 그에 적합한 검사원을 선정하여 필요한 지식 교육과 기술을 훈련시켜 검사원의 정밀도를 확인할 필요가 있다.

검사원이 갖추어야 할 자질은 다음과 같다.

(i) 내용 변덕이 없고 끈기 있으며, 원칙을 고수하는 고지식한 사람이어야 한다.

(ⅱ) 관찰력·주의력·검출력이 강한 사람이어야 한다.

(ⅲ) 공정하고 감정에 좌우되지 않으며, 엄정한 판정을 할 수 있는 의지가 굳은 사람이어야 한다.

검사원의 교육훈련 내용 중 지식기능의 습득에는 다음의 항목을 포함해야 한다.

(ⅰ) 검사원에게 필요한 기술이나 기능

(ⅱ) 제조지식·제품지식

(ⅲ) 검사방법

(ⅳ) 품질보증·품질관리의 사고방식과 수법

(ⅴ) 품질정보의 해석과 피드백

(ⅵ) 인간관계 등

검사원에게 필요한 지식과 기법은 다음의 〈표 5.1〉과 같다.

표 5.1 검사원에게 필요한 지식과 기법

검사원에게 필요한 지식	검사원에게 필요한 기법
① 검사의 표준류를 올바르게 이해하고 지키며 실행의 필요성을 이해하고 있어야 한다. ② 공정에 관한 지식 　－ 구입처·공장·납입처에 이르는 생산의 흐름이나 품질에 관한 지식 　－ 공정의 흐름이나 그 요인에 대한 지식 ③ 검사기술에 관한 지식 ④ 품질관리에 관한 지식	① 계측기능 ② 식별·측정의 재현성 　－ 목측(目測)이나 한도견본에 의한 재현성 　－ 측정오차가 적어야 함 ③ 데이터처리·보고능력

측정시스템 관리

06

06 | CHAPTER

측정시스템 관리

1 측정기기 교정주기 설정 및 교정하기

(1) 교정주기 설정

검사설비에 대하여 교정주기를 설정하는 방법은 '① 자체 규정을 정하여 운영하는 방법', '② 국가기술표준원장이 고시하는 교정주기의 적용' 중 선택적으로 적용할 수 있다. 일반적으로 교정주기 설정 절차는 다음과 같다.

1. 최초 교정주기를 설정한다.

기업에서 검사설비를 구입하여 사용을 하면서 최초로 교정주기를 설정할 때에는 다음과 같은 요인을 기초로 결정한다. 교정주기는 일반적으로 측정의 경험 또는 피교정 장비에 대한 경험이 있는 인원에 의해 결정되어야 하며, 특히 가급적 유사 기업에서 사용하고 있는 교정주기를 참고하여 적합하게 결정되어야 한다. 최초 교정주기 설정에서 사용자의 직감에 의해 교정주기를 설정하는 것은 올바른 방법이 아니다.

① 검사설비 제조사의 권고
② 예상되는 사용한계와 가혹한 정도, 사용 빈도수 및 시간
③ 사용조건 및 주위 환경 영향 정도
④ 요구되는 측정 불확도

⑤ 최대 허용 오차(예: 법정 계량에 의한 것 등)

⑥ 개별검사 설비의 오차 조정(보정값의 변화)

⑦ 측정값의 영향(예: 열전대에서의 고온의 영향)

⑧ 동일 또는 유사 검사설비에서 축적된 데이터 또는 공표된 데이터

2. 교정주기 결정 방법을 고려한다.

보유 중인 검사설비에 대하여 국가계량법에 정해진 검·교정 주기와 다음 사항을 고려하여 교정 주기를 결정하여 검사설비 교정관리대장을 작성하여 관리한다.

① 측정 부위의 요구되는 정확도

검사설비를 시간별로 정해진 규칙으로 교정하는 것으로, 차기 교정주기는 요구되는 측정 허용 범위의 80% 이내 또는 허용 범위 밖인지에 따라 연장 또는 단축한다. 이러한 계단식은 교정주기 조정이 신속하며 특별한 노력 없이 쉽게 수행할 수 있다. 기록을 유지하고 분석하면 검사의 정밀·정확성의 변동으로 발생하는 검사설비의 문제점 파악이나 문제의 발생을 예방할 수 있다.

② 범용으로 사용되는 빈도

정해진 기간보다는 오히려 사용한 시간으로 표시하는 것이다. 측정기에 경과한 시간 표시 장치가 있어 지시기가 규정한 값에 이르면 교정하도록 돌려보낸다. 측정기의 예로서 가혹한 온도에 사용되는 열전대, 가스압용 실하중 시험기, 길이 게이지(즉 기계적 마모 가능성이 있는 측정기) 등이 있다.

③ 보관 및 사용 조건

(2) 측정기기 교정

일반적으로 교정절차는 다음과 같다.

1. 교정기관을 검색한다.

검사설비는 법률 또는 국제기준에 적합한 인정기구가 해당 기준(KS Q ISO/IEC 17025)에 따라 자격 있는 평가자에 의해 교정기관의 품질경영시스템과 기술능력을 평가하여 특정 분야에 대한 교정 능력이 있다는 것을 공식적으로 인정받은 교정기관을 이용하여 교정을 실시하여야 한다. 검사 설비 분야별 ISO/IEC 17025 국제 표준에 따라 인정된 교정

기관은 다음 〈그림 6.1〉의 절차에 따라 검색하여 확인한다.

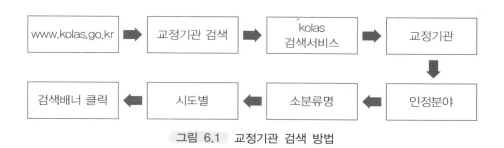

그림 6.1 교정기관 검색 방법

2. 교정기관을 확인한다.

www.kolas.go.kr을 통해 교정기관을 검색하면 내용을 확인할 수 있으며, 교정 분야 및 지역에 따라 검색 결과를 활용하여 교정을 의뢰하면 된다.

3. 교정성적서에 포함된 정보를 확인한다.

교정성적서는 인정받은 교정기관에서 교정한 경우 교정기관이 발행하는 성적서이며, 기업에서 자체 교정을 실시하는 경우 교정성적서를 작성하여 해당 검사설비의 교정에 대한 소급성을 확보하여야 한다. 교정성적서에는 실시한 교정에 대한 정보가 포함되며, 일반적으로 교정성적서에 포함되는 정보는 다음과 같다.

① 교정기관 명칭, 교정성적서 번호, 페이지 번호, KOLAS 인정 표시
② 교정 의뢰자 명칭 및 주소
③ 교정 대상 측정기기: 기기명, 제작 회사 및 형식, 기기 번호
④ 교정일, 교정 환경
⑤ 측정표준의 소급성: 교정방법, 소급성에 대한 서술, 교정에 사용한 표준 장비
⑥ 교정 결과: 지시값, 보정값
⑦ 측정 불확도
⑧ 확인: 작성자, 승인자(해당 교정 기관의 기술 책임자)의 서명
⑨ 교정기관 명칭 및 직인

교정기관에서 교정이 완료되면 해당 교정검사성적서를 검토하여 국가교정 기준 표시 여부와 해당 계측기의 본래 등급 및 정밀도의 변경 여부를 확인한다.

(3) 측정기기 점검

측정기기 점검관리는 측정기 보유 부서에서 담당자 및 사용자가 항상 측정기의 이상 (파손, 정도 이상, 녹 등) 발생으로 인하여 작업에 지장을 초래하지 않도록 점검 및 세척하여 측정기 본래의 정도를 유지하는 것이다.

일반적인 측정기기 점검절차는 다음과 같다.

1. 측정기의 일상 점검을 실시한다.

① 측정기 보유 부서 담당자 및 사용자는 작동상태를 점검 및 기록 유지한다.
② 작동상태가 불량 및 정도가 미달되는 측정기는 수시로 검사 의뢰한다.

설비명	버니어 캘리퍼스(VERNIER CALIPER)	마이크로 메타(Micro Meter)
규격	• 측정 범위: 150mm • 최소 눈금: 0.05m	• 측정 범위: 0~25mm • 정도: ±2um
설비 사진	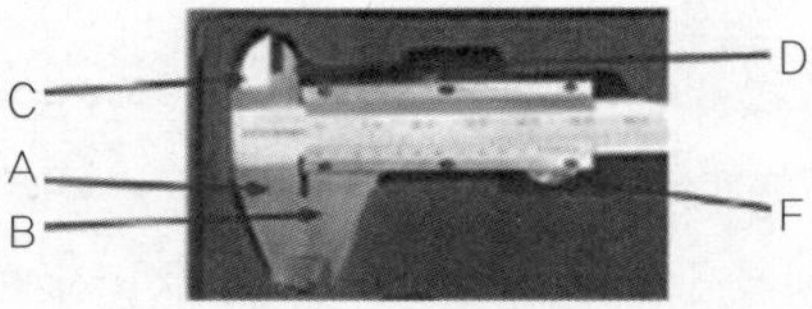	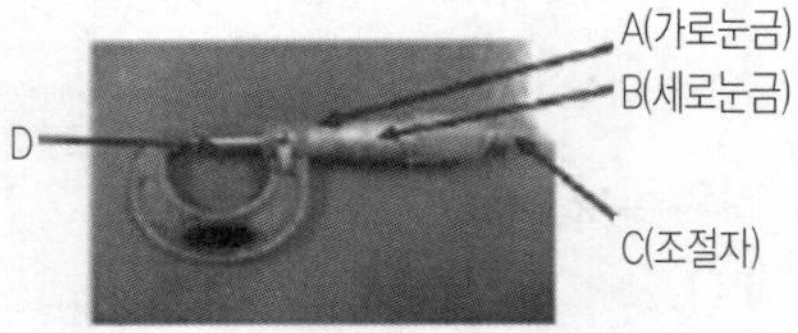

점검
방법
(측정
방법)
	1. 버니어 캘리퍼스 눈금에 영점이 정확한지 확인한다.
	  • 중앙부의 "0"과 하단부의 "0"수치의 일치 여부
	2. 외경측정: 측정하고자 하는 제품을 "그림F"를 조정하여 "그림A"와 "그림B" 사이에 넣어 측정한다. 
	3. 내경 측정: 측정하고자 하는 제품을 "그림F"를 조정하여 "그림C"와 "그림D" 사이에 넣어 측정한다. 
	4. 깊이 측정: 측정하고자 하는 제품을 "그림F"를 조정하여 측정한다. 
		1. 마이크로 메타 눈금에 영점이 정확한지 확인한다.
		  • "그림A"의 가로눈금 "0"과 "그림B"의 세로눈금의 "0"수치의 일치 여부
		2. 측정 방법
		  • 측정하고자 하는 제품을 "그림C"의 조절자를 회전시켜 "그림D" 측 정자의 중앙부 위에 위치하게 한 후 가로 눈금수치와 세로 눈금수치의 합을 읽어 측정한다. 

그림 6.2 측정기의 점검방법

2. 측정기의 세척 및 녹 방지를 관리한다.

① 보유 측정기기에 대하여 사용 전후에 반드시 부드러운 천 등을 이용하여 절삭유·먼지·오물 등을 깨끗이 세척하여 측정상 오차 발생을 방지한다.

② 측정기를 사용 후 작업을 중단하거나 보관할 때는 절삭유·먼지 및 기타 이물질을 제거하고 사용면에 녹 발생이 우려되는 부위에 녹 방지유를 도포하여 보관한다.

3. 측정기 적정 재고를 관리한다.

① 측정기 보유 부서는 항상 적정한 재고분을 보유한다.

② 작업 중 측정기가 갑자기 파손되거나 불합격 판정으로 인하여 작업에 지장을 초래하지 않는 범위 내의 재고분을 필요로 한다.

③ 담당자는 수시로 현장 사용 측정기와 보관 중인 측정기를 확인·관리한다.

4. 측정기를 운반한다.

측정기의 정도검사 의뢰 및 기타 사유로 운반할 경우 충격 및 부딪히지 않도록 운반함을 이용하여 이동하여야 한다.

5. 측정기를 보관한다.

측정기의 보관 장소는 항상 항온·항습이 되어야 하고, 분진이나 이물질·진동·소음 등이 없는 장소에 설치되거나 보관되도록 품질 관리 부서장이 지침을 마련하고 시행되도록 교육하며, 측정기 사용 부서에서 정도 유지를 위하여 측정기기는 항상 청결한 상태로 지정된 보관함 장소에 보관 및 유지한다.

① 측정기 전용 보관함 바닥에 천 및 카페트 등을 설치한다(충격 방지).

② 보관함에는 측정기기 관리 번호, 품명 및 규격 등이 기록된 인덱스를 붙여 보관한다.

③ 보관함 내부에는 공구 및 기타 소모 자재 등은 보관 불가하다.

④ 측정기를 보관할 때 포개거나 겹치지 않도록 하여 보관한다.

6. 측정 시 주의 사항을 이해한다.

① 측정자가 과격한 운동을 피하여 안정된 분위기에서 측정한다.

② 피측정물의 측정 항목에 대하여 도면 검토, 측정 방법, 순서를 이해한다.

③ 피측정물이 정밀 제품일 경우, 측정할 때 환경에 관련된 온도 등을 기록하여 측정값을 보정한다.

④ 정밀 측정 시 장갑을 착용하여 체온으로 인한 측정 오차를 방지한다.

⑤ 측정기는 피측정물에 적합한 것을 선택하여 측정 효율을 향상시킨다.

⑥ 전기식 측정기는 사용 30분 전에 가동하고, 기계적 측정기는 사용 전에 작동 상태 여부 확인 및 예비 작동을 실시한다.

⑦ 측정실에는 휘발성 세척제는 되도록이면 사용을 금지한다.

⑧ 측정은 여러 차례 반복하여 최적의 평균값을 구한다.

⑨ 측정기의 이상 발생 시 즉시 양품으로 교체 후 사용한다.

⑩ 사용한 측정기 및 기타 측정 지그는 녹 방지 조치 후 보관한다.

2 측정시스템 분석

(1) 측정시스템 개요

측정시스템(MSA, Measurement System Analysis)이란 데이터의 신뢰성을 확보하기 위해 측정시스템을 평가 혹은 검증하는 것을 말한다.

측정된 데이터는 생산 라인의 유효 관리를 위해 다양한 용도로 활용되기 때문에, 올바른 데이터의 수집 및 분석은 매우 중요하다. 측정된 데이터가 정확하지 못하고 측정 과정을 정확히 알 수 없다면, 관리의 효율성과 경제성이 크게 떨어지는 결과를 초래하게 된다. 측정 데이터의 질은 안정된 조건에서 작동된 측정시스템으로부터 얻어진 측정값의 통계적 특성과 매우 큰 관련성을 지닌다.

일반적으로 측정 데이터의 질은 통계적인 편의와 산포에 의해 평가된다. 편의란 측정값과 참값의 차이를 의미하며, 산포란 동일한 제품을 측정하였을 때 파생되는 측정값의 변동을 의미한다. 측정시스템에서 편의나 산포가 크게 발생한다면 이런 시스템을 사용하여 제조 공정을 분석한다는 것은 실제적인 문제점을 정확하게 파악할 수 없게 되며, 그로 인해 품질비용은 상승하고 결과적으로 제품의 품질개선은 매우 곤란해질 수 있다.

따라서 측정시스템의 상태를 정확히 파악하고 합리적인 계측기 관리 방안을 강구함으로써, 양질의 측정 데이터를 얻을 수 있는 체계를 구축하는 것이 무엇보다도 중요하다. 일반적으로 측정시스템이 지녀야 할 필수 요건은 다음과 같다.

① 측정시스템에서의 산포는 우연원인에 의해서만 발생하는 통계적 관리상태를 보여야 한다.
② 측정시스템에서 파생된 산포는 제조공정에서 파생된 산포에 비해 반드시 작아야 한다. 또한 그 산포는 제품의 규격에 비해 작아야 한다.
③ 계측기는 규격보다 한 눈금 더 작은 것까지 읽을 수 있어야 한다.

아래 그림에서 보는 바와 같이 관측된 변동은 실제 프로세스 변동과 측정에 의한 변동으로 구분된다. 측정시스템의 변동은 정확성, 안정성, 선형성, 반복성, 재현성으로 세분할 수 있다.

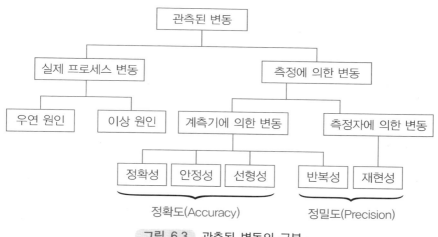

그림 6.3 관측된 변동의 구분

(2) 측정시스템 변동의 종류

1) 정확성(Accuracy)

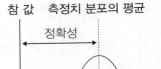
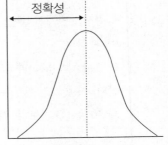

① 측정값의 평균치과 참값과의 차이이다.
② 작을수록 정확성이 높다.
③ 치우침 또는 편의(Bias)라고도 한다.

2) 안정성(Stability)

① 시간간격을 두고 측정했을 때 평균치의 차이
  이다.
② 작을수록 안정성이 높다.

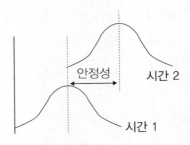

3) 선형성(Linearity)

측정기의 정해진 작동범위 내에서 행해진 정확성 값의 차이이다.

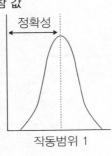
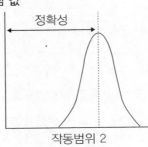
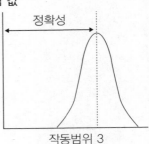

4) 반복성(Repeatability)

① 반복하여 얻어지는 데이터 산포의 크기이다.

② 산포가 작을수록 반복성이 좋다.

③ 정밀도(Precision)라고도 한다.

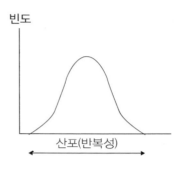

5) 재현성(Reproducibility)

① 다수측정자가 동일측정기로써 동일부품을 반복 측정하여 구한 측정자간의 평균치의 차이이다.

② 데이터의 평균의 차가 작을수록 재현성이 좋다.

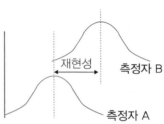

정확성, 안정성, 선형성은 중심에 대한 변동으로 계측기의 정확도를 나타내고, 검·교정 대상이 된다.

반복성, 재현성은 계측기와 측정자의 산포에 대한 변동으로 Gage R&R 대상이 된다. Gage R&R은 반복성과 재현성을 측정하여 계측기에서 발생하는 오차와 측정자에 의해 발생하는 오차가 얼마인지를 파악하여, 신뢰할 만한 데이터를 얻을 수 있는 측정시스템 인지를 판단하는 것이다.

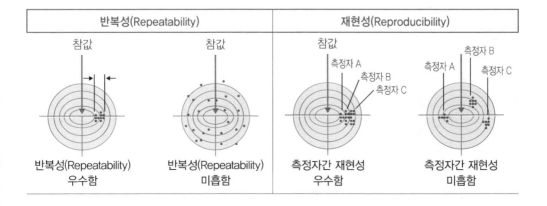

반복성(Repeatability)	재현성(Reproducibility)

〈반복성(Repeatability)이 낮은 잠재원인〉
• 장비
  – 측정기는 유지보수가 필요하다.
  – 측정기가 좀 더 정확할 필요가 있다.
• 사람
  – 환경적 조건들(조명, 소음)
  – 신체적 조건들(시력)
	〈재현성(Reproducibility)이 낮은 잠재원인〉
	• 측정 절차가 명확하지 않다.
	• 조작자가 게이지를 읽고 사용하는 데 적절한 훈련을 받지 못했다.
	• 업무적용을 위해 조작상의 명확한 지침을 설정하지 않았다.

그림 6.4 반복성과 재현성

(3) 계량형 측정시스템 분석

Gage R&R의 분석절차는 다음과 같다.

1) 측정분석하고자 하는 샘플 10개를 준비한다.
2) 측정자 A,B,C 3명을 선발한다.
3) 측정자에게 샘플 1번부터 10번까지 10개를 총 2회 반복하여 측정하도록 한다.
4) Gage R&R 분석을 다음과 같은 순서로 실시한다.
  ① 각 측정자에 대한 평균값 $\overline{X_a}$와 평균범위 $\overline{R_a}$를 계산한다.
  ② 각 시료에 대한 평균값을 산출하고, 가장 큰 평균값에서 가장 작은 평균값을 빼고 부품의 평균범위 $\overline{R_p}$를 산출한다.
  ③ 총 평균 범위 $\overline{\overline{R}}$를 계산하고, R관리도의 관리한계선을 산출한다.
  ④ 측정자간의 평균값 범위 $\overline{X_{diff}}$를 계산한다. 측정자의 최대평균값에서 최소평균값을 뺀다.
  ⑤ 반복성 EV를 계산한다.
  ⑥ 재현성 AV를 계산한다.
  ⑦ 반복성과 재현성 $R\&R$을 계산한다.
  ⑧ 부품간의 변동 PV를 계산한다.
  ⑨ 총공정변동 TV를 계산한다.
  ⑩ 총공정에 대한 반복성, 재현성, Gage R&R, 부품변동의 백분비(%)를 구한다.
5) Gage R&R 판정기준에 따라 등급판정을 한다. GAGE R&R의 판정은 등급판정

〈표 6.1〉 참조)과 사용적합성 판정(〈표 6.2〉 참조)으로 구분한다.

표 6.1 등급판정기준

% R&R	등급판정	개선여부	비고
10% 이하	1등급	개선 불필요	측정시스템이 측정목적에 적합함
10~30%	2등급	개선 필요성 검토	측정능력 보통 +%EV 10% 초과일 경우 개선 필요 +%EV 10% 이하일 경우 개선 불필요
30% 초과	3등급	개선 필요	측정능력 부족

표 6.2 사용적합성 판정기준

% R&R이 2등급 또는 3등급일 경우 사용 적합여부 판정을 위해 사용함		
% PV를 고려하여 판정 시	% PV가 90% 이상 (사용 적합)	측정시스템은 아직 사용가능 전체 산포 중 제품산포가 대부분임
	% PV가 90% 이하 (사용 부적합)	신속한 측정시스템 개선 필요 필요 시 부적합 상태임을 식별
Cp값을 이용하여 간접적으로 % PV를 계산	계산된 % R&R 값을 기준으로 % PV를 간접 계산 후 % PV 판정기준을 따름	

다음의 〈표 6.3〉과 〈표 6.4〉는 Gage R&R의 분석절차에 따른 사례이다.

표 6.3 GAGE R&R 데이터 집계표

평가자/ 반복횟수	부 품										평균
	1	2	3	4	5	6	7	8	9	10	
1. A 1	0.65	1.00	0.85	0.85	0.55	1.00	0.95	0.85	1.00	0.60	0.83
2. 2	0.60	1.00	0.80	0.95	0.45	1.00	0.95	0.80	1.00	0.70	0.83
3. 3											
4. 평균	0.63	1.00	0.83	0.90	0.50	1.00	0.95	0.83	1.00	0.65	$\overline{X}_a = 0.83$

평가자/ 반복횟수	부 품										평균
	1	2	3	4	5	6	7	8	9	10	
5. 범위	0.05	0.00	0.05	0.10	0.10	0.00	0.00	0.05	0.00	0.10	$\overline{R}_a = 0.05$
6. B 1	0.55	1.05	0.80	0.80	0.40	1.00	0.95	0.75	1.00	0.55	0.79
7. 2	0.55	0.95	0.75	0.75	0.40	1.05	0.90	0.70	0.95	0.50	0.75
8. 3											
9. 평균	0.55	1.001.00	0.78	0.78	0.40	1.03	0.93	0.73	0.98	0.53	$\overline{X}_b = 0.77$
10. 범위	0.00	0.10	0.05	0.05	0.00	0.05	0.05	0.05	0.05	0.05	$\overline{R}_b = 0.05$
11. C 1	0.50	1.05	0.80	0.80	0.45	1.00	0.95	0.80	1.05	0.85	0.83
12. 2	0.55	1.00	0.80	0.80	0.50	1.05	0.95	0.80	1.05	0.80	0.83
13. 3											
14. 평균	0.53	1.03	0.80	0.80	0.48	1.03	0.95	0.80	1.05	0.83	$\overline{X}_c = 0.83$
15. 범위	0.05	0.05	0.00	0.00	0.05	0.05	0.00	0.00	0.00	0.05	$\overline{R}_c = 0.03$
16. 부품 평균 $\overline{X}_p$	0.57	1.01	0.80	0.83	0.46	1.02	0.94	0.78	1.01	0.67	$R_p = 0.56$
17. $[\overline{R}_a = 0.05 + \overline{R}_b = 0.05 + \overline{R}_c = 0.03]/[측정자수 = 3]$											$\overline{R} = 0.04$
18. $[Max \overline{X} = 0.83 - Min \overline{X} = 0.77] = \overline{X}_{diff}$											0.06
19. $[\overline{R} = 0.04 \times D_4 = 3.27] = UCL_R$											0.13
20. $[\overline{R} = 0.04 \times D_3 = 0.00] = LCL_R$											0.00

표 6.4 GAGE R&R 분석 보고서

시료 이름:	계측기 이름:	일시:
품질특성:	계측기 번호:	평가자:
Specification(시방서):	게이지 형태:	
Form data sheet: $\overline{R} = 0.04$	$\overline{X}_{diff} = 0.06$	$R_p = 0.56$

측정 단위 분석			% 공정 변동	
반복성−측정장비 변동(EV) $EV = \overline{R} \times K_1 = 0.04 \times 4.56 = 0.18$	반복 횟수	K_1	% EV = 100[EV/TV] = 100[0.18/0.93] = 19.4%	
	2	4.56		
	3	3.05		

재현성 – 측정자 변동(AV) $AV = \sqrt{(\overline{X}_{diff} \times K_2)^2 - (EV^2/nr)}$ $= \sqrt{(0.06 \times 2.70)^2 - (0.18^2/10 \times 2)}$ $= 0.16$	n =부품수, r =반복수			% AV = 100[AV/TV] 　　= 100[0.16/0.93] 　　= 17.2%
	평가 자수	2	3	
	K_2	3.65	2.70	
반복성 & 재현성(R&R) $R \& R = \sqrt{EV^2 + AV^2}$ $= \sqrt{0.18^2 + 0.16^2}$ $= 0.24$	시료 군수	K_3		% R&R = 100[R&R/TV] 　　= 100[0.24/0.93] 　　= 25.8%
	2	3.65		
	3	2.70		
	4	2.30		
	5	2.08		
	6	1.93		
부품간 변동(PV) $PV = R_P \times K_3 = 0.56 \times 1.62 = 0.90$	7	1.82		% PV = 100[PV/TV] 　　= 100[0.90/0.93] 　　= 96.8%
	8	1.74		
	9	1.67		
	10	1.62		
총 변동(TV) $TV = \sqrt{R \& R^2 + PV^2} = \sqrt{0.24^2 \times 0.90^2} = 0.93$				

위의 사례의 경우, GAGE R&R 판정기준에 따른 GAGE R&R 값이 25.8%이므로 측정시스템의 개선에 필요성을 검토해야 한다.

(4) 계수형 측정시스템 분석

1) 개요

계수형 측정시스템의 평가는 20개의 시료를 선택하여, 작업자 간의 치우침을 예방하기 위해 두 명의 작업자가 모든 시료를 같은 방법으로 두 번씩 측정한다. 20개의 시료를 선택하는 것은 일부 시료가 미세하게 규격 한계(규격 상한이나 하한)에 걸쳐 있을 때 바람직하다.

만약 모든 측정의 결과가 같다면 계측기는 받아들일 수 있다. 만약 측정의 결과가 같지 않다면 계측기는 개선되어야 하고 재평가되어야 한다. 만약 계측기가 개선되지 않으면 그 계측기는 사용할 수 없고, 사용할 수 있는 다른 시스템을 갖추어야 한다.

2) 계수형 측정시스템 조사 방법

계수형(이산형) 데이터 샘플 방법은 계량형(연속형) 방법과 다르다. 측정 시료는 렌덤으로 뽑지 않는다. 샘플 구성 방법과 조사절차는 다음과 같다.

① 전체 중 40% 적합품, 40% 부적합품, 10% 애매한 적합품품, 10% 애매한 부적합품으로 구성한다.
② 2명 이상의 측정자와 20개 내외의 부품을 샘플로 채취한다.
③ 측정 대상 시료에는 부적합품이 전체의 1/2이 포함되도록 한다.
④ 측정자가 모든 샘플에 대하여 판정기준에 의거하여 판정한다.
⑤ 각 시료들에 대하여 판정결과를 기록한다.

표 6.5 계수형 측정시스템 판정기준

파라메터	Acceptable	Marginal	Unacceptable
E	1.0	0.99–0.95	0.95 미만
P(FR)	0.05이하	0.05–0.1	0.1 이상
P(FA)	0.02이하	0.02–0.05	0.05 이상
B	0.8–1.2	0.5–0.8 1.2–1.5	0.5 이하 1.5 이상
B=1	No Bias		
B>1	적합품을 부적합품으로 판정 성향		
B<1	부적합품을 적합품으로 판정 성향		

■ 참고: 용어정의 및 계산방법

① 효율 effectiveness(E): 부적합품과 적합품을 정확하게 판별할 수 있는 능력
효율 effectiveness(E) = 정확한 측정수/총 측정수
② probability of a miss(Pmiss): 부적합품을 적합품으로 판단할 확률
probability of a miss(Pmiss) 부적합품을 적합품으로 판정한 수/총부적합품 수

③ probability of false alarm(Pfa): 적합품을 부적합으로 판단할 확률

　probability of false alarm(Pfa)　적합품을 부적합품으로 판정한 수/총적합품 수

④ bias(오차)

　bias(B): B＝Pfa/Pmiss B＝1 implies no bias

　B＞1 implies bias towards rejecting parts

　B＜1 implies bias towards accepting parts

3) 계수형 측정 시스템 사례

- 검사자 3명을 선발한다.
- 시료(12 parts: 6개 적합품과 6개 부적합품)를 준비한다.
- 시료별로 3회 반복하여 측정한다.
- 측정 데이터와 측정결과표를 기준으로 Pmiss , Pfa , E와 B를 계산하고 판정한다.

표 6.6 측정데이터

샘플 번호	실제 제품	검사자 A			검사자 B			검사자 C		
		1회	2회	3회	1회	2회	3호	1회	2회	3회
1	○	○	○	X	○	○	○	○	○	○
2	X	X	○	X	X	X	X	X	X	X
3	X	X	X	X	X	X	X	X	X	X
4	○	○	○	○	○	X	○	○	○	○
5	X	X	X	X	X	X	X	X	X	X
6	X	X	X	X	X	○	X	X	X	X
7	○	○	○	○	○	X	○	○	○	○
8	X	X	X	X	X	X	X	X	○	X
9	○	○	○	○	○	○	○	○	○	○
10	X	X	X	X	X	X	X	X	X	X
11	○	○	○	○	○	○	○	○	○	○
12	○	○	○	○	○	○	○	○	○	○

[비고] 실제의 시료 상태 표시: ○−acceptable(적합품), X− reject(부적합품)

표 6.7 측정결과표

평가자	실제샘플 O 평가 O	실제샘플 X 평가 X	옳은 평가수	false	miss	총 평가수
A 검사자	17	16	33	1	2	36
B 검사자	16	17	33	2	1	36
C 검사자	18	17	35	0	1	36

표 6.8 Pmiss , Pfa , E, B 계산표

appraiser	E	Pfa	Pmiss	B
A 검사자	33/36=0.92	1/18=0.06	2/18=0.11	0.06/0.11=0.54
B 검사자	33/36=0.92	2/18=0.11	1/18=0.06	0.11/0.06=1.83
C 검사자	35/36=0.97	0/18=0.00	1/18=0.06	0.00/0.06=0.00

(5) 측정시스템 분석 후 조치사항

재현성(측정자 변동)이 % R&R의 대부분을 차지한다면 측정자에 대한 측정기술 교육을 고려하여야 한다. 반면 반복성(측정장비 변동)이 재현성에 비해 상대적으로 크다면 측정기를 조사하여 개선점을 찾아내야 할 것이다.

표 6.9 재현성과 반복성의 파악 및 조치사항

반복성＜재현성	반복성＞재현성
• 측정자의 계측기 사용법, 읽는 방법 교육 • 세분화된 계기 눈금판으로 교체 이용	• 계측기의 정비 및 교정 • 계측기의 정도가 좋아지도록 설계 제작

저자 소개

유영학

- 한국품질진흥원/회장
- 한국품질관리기술사회 회장 역임
- 한남화학·미원 대표이사 역임
- 경기대학교 건설산업대학원 대우교수 역임

류길홍

- 한국품질진흥원/QMS/EMS인증심사원
- 그레파트너스(주) 표준품질부문/수석컨설턴트
- KPC 생산품질교육센터 교수
- 방위사업청 자문위원

실전 샘플링검사

초판 발행   2018년 7월 15일

지은이   유영학·류길홍
펴낸이   안종만

편 집   전채린
기획/마케팅   정연환
표지디자인   김연서
제 작   우인도·고철민

펴낸곳   (주) **박영사**
               서울특별시 종로구 새문안로3길 36, 1601
               등록 1959. 3. 11. 제300-1959-1호(倫)

전 화   02)733-6771
f a x   02)736-4818
e-mail   pys@pybook.co.kr
homepage   www.pybook.co.kr
ISBN   979-11-303-0606-3   93320

정 가   22,000원